中國道教文化研究

初 編

第 **5** 冊

漢魏兩晉南北朝道教孝道的研究

周山東 著

花木蘭文化事業有限公司

國家圖書館出版品預行編目資料

漢魏兩晉南北朝道教孝道的研究／周山東 著 —— 初版 —— 新北市：花木蘭文化事業有限公司，2020〔民 109〕

序 4+ 目 4+194 面：19×26 公分

（中國道教文化研究 初編：第 5 冊）

ISBN 978-986-404-235-7（精裝）

1. 道教 2. 孝悌

190.9208   104012131

ISBN-978-986-404-235-7

中國道教文化研究

初 編 第 五 冊   ISBN：978-986-404-235-7

漢魏兩晉南北朝道教孝道的研究

作　　者　周山東
總 編 輯　杜潔祥
副總編輯　楊嘉樂
編　　輯　許郁翎、張雅淋　美術編輯　陳逸婷
出　　版　花木蘭文化事業有限公司
發 行 人　高小娟
聯絡地址　235 新北市中和區中安街七二號十三樓
　　　　　電話：02-2923-1455 ／傳眞：02-2923-1452
網　　址　http://www.huamulan.tw 信箱 hml810518@gmail.com
印　　刷　普羅文化出版廣告事業
初　　版　2020 年 3 月
全書字數　181134 字
定　　價　初編 20 冊（精裝）台幣 40,000 元

漢魏兩晉南北朝道教孝道的研究

周山東　著

作者簡介

周山東，哲學博士、副教授。1977 年 4 月出生於湖南省祁東縣。2008 年 9 月至 2012 年 6 月，就讀於中南大學，師承呂錫琛教授研習中國傳統倫理，主習道家道教倫理思想。2014 年 1 月，進入湖南師範大學哲學博士後流動站，在王澤應教授的指導下研究道教養生倫理。同時，就職於湖南大眾傳媒學院。近年來，在《倫理學研究》等學術刊物上發表論文 30 餘篇，參與撰寫專著 4 部，主持和參與教育部重大課題、湖南省哲學社會科學基金等項目 14 項。

提　　要

　　漢魏兩晉南北朝時期，正是中華孝文化紮根生長的關鍵時刻。當時儒家孝道文化深陷危機，同時面臨佛教的嚴重衝擊，而道教則成為維護捍衛中華孝文化的主力。本書對這一時期道教之孝道倫理進行動態歷時的辯證梳理和理論考察，揭櫫了道教孝道形成的思想淵源和社會背景，道教各派別之孝道倫理的理論建構、表現方式、踐履形式和歷史價值。

　　在此基礎上，作者從目標取向、精神內涵、踐履方式、教化形式、理論形態五個維度闡釋道教孝道與儒家、佛教的異同；概括出道教維護傳統社會核心價值觀「孝」的三大策略，總結道教進行孝道教化的歷史經驗，提煉道教孝道思想的合理精華，以促進當前的和諧社會建設。

　　本書立意高遠，視野開闊深邃，史料詳實可靠，宏觀整體與微觀具體相得益彰，史思結合，以史拓論，提出了諸多精彩的洞觀灼見，開拓了中華孝文化研究的新領域。

中華孝文化研究的開拓與創新

——序周山東《漢魏兩晉南北朝道教孝道的研究》

王澤應

　　孝是中華傳統文化的核心概念和首要精神。古語有云「眾善孝爲先」、「以孝治天下」。然而，近代以來，由於頻受西方個人主義價值觀的影響，不講孝道、不重孝德，甚至出現嫌憎、役使、虐待、遺棄父母，榨取父母血汗，或殘害父母的現象；一部分獨生子女好逸惡勞，高傲自大，對父母只知索取不知愛戴，成爲家庭的小霸王；一些人受文革遺風影響，把父母親作爲專政的對象，動輒拳腳交加，惡眼相向，凡此種種都凸顯了弘揚中華孝道和孝德倫理的重要性。孝敬父母是個體道德的源頭，也是人之爲人的基本內涵，不能想像一個連父母都不孝敬的人會有高尚的道德品質。在經歷了文化的「拔根」，而向「絮根」的轉型之後，呼喚孝道的「靈根自植」和培育孝德愈益顯得重要。周山東博士《漢魏兩晉南北朝道教孝道的研究》正是中華孝文化的「尋根」之作。該著不僅立乎其大，視野高遠，而且史料豐贍，闡幽探微，對許多具體問題作了深度開掘，形成了「致廣大而盡精微，極高明而道中庸」的氣象。

　　該著獨闢蹊徑地研究道教孝道，開拓了中華孝文化研究的新領域。中華孝文化研究源遠流長，在古代，主要是以注疏《孝經》的形式；在近代，孝道無論是受到批判還是維護，都始終沒有脫離研究的視野。然而，學界研究最多、最爲系統、全面的是儒家孝道，其次則是佛教孝道，道教孝道研究還處於起步階段。事實上，以儒、釋、道爲主體的中華文化共同孕育了中華孝文化。如果說，中華孝文化是一顆參天大樹，孝道爲根柢、孝德爲主幹、孝心爲枝葉、孝行爲花果。那麼，孝道之根則深深地絮進中國文化的深厚土壤，經儒、釋、道數千年的滋養，漸成枝繁葉茂、花果飄香。漢魏兩晉南北朝時

期，正是中華孝文化紮根生長的關鍵時刻，當時儒家孝道文化深陷危機，同時面臨佛教的嚴重衝擊，而道教則成爲維護捍衛中華孝文化的主力。周山東博士對這一時期道教之孝道倫理進行動態歷時的辯證梳理和理論考察，認爲：漢魏兩晉南北朝時期，道教以「長壽成仙」信仰重建孝道，不僅配合儒家維護了傳統社會核心價值觀「孝」，奠定了道教孝道發展的基礎，豐富了中華孝文化，而且促進了統治階級對道教倫理價值觀的接納與認同。作者這一論斷既有嚴密的邏輯論證，又有堅定的史料徵證，不獨精到而且深刻，爲深度認識道教在中華孝文化發展中的作用洞開了智慧之門。

　　強烈的使命意識與創新研究思路，是該著呈現出來的又一鮮明特色。漢魏兩晉南北朝道教孝道的研究，無疑是屬於歷史研究的範疇。然而作者在歷史研究過程中，有一種強烈的使命意識浸潤期間，彰顯出微言大義的理性品格。這即是：道教在中華孝文化的發展過程中究竟發揮了什麼作用？對於和諧社會的構建具有何種啓示價值？正是出於這種恢復歷史眞相，挖掘現代價值的使命感和責任感，促使周山東博士在研究思路上開拓創新。集中表現在：（1）改變以道經爲本進行研究的習慣，以道派爲本，從而能夠把道教的孝道思想置入當時的歷史情境之中，與儒釋道多元文化的衝突融合、道教與統治階級及普通民眾的互動，以及道教本身的改革實踐結合起來。作者依憑歷史與邏輯相統一以及動態的比較研究等方法準確揭櫫了道教孝道在這一時期各個不同歷史階段的獨特作用、表現方式和思想特質，爲我們整體把握中華孝文化及其基本架構、獨特神韻和理論魅力提供了某種意義上的致思工具。（2）突破單純的德性倫理研究進路，從規範倫理與美德倫理相結合的高度，提升了道教孝道的研究價值。作者認爲，對於道教而言，孝道決不僅僅是一種勸善的宗教倫理，更是一種社會的道德規範和個體的美德倫理。（3）賦予孝道以核心價值理念的意義，彰顯了孝道集聚仁義禮智、恭寬信敏、忠敬廉恥等的母德意蘊，比較好地闡釋了道教是如何在多元文化衝突融合之中，維護傳統社會核心價值「孝」，以宗教的形式重建民眾的道德信仰、進行道德教化，體現了何種策略、方法和經驗，立意高遠深邃，且極富現代價值。

　　第三，該著提出了諸多精彩的洞觀灼見，在一些問題上的發見甚至超過前賢陳說。茲舉幾例：其一，在有關道教孝道發展線索方面，一般認爲道教門派繁多，神靈雜而多端，沒有統一的經典，道教孝道發展難有一致的脈絡。然而作者經過研究得出：道教孝道無不是圍繞「盡孝」與「成仙」這一內在

矛盾而展開的，其構成了道教孝道發展的內在動力和基本邏輯。其二，在有關道教孝道的特徵方面，一般認為無非是儒家孝道披上一層宗教的外衣而已。然而，作者從目標取向、精神內涵、踐履方式、教化形式、理論形態五個維度，揭示出道教孝道以長壽成仙為目的，修道不忘盡孝、強烈的終極關懷意味、合孝道踐行與仙道修持於一體、借助神靈的威力進行道德賞罰、典型的信念倫理等特徵，全方位地闡釋出道教孝道與儒家、佛教的異同。其三，在有關道教孝道對當前核心價值觀培育的啟示方面，一般認為現代社會與傳統社會有著本質不同，神道設教方式不適合當前社會。然而，作者概括出道教維護傳統社會核心價值觀「孝」的三大策略──形上立道策略、一核多元策略、神道設教策略──具有極強的現實啟示意義，也可以成為我們當代社會弘揚孝文化的有益資源。其四，在有關道教孝道對現代人盡孝的啟示方面，作者提煉出道教孝道「人亦天地之子」、「孝出自然至心」、「事死不得過生」等觀點，對於突破狹隘的血緣觀念，創新盡孝的形式、破除厚葬風俗有著極強的啟示價值。

總之，該著主題凝練、立意高遠、視野開闊深邃，史料詳實可靠，而且宏觀整體與微觀具體相得益彰，史思結合，以史拓論，提出了許多「燦然皆有」的倫理命題和觀點，開拓了中華孝文化研究的新領域，值得一讀。當然，作為一部拓荒之作，該著還存在一些需要深度發掘和論證的理論問題，如能對道教孝道與健康倫理、養生倫理和修身倫理播撒重墨予以探討，揭示其內在的機理，也許意義會更加深遠。再如道教孝道在「長生成仙」目標譜系中的功能效用，以及孝道如何在圓神方智意義上貫通身心健康而成為終極關懷，都還需要作進一步的探討與研究。期待周山東博士能夠在此著研究的基礎上能有新的研究成果以惠學界，造福庶民。

2015 年 4 月 2 日於湖南師範大學景德樓

（王澤應，湖南師範大學倫理學研究所所長，博士研究生導師，《倫理學研究》副主編，《船山學刊》執行主編，「中國倫理思想研究文叢」總主編）

目次

導　言

　　孝是中國傳統倫理的核心觀念，同時還是傳統社會意識形態的核心價值之一，並滲透到民眾的衣食住行、生活方式與民俗藝術之中，形成中國人特有的孝文化。因此孝在傳統中國的政治、文化以及社會生活的方方面面均具有非常高的地位。有人認為，中國文化從某種角度而言是孝的文化。黑格爾也曾說：「中國純粹建築在這一種道德結合上，國家的特徵便是客觀的『家庭孝敬』」。〔註1〕但在這其中，既有儒家的主導作用，也有佛教和道教的輔助和強化作用。歷史上儒釋道三教〔註2〕圍繞著孝道問題紛爭不斷，從矛盾到趨同，再到結合，這是三教孝道觀念的衝突與融合過程，也是三教孝道思想的發展歷程，同樣還是中國孝道文化的形成過程。儒釋道三教在中國孝道文化形成過程中都發揮了自己獨特的價值，而道教在下層民眾中比儒家具有更強的影響力。法國漢學人類學家葛蘭言（Marcel Granet）稱：道教是「中國思想的巨大主流，……正統學說很難與其劃清界限。」〔註3〕魯迅先生也曾說：「中國的根柢全在道教」。〔註4〕因而，研究道教孝道是理解中國孝道文化不可缺省的重要維度。

　　特別是漢魏兩晉南北朝時期，一方面歷朝統治者大力推行「以孝治天下」國策，把「孝」確定為意識形態核心價值觀之一；另一方面是自秦漢以來孝

〔註1〕　〔德〕黑格爾，歷史哲學〔M〕，王造林譯，上海：三聯書店，1956：165。
〔註2〕　注：嚴格地說這裏應該稱「儒家、佛教與道教」，因為儒家能否稱為教仍有待討論，這裏只是遵從學術界流行的簡潔說法而已。
〔註3〕　Marcel Granet, Danses et légendes de la Chine ancienne, 2 vols〔M〕, Paris: Félix Alcan, Reprinted, Paris: Press Universitaires de France, 1959, pp, 611。
〔註4〕　魯迅，魯迅全集（第九卷）〔M〕，北京：人民文學出版社，1981：285。

道逐漸陷入「責權失衡、名實相分、觀念狹隘而勞民傷財」的危機之中，以及面臨佛教的強烈衝擊。在這種多元文化激蕩、孝道淪喪的歷史背景下，道教積極響應社會主流意識形態的需要，以長生成仙信仰融攝和改造孝道，以齋醮科儀的形式踐行和宣傳孝道，以神祐鬼懲的力量推行孝道，取得了極大的成效。這與當前中國在多元文化背景下，建設社會主義核心價值體系，夯實共同奮鬥道德基礎的實踐，有某種類似之處。儘管道教的孝道與當今倫理道德有極大區別，神道設教方式並不一定適應現代社會，也儘管傳統社會核心價值「孝」與社會主義核心價值有著本質的區別，但在漢魏兩晉南北朝道教孝道的發展過程中所形成的一些策略、方法和觀點，對於當前的核心價值體系建設、道德建設，以及反思現代人的孝道觀念仍具有很強的現實意義。

一、選題意義

1.推進道教孝道研究，以全面瞭解中國孝道文化的發展脈絡和整體面貌。研究漢魏兩晉南北朝道教的孝道，不僅有助於瞭解道教孝道的思想淵源、內容、特徵、形成發展線索和歷史作用等，以彌補當前孝道研究重儒、佛，輕道的缺陷；而且有助於從整體上把握我國孝文化的構成要素及相互關係，明瞭其發生、發展規律。漢魏兩晉南北朝，隨著佛教的傳入和道教的產生，儒家、道教和佛教表面上圍繞著孝道問題相互對抗、相互鬥爭；實際上卻是相互吸收、相互融合。就是在這種既鬥爭又融合的過程中，推動了中華孝道文化的繁榮和發展。卿希泰教授說：「忽視了其中任何一個方面，都不符合歷史事實，都與中國學術思想發展的客觀規律相背離。」〔註5〕正如此，只有對道教孝道的形成、發展進行深入研究，才能真正理清三教間的錯綜複雜關係，也才能對中華孝道文化的多元互補特質有真正的領悟。

2.有助於深化社會主義核心價值體系建設的理論根源和實踐策略。「自十六屆六中全會提出『社會主義核心價值體系』的命題以來，學術界就其理論淵源、基本內容與邏輯結構、特徵與功能、精神理念、具體實踐，以及建設的方法和路徑選擇等問題進行了探討，並取得了豐富的成果。目前，學術界對此問題的研究還存在一些不足，如學理性分析和論證不夠充分，合理性論證的哲學深度不夠；缺乏開創性研究，宣傳性和解釋性的成果較多，且重複

〔註5〕卿希泰，詹石窗，中國道教思想史（第一卷）〔M〕，北京：人民出版社，2009：19。

研究的現象比較嚴重；一些研究成果多停留於口號式的理念或者形式化的論證，缺少可操作性的建設思路；研究的內容、視野和方法有待進一步拓展和加強等等。」〔註6〕從維護傳統社會核心價值「孝」的層面出發，研究漢魏兩晉南北朝道教的孝道，可以爲當前的核心價值體系建設拓展歷史深度、夯實理論根基、提供策略借鑒。

3.爲提高道德教化實效性提供新的思考維度。道教進行孝道教化有著與儒家不一樣的方法。儒家主要是通過「禮制」規範道德行爲，通過「樂」、「仁」激活道德情感，通過教育培養道德意識，往往流於說教，甚至依託於法律強制。〔註7〕漢魏兩晉南北朝的道教，則借助神靈的威懾作用促使人們盡孝，強化內在控制力；把孝道踐履和長壽成仙需要相聯繫，強化盡孝的主動性；造作勸孝經文和孝道神仙故事宣傳孝道，強化教育的影響力。在歷史上所產生的效果是儒家孝道教育系統所不可比擬的，在現代社會經過恰當的思維和方式轉換之後，對於提升道德教育的實效性具有很強的啓示意義。

4.爲反思現代人的孝道觀念提供歷史參照。孝親敬老仍然是現代人注重的傳統美德，但由於孝道所尚的「親親」、「尊尊」精神的狹隘性，和現代人生活方式的變化、價值觀念的變遷等原因，使得現代人的孝道觀念多少有些局限，突出表現在：父母視子女爲私有而強行干涉子女的獨立發展，子女把家族、親人利益視爲至上而缺乏社會責任意識的狹隘親子觀念；偏重物質奉養而忽視精神需求的物質化孝行；厚葬炫富的社會風俗等方面。對此，漢魏兩晉南北朝時期道教提出的「人亦天地之子」、「孝出自然至心」、「事死不得過生」等觀點，具有很強的反思價值。

二、研究綜述

中國人素來重視孝道，對孝道的研究從古至今綿延不絕。在古代，孝道研究主要是以注疏《孝經》的形式出現，進入近代以來，孝道無論是受到批判還是維護，都始終沒有脫離人們的視野。特別是上世紀80年代之後，孝道研究的範圍和深度不斷拓展、深化，研究方法日漸多樣化，並湧現出一大批

〔註6〕具體分析請參見：楊義芹，社會主義核心價值體系研究綜述〔J〕，徐州師範大學學報：哲學社會科學版，2010，（3）：105～110。

〔註7〕呂錫琛，論淨明道吸納儒家倫理的方式及其意義〔J〕，世界宗教研究，2003，（3）：89。

論著，呈現出異常繁榮的景象。然而，其中研究最多、最爲系統、全面的是儒家孝道，其次則是佛教孝道，道教孝道研究還處於起步階段。在國外，基本沒有以道教孝道爲主題的研究。在國內目前也沒有一本有關道教孝道的著作正式出版，劉全芬的博士論文《南宋金元新道教孝道倫理研究》可謂是這方面的第一部系統論著，再加一些論文，主要是近三年來發表的論文，另外還有部分著作涉及到道教孝道。綜合起來，當前有關道教孝道的研究主要集中在以下幾個方面：

（一）道教孝道產生思想淵源和社會背景。在思想淵源方面，李遠國先生曾簡略提及「考察道教孝道思想的來源，無疑來自儒家」。〔註 8〕鄭長青和詹石窗分析認爲「道教孝道首先是建立在對儒家孝道倫理的吸收與借鑒基礎之上」。〔註 9〕在社會背景方面，劉玲娣認爲道教孝道的產生，一方面是「濃郁的孝道文化背景使然」；另一方面「作爲宗教的道教，即使無關傳統世功，也必須在俗世中完成修行實踐，這樣也就無法完全拋棄俗世的教條。」〔註 10〕廖宇認爲：「道教產生之前，家國同構思想已經流行，儒家孝道思想業已成熟，這些都是道教孝道思想產生的背景。」〔註 11〕

（二）道教孝道的內容。大多數學者都強調與儒家孝道的一致性。如著名道教研究學者卿希泰認爲：「道教宗教道德本質上和儒家正統一致，而給儒家三綱五常穿上太老君的道袍。」丁常雲指出：「道教繼承和發展了儒家的忠孝思想，並與道教的神仙信仰相結合，從而形成道教所特有的忠孝倫理思想。」〔註 12〕廖宇根據《太平經》分析得出：「道教早期孝道思想兩重意蘊，即世俗層面和神聖層面，並指出道教孝道思想的最終落腳點在效法天。」〔註 13〕

〔註 8〕 李遠國，論道教的孝道思想〔M〕//萬本根，編，中華孝道文化，四川：巴蜀書社，2001：275。

〔註 9〕 鄭長青、詹石窗，道教孝道觀芻議〔J〕，宗教學研究，2011，（1）：218～221。

〔註 10〕 劉玲娣，漢魏南北朝道教的孝道〔J〕，南都學刊：人文社會科學學報，2007，（1）：39。

〔註 11〕 廖宇，從《太平經》看早期道教的孝道思想〔J〕，宗教學研究，2010，（4）：183。

〔註 12〕 丁常雲，弘道揚善——道教倫理及其現代價值〔M〕，上海：上海辭書出版社，2006，47。

〔註 13〕 廖宇，從《太平經》看早期道教的孝道思想〔J〕，宗教學研究，2010，（4）：183。

　　（三）道教孝道的發展歷程。廖宇把道教孝道的發展劃分爲產生、提升和總結三個階段，以淨明道爲界，之前爲道教孝道產生階段，之後爲提升階段，明清時期是爲總結階段。〔註 14〕劉全芬的博士論文分析了南宋金元時期淨明道、全眞道、勸善書、功過格，以及《道德經注疏》中的孝道思想。〔註 15〕任繼愈先生認爲全眞道實現了孝道和修道的結合，推動了道教孝道倫理的社會化，產生了深遠的歷史影響。〔註 16〕朱嵐對道教孝道的發展有一個簡要的概述。〔註 17〕張明義、甘毅臻分析了武當道教的孝道倫理思想，〔註 18〕蕭群忠研究了《文昌孝經》的道教孝道觀。〔註 19〕此外，還有日本秋月觀瑛的《中國近世道教的形成：淨明道的基礎研究》〔註 20〕，以及國內的眾多論文分析了淨明道孝道的思想淵源、形成原因、內涵、特徵、地位等。特別值得一提的是，章文煥教授的博文《中國道教的忠孝倫理》，〔註 21〕對道教孝道的發展列出了一個簡明扼要的提綱；他的另一篇文章則提醒人們《別忘五教的孝道倫理》，〔註 22〕包括道教的孝道倫理，稱之爲「鑽石倫理」、「普天倫理」，並列出了資料目錄，體現了對後學的無私奉獻和殷切期望。

　　（四）道教孝道的特點。李剛教授認爲道教孝道富含生命倫理的特色。〔註 23〕鄭長青和詹石窗認爲，道教孝道的特徵「主要體現爲將宗教目標貫注於養親榮親的孝道內涵中、將孝道發展爲保養身心的修煉操作技術以及在孝道觀中推尊母親的地位三個方面。」〔註 24〕李遠國認爲道教孝道比之儒家倫

〔註 14〕廖宇，略論道教孝道思想的演變〔J〕，華夏文化，2010，（3）：12～15。
〔註 15〕劉全芬，南宋金元新道教孝道倫理研究〔D〕，濟南：山東大學，2009。
〔註 16〕任繼愈，中國道教史〔M〕，上海：上海人民出版社，1990：6。
〔註 17〕朱嵐，中國傳統孝道思想發展史〔M〕，北京：國家行政學院出版社，2011：221～226。
〔註 18〕張明義，甘毅臻，論武當道教孝道倫理思想〔J〕，鄖陽師範高等專科學校學報，2007，（2）：12～15。
〔註 19〕蕭群忠，《文昌孝經》的道教孝道觀〔J〕，道德與文明，1997，（6）：16～19。
〔註 20〕〔日〕秋月觀瑛，中國近世道教的形成：淨明道的基礎研究〔M〕，丁培仁譯，中國社會科學出版社，2005。
〔註 21〕章文煥，中國道教的忠孝倫理〔EB/OL〕，〔2010-03-06〕，http://blog.sina.com.cn/s/blog_64b47dff0100hgk7，html。
〔註 22〕章文煥，別忘五教的孝道倫理：兼評《走向全球普世倫理宣言》〔M〕//郭樹森，宗教與構建和諧社會，南昌，江西人民出版社，2009：288～294。
〔註 23〕李剛，道教生命倫理學之孝道〔M〕//萬本根，中華孝道文化，四川：巴蜀書社，2001：292～301。
〔註 24〕鄭長青、詹石窗，道教孝道觀芻議〔J〕，宗教學研究，2011，（1）：218。

理，「似乎具有更爲強大的作用力。」〔註 25〕郭武指出淨明道的忠孝「已非世俗意義上的倫常規範，而是一種與道教傳統學說相結合的宗教修煉方式。」〔註 26〕

（五）道教孝道的歷史作用。呂錫琛教授重點分析了淨明道吸收儒家忠孝倫理，「拓展了儒家忠孝道德的內涵……從心理的層面激活了人們的內在道德需要和踐履忠孝道德的自覺性，同時也爲淨明道的心性修煉活動獲得了社會政治方面的支持，促使道教進一步適應了世俗社會需要，拓展了自身的生長空間。這些融會儒道倫理文化的思路和方式對於後世道教產生了重要影響。」〔註 27〕朱嵐認爲「道教的教化方式對下層社會廣大民眾更具實際力量，是對儒家孝道倫理的重要補充。」〔註 28〕另外，還有樂愛國教授從整體層面，分析道教倫理對於中國古代倫理思想的強化作用、補充價值和提供了可行的教化方法。〔註 29〕

（六）道教孝道的現代價值。呂錫琛教授指出淨明道「融會儒道倫理文化的思路和方式……對現代倫理文化的建設，以及更有效地進行道德教育亦不乏啓示。」〔註 30〕廖宇也簡要指出：「道教的孝道思想有許多現實意義。在家庭方面，它倡導盡心贍養父母的理念，有利於促進家庭成員之間和睦相處；在個人方面，它可以幫助提高個人修養，特別是有助於個人心性修煉；在社會方面，它可以幫助維繫社會秩序，並且弘揚尊師重教的傳統美德；在自然方面，它倡導保護自然環境，維護生態平衡。這些都是由道教自然無爲的核心觀念引發出來的，在當今社會，仍有很大的積極意義。」〔註 31〕

由此可見，當前理論界對於道教孝道的研究已經有了一定的起步，爲進一步研究奠定了基礎。但宋元明清時期研究的多，漢魏至隋唐時期研究的少；

〔註 25〕李遠國，論道教的孝道思想〔M〕//萬本根，中華孝道文化，四川：巴蜀書社，2001：279。

〔註 26〕郭武，淨明道的道德觀及其哲學基礎：兼談道教「出世」與「入世」之圓融〔M〕，四川大學學報：哲學社會科學版，2005，（6）：74。

〔註 27〕呂錫琛，論淨明道吸收儒家忠孝倫理的方式及其意義〔J〕，世界宗教研究，2003，（3）：92。

〔註 28〕朱嵐，中國傳統孝道思想發展史〔M〕，北京：國家行政學院出版社，2011：221～226。

〔註 29〕樂愛國，中國道教倫理思想史稿〔M〕，濟南：齊魯書社，2010：538～566。

〔註 30〕呂錫琛，論淨明道吸收儒家忠孝倫理的方式及其意義〔J〕，世界宗教研究，2003，（3）：92。

〔註 31〕廖宇，道教的孝道思想〔M〕，中國宗教，2010，（11）：51。

零星分析的多，系統研究的少；粗線條概括的多，深入研究的少。本文正是在借鑒前人研究成果的基礎上，系統研究漢魏兩晉南北朝時期，道教孝道產生的思想淵源和社會背景，深入分析各道派的孝道思想，全面闡述漢魏兩晉南北朝道教孝道的特徵、歷史作用和現代價值，以進一步推動理論研究，同時也為現代社會核心價值體系建設、思想道德建設提供策略借鑒、資源支撐和歷史參照。

三、研究目標

　　本文研究漢魏兩晉南北朝時期，處於創立階段的道教是如何在多元文化的衝突融合中重建孝道的歷史經驗、策略和智慧，以為當前社會核心價值觀培育、道德建設和踐行提供現代啓示。

　　本文之所以選取「漢魏兩晉南北朝」為界，一是因為這是道教的「開創時期」，道教自漢末孕育產生，經過魏晉南北朝時期的變革和改造，逐漸發展成為完備成熟的宗教，以這一時間段為界，能更清晰地看出道教是如何一步步把孝道倫理義務整合到「長生成仙」的修道理論和實踐中，以形成獨具特色的孝道思想和實踐形式，又是如何影響後世道教孝道的發展的。二是因為這也是儒釋道多元文化的「衝突交匯期」，焦點之一就是「孝」的問題。印度佛教雖然有其孝道觀念，但因與儒家孝道存在巨大區別，並在初傳中國時對儒家孝道採取拒斥的態度，使其在儒家中國文化環境中的生存和發展遇到很大阻力；道教則從一開始就吸收儒家孝道，因而能很好地為統治者及民眾所認同，並曾一度被尊為國教。有這種強烈的對比，更能凸顯道教在多元文化衝突之際，維護社會核心價值「孝」的策略和智慧，對於當前在多元文化背景下建設社會主義核心價值體系具有歷史借鑒性。三是因為這既是儒家孝道逐漸陷入危機的時代，也是封建統治者大力倡導孝道的時代。以這一時間段為界，更能看出道教是如何與儒家上層精英的孝治實踐相配合，以自己的優勢進行教化，以提取對當前道德建設有益的經驗啓示。四是因為這是道教孝道研究的薄弱環節，當前有關漢魏兩晉南北朝道教孝道的研究要麼集中在《太平經》的文本分析上，要麼停留在粗線條的宏大敘事上，還沒有以道派為基礎，結合歷史背景的系統闡述，因而具有更大的研究空間。

　　然而值得指出的是，「孝道」卻是一個較為複雜的概念。正如孫中山先

生所說「現在世界上最文明的國家，講到孝字，還沒有像中國講的這麼完全。」〔註32〕中國人的孝道是一個複合體，對它的詮釋大致可以從倫理、政治、文化〔註33〕和宗教四重維度來闡釋。孝道首先是一種倫理，在中國傳統倫理體系中不但處於「百善孝爲先」的領導地位，而且被作爲「德之本也，教之所由生也」。〔註34〕通過倫理政治化與政治倫理化的雙向互動，孝道一方面上陞爲傳統社會意識形態的核心價值觀之一，轉變爲封建統治者治國的基本理念；另一方面普及化到衣食住行、生活方式與民俗藝術之中，形成中國人特有的孝道文化。孝道還被不斷地加以神化，在南北朝之際成爲道教的崇拜對象，並造作出「三眞孝王」，以及「十二眞君」的神靈系統，完成了經典的神化、符籙的造作、廚會制度的制定，形成了獨特的修煉方法，建有「孝治堂宇」等活動場所，轉化爲教團崇拜。〔註35〕因此，孝道就不僅是一種倫理道德、還是一種文化、一種核心價值觀、一種宗教形式。美國人在介紹中國孝道故事紀念郵票時曾說：「中國社會裏孝道的美德，其意義不僅是孝子與慈父，而是倫常道德的基礎，在政治上、社會上、甚至於宗教觀念上，都扮演著重要的角色。」〔註36〕

對於道教而言，漢魏兩晉南北朝道教的孝道首先是一種宗教倫理，「但是不要忘記孝道在中國傳統中，不僅是倫理標準，並且和政治體系與經濟結構緊密的連結在一起」，〔註37〕成爲社會的核心價值。因而，道教孝道是其自覺適應宗法社會，用宗教的形式維護傳統社會核心價值觀「孝」的結果，並最終融彙在道教的信仰、立教制度、齋醮科儀、戒律、法術和神仙之中，直至成爲宗教的信奉對象。所以漢魏兩晉南北朝道教孝道的研究，就不能僅僅理解爲借助宗教進行孝道教化的問題，還是道教在多元文化背景下維護社會核心價值「孝」觀的理論思考與實踐運動。

〔註32〕孫中山，孫中山全集：第九卷〔M〕，北京：中華書局，1986：244。
〔註33〕這裏講的文化，是指從與政治、經濟、倫理、宗教相比較角度而言的狹義文化概念。
〔註34〕孝經。
〔註35〕注：所謂教團，實指具有宗教性質的團體。在這種團體中，人們不僅追求共同的信仰、崇拜共同的神靈，而且擁有共同的行爲規範和活動場所，甚至還造作用以闡發教義的經典、訂立用以管理群體的組織制度。
〔註36〕轉引自：康學偉，先秦孝道研究〔M〕，長春：吉林人民出版社，2000：1。
〔註37〕冉雲華，中國佛教對孝道的受容及後果〔M〕//傅偉勳，主編，從傳統到現代：佛教倫理與現代社會，臺北：東大圖書公司，1990：114。

四、研究思路與方法

（一）研究思路

本研究將漢魏兩晉南北朝道教的孝道置於歷史與現實、理論與實踐相結合的總體坐標上，首先逐一研究各道派的孝道思想和實踐。以此爲基礎，進而分析道教孝道總的思想淵源和社會背景；從與儒家、佛教對比的角度歸納其總體特徵；從促進道教和道教孝道的發展，維護傳統社會核心價值、豐富中華孝道文化四個方面探討其歷史作用；從促進當前核心價值體系建設、道德建設，反思現代人孝道觀念三個層面挖掘其現代價值。

（二）研究方法

1.唯物辯證法：也就是一切從實際出發，實事求是，具體問題具體分析的方法。由於道教「雜而多端」，道教各派別的孝道存有差異，要想根據一貫的觀點統一地把握，絕非易事，所以宜採取分道派的研究方法，結合時代背景進行具體分析；同時由於道教孝道既有積極的因素和經驗，又有消極的觀念和教訓，因此宜進行辯證的分析，不可拔高，也不能低估道教孝道的歷史價值。在具體分析的基礎上進行綜合概括，才能得出正確的結論。

2.詮釋學方法：漢魏兩晉南北朝道教孝道作爲一種歷史資源，要爲現代社會所用，必須借助詮釋學方法進行創造性轉化。第一步爲事實性還原。「這並不是只靠道典和史料的考證就行了，首先要正確地理解道典和史料中所記載的事實，然後通過推理復原其中內容中未寫的事實，再用其他的道典和史料對復原的事實進行實證，通過反覆這樣的過程才能漸漸地構築。」〔註38〕第二步爲價值性建構，也就是以當下核心價值體系建設、思想道德建設，以及人們的孝道觀念等現實關切爲導向，以道教孝道原旨爲據，提取可爲現代社會所用的策略、方法和觀念，並加以發揮和提升。

3.比較研究法：研究道教孝道，不能離開儒家，也不能離開佛教。道教與儒家和佛教在孝道問題上既有相同點，又有相異之處。「只有運用比較研究法，宗教學才能成爲一門符合時代要求的科學，也才能對各種宗教現象進行客觀、全面和深入的研究。」〔註39〕本文把要素比較法和類型比較法相結合，

〔註38〕〔日〕小林正美，六朝道教史研究〔M〕，李慶譯，成都：四川人民出版社，2001：1。
〔註39〕張志剛，宗教學是什麼〔M〕，北京：北京大學出版社，2008：6。

從目標取向、精神內涵、踐履方式、教化形式，以及理論形態五個維度進行比較透析，以明確漢魏兩晉南北朝道教孝道的理論與實踐特色。

　　4.文化哲學、宗教倫理學、道德心理學、倫理生理學、符號學等新興、交叉學科的研究方法：道教孝道是道教在與儒家、佛教的衝突與融合中不斷生成的一種文化，並因其宗教神學意味而被蒙上一層神秘面紗，成為孝道研究中最為艱難的領域，一直少有人問津。要解決這一難題，必須借助現代新興、交叉學科的方法。如運用文化哲學的方法，分析道教與儒家、佛教孝道文化的對話，描述其相互揭露、批評、滲透、吸收的過程；運用道德心理學的方法揭示道教以神道教孝的心理機制；運用倫理生理學的方法把握道教盡孝與長壽之間的內在聯繫；運用符號學的方法分析道教科儀、符籙中傳達的孝道教化意蘊等。

五、研究內容及創新點

（一）研究內容

　　本書共分為八章和一個導論、一個結語。導論部分主要介紹選題的背景和研究意義，研究現狀，研究目標、思路和方法，研究內容及可能的創新點。第一章探討道教孝道形成的思想淵源和社會背景；第二章至第五章分別闡述漢魏兩晉南北朝時期五斗米道、太平道、天師道和早期淨明道的孝道，內容涉及各道派對盡孝與修道關係的處理、孝道本質的規定、孝道規範的建設、盡孝的形式、教化的方式，以及對孝與忠關係的闡述等等。第六章分析漢魏兩晉南北朝道教孝道的特徵，從與儒、佛孝道對比的角度，分析漢魏兩晉南北朝道教孝道在目標取向、精神內涵、踐履方式、教化形式，以及理論形態方面的特點。第七章闡述漢魏兩晉南北朝道教孝道的歷史作用，涉及對道教自身發展的作用，對維護傳統社會核心價值「孝」的作用，對道教孝道發展的作用，以及對豐富中華孝道文化的作用。第八章探討漢魏兩晉南北朝道教孝道的現代價值，主要從為當前核心價值體系建設提供策略借鑒，為當前道德建設提供文化支撐，為反思現代人孝道觀念提供歷史參照三個維度進行探討。最後結語部分，對全文觀點作一個簡要的總結，並就進一步研究方向進行探討。

（二）創新點

　　當前在漢魏兩晉南北朝道教孝道方面的研究還較少，方法較為單一，本文在以下幾個方面進行創新嘗試：

　　1.研究視域的拓展：破除僅僅從倫理學或宗教學的角度進行研究的傳統，在堅持唯物辯證法、詮釋學方法、比較研究法的基礎上，引進文化哲學、宗教倫理學、道德心理學、倫理生理學、符號學的理論和方法，以拓展理論視域，促進不同學科之間的交流與融會。

　　2.研究內容的豐富和價值的提升：改變以道經爲本進行研究的習慣，以道派爲本，把道教的孝道思想和道教的改革實踐結合起來，深入分析道教孝道的思想淵源、社會背景、特徵、歷史作用和現代價值，以推進道教孝道研究；突破單純從道德建設維度進行研究的思路，增加核心價值體系建設、文化衝突與融合兩個維度，以提升研究價值。

　　3.提出了一些具有創新性的觀點：漢魏兩晉南北朝道教的孝道，是在「長生成仙」信仰基礎上，融攝儒家孝道思想、道家自然主義道德觀、墨家的孝道觀和神道設教思想以及古代祖先崇拜觀念等思想文化元素而成。從總體上看，道教對於孝道的證成始終與其確立「長壽成仙」的方式有著緊密的聯繫。與儒家、佛教孝道相比，道教孝道把盡孝與長生成仙信仰相結合，具有強烈的終極關懷意味，合孝道踐行和仙道修持爲一體，借助神靈的威力進行道德賞罰，是一種融信念倫理、規範倫理、美德倫理於一體的綜合性倫理學形態。在歷史上，道教對孝道的吸收和重構，促使統治階級對道教的認同，配合儒家維護了傳統社會核心價值「孝」，奠定了後期道教孝道發展的基礎，並豐富了中華孝道文化。

　　4.突出了道教孝道研究的現代價值：以當前構建和諧社會的重大問題爲切入點，對話漢魏兩晉南北朝時期道教的孝道文化，提取道教維護傳統社會核心價值「孝」的過程中使用的「形上立道策略」、「一核多元策略」和「神道設教策略」，以爲當前核心價值體系建設提供策略借鑒；吸取道教孝道的「規範與德性並重」、「修德與養生緊聯」、「勸諭與垂範並用」的理論、實踐和教化特質，以爲當前道德建設提供文化資源；挖掘道教孝道「人亦天地之子」、「孝出自然至心」、「事死不得過生」的思想精華，以爲現代社會孝道踐行提供歷史參照。

第一章 道教孝道形成的思想淵源和 社會背景

　　道教孝道的產生，乃是在秦漢以來孝道日漸陷入危機的情況下，道教自覺響應封建統治者的「孝治」實踐和出於自身發展的需要，以長壽成仙信仰為核心，整合儒家的孝道思想、道家的自然主義道德觀、墨家的孝道觀和神道設教思想，以及古代的祖先崇拜等思想觀念而成。因此道教作為一種宗教，正式形成當在東漢中後期，但思想淵源卻十分久遠。

1.1 道教孝道產生的思想淵源

1.1.1 先秦儒家的孝道思想

　　道教孝道思想的主體，無疑是來自儒家。儒家是先秦時期一個重要的學術派別。《漢書・藝文志》說：「儒家者流，蓋出於司徒之官，助人君順陰陽，明教化者也。」以孔子為代表，包括孔子、曾子、孟子、荀子幾代大儒的努力，在繼承西周傳統孝道的基礎上，進行不斷的發展、豐富，並最終在《孝經》那裏得以全面的總結，形成儒家的孝道思想，構成了後世中國孝文化的主流，也為道教孝道的發展提供了豐富的思想元素。

　　在儒家看來，孝的基本內容就是「養」和「敬」，其中「養」是基礎，「敬」才是本質。孔子云：「今之孝者，是謂能養。至於犬馬皆能有養。不敬，何以別乎」，〔註1〕缺乏敬意的「養」與飼養犬馬的「養」無異。子路因為貧窮而

〔註 1〕論語・為政。

面臨很大的盡孝壓力。他說：「傷哉貧也！生無以爲養，死無以爲禮也」，孔子勸說道：「啜菽飲水盡其歡，斯之爲孝；斂首足形，還葬而無槨，稱其財，斯之謂禮。」〔註2〕也就是說，窮而得其歡也是孝，不必富裕才能爲孝，關鍵是要有「敬」意。「孝子之事親也，居則致其敬，養則致其樂，病則致其憂，喪則致其哀，祭則致其嚴，五者備矣，然後能事親。」〔註3〕曾子說得更爲明確：「孝有三：大孝尊親，其次不辱，其下能養。」〔註4〕這實際上是劃分了孝行的三層境界，最高境界是尊親，最低的是能養。當然，這三個方面是不能截然分開的，養而不尊，甚至使父母受辱不能算是孝行，能養還必須敬，「富貴而無禮，不如貧賤之孝悌」。〔註5〕儒家以「養」和「敬」作爲盡孝不可或缺的兩項內容，實際上也是道教所堅持的，問題關鍵在於道教對於「養」與「敬」的理解與儒家既有重合之處，更有差別存在。

儒家倡導的「養」與「敬」，主要是指在日常生活中對父母的伺奉，也包括尊祖敬宗和傳宗接代的要求。在日常生活中，要做到：（1）盡心竭力奉養父母；（2）保存好自己身體，「身體髮膚，受之父母，不敢毀傷，孝之始也」〔註6〕；（3）不遠離父母，「父母在，不遠遊，遊必有方」，〔註7〕做到「出必告，反必面，所遊必有常」〔註8〕；（4）無違於禮，「生，事之以禮；死，葬之以禮，祭之以禮」〔註9〕；（5）子爲父隱，包庇、祖護父親的過失或者罪行；（6）繼承父祖遺志，「三年無改於父之道，可謂孝矣」〔註10〕；（7）待弟以「悌」，做到「入則孝，出則悌，謹而信，泛愛眾，而親仁」〔註11〕；（8）顯親，「揚名於後世」〔註12〕以榮耀祖宗；（9）爲使父母免陷於不義，進行有限度的「諫諍」。除此之外，還要尊祖敬宗。這是傳統社會血緣宗法制度對「養親」、「敬親」的特殊要求。所謂尊祖，即對祖先的虔誠懷念之情，表現於外

〔註2〕禮記・檀弓下。
〔註3〕孝經・紀孝行章。
〔註4〕大戴禮記・曾子大孝。
〔註5〕鹽鐵論・孝養。
〔註6〕孝經・開宗明義章。
〔註7〕論語・里仁。
〔註8〕禮記・曲禮上。
〔註9〕論語・爲政。
〔註10〕論語・學而。
〔註11〕論語・學而。
〔註12〕孝經・開宗明義章。

在的形式是爲祭祖，其既是「敬親」的縱向延伸，又有著教民以孝的功效。「祭之爲物大矣！……其教之本？」〔註13〕所謂敬宗，即是對宗族先輩的敬愛之心，主要體現在宗廟之祭上。「夫祭有昭穆，昭穆者所以別父子、遠近、長幼、親疏之序，而無亂也。」〔註14〕宗廟之祭體現的正是孝之「尊尊」、「親親」的本質元素。最後，還有一個非常重要的一點就是傳宗接代，這是小農經濟社會確保養親、敬親、祭祖後繼有人的前提條件，所以說「不孝有三，無後爲大」〔註15〕。總的說來，儒家孝道是以日常侍養爲主，尊祖敬宗與傳宗接代，主要是從孝道教育和孝道保證的角度而言；道教在全盤吸收這些觀念的同時，按照自己的信仰和宗教生活方式進行改造，並特別發展了「尊祖」的一面，利用自身優勢替亡父母超度，體現了道教對儒家孝道的繼承與發展。

在儒家看來，「孝爲仁本」，「孝」是踐行「仁」德的邏輯起點和根本途徑，而「仁」是「孝」道踐行的終極目的。「孝悌也者，其爲仁之本與」，〔註16〕孝觀念生發的一個重要心理根源是子孫後代對父母、祖父母以及祖先的酬恩之心、報本之情。孔子之所以要推行「三年之喪」，是因爲盡孝不是出於外在的壓力，而是內求於心安，是否能對得住父母懷抱三年的恩情。儒家認爲只要把這種「愛」的對象不斷拓展，精神境界不斷提升，就能達致「仁」的境界。「弟子入則孝，出則悌，謹而信，泛愛眾，而親仁」。〔註17〕在這裏，作爲家庭道德之「孝」、「悌」，與社會公德之「信、泛愛眾」，以及人類之普世道德「仁」鏈接起來，「孝」正是實現「仁」的原點，而「仁」是孝的目的。孔子說：「仁遠乎哉？我欲仁，斯仁之矣」，〔註18〕只要「能近取譬，可謂仁之方也已。」〔註19〕孟子進一步提出「親親而仁民，仁民而愛物」，〔註20〕把人倫之德拓展爲對萬物的關懷。儒家以「孝爲仁之本」的道德觀在道教那裏得到了延續和發展。道教也把盡孝建立於「報恩」之上，並且把報恩的對象由父母，拓及恩師、君上、天地，以及世界本源的「道」。於此可見，儒家孝道在道教孝道形成中的基礎性作用。

〔註13〕禮記・祭統。
〔註14〕禮記・祭統。
〔註15〕孟子・離婁上。
〔註16〕論語・學而。
〔註17〕論語・學而。
〔註18〕論語・述而。
〔註19〕論語・雍也。
〔註20〕孟子・盡心上。

1.1.2　道家的自然主義道德觀

「先秦兩漢的道家思想是道教倫理思想最爲重要的思想來源之一。」
〔註 21〕道教的教理教義就是以道家之「道」爲核心建立起來的。道家對於
「道」的理解，自然影響到道教的孝道觀念。

從倫理學角度而言，道家之「道」是一種自然主義的倫理秩序。〔註 22〕
所謂倫理秩序，是指建立在一定利益基礎之上，有倫理觀念滲透其中的人與
人、人與社會的客觀交往關係及其規則系統。倫理秩序不同於政治、法律、
經濟等各種具體領域的秩序，但是以內在精神的形式滲透並轉化爲各具體領
域的秩序，「爲這些具體領域的秩序提供合理性與正當性證明，並爲這些領域
的行爲主體確立起基本的價值精神要求」。〔註 23〕《道德經》云：「人法地，
地法天，天法道，道法自然。」〔註 24〕「道法自然」之「道」，從倫理秩序維
度而言，體現爲天、地、人活動（行動）的總根據。天地萬物，包括人都必
須受「道」的支配和制約，「必須遵守「道」所彰顯於、落實於、貫穿於具體
事物中的規律和行爲秩序。」〔註 25〕那麼「道法自然」之「道」究竟是一種
怎樣的倫理秩序呢？《道德經》云：「道可道，非常道」，也就是說：「道」是
人的語言所無法準確表達的，因而一再以「水」、「谷」、「嬰兒」等爲喻，啓
發人們去領悟。對此，劉笑敢先生窮盡多年的研究，提出「人文自然」的概
念，可謂得《道德經》之真諦。他指出：《道德經》中的「自然」並非指自然
界，或霍布斯所說的「自然狀態」，而是蘊含了人文色彩的一種和諧理想狀態。
它包括人類與宇宙的總體和諧，沒有壓迫、最少控制的人類社會秩序的自然
和諧以及生存個體自身的自然和諧的生存狀態。〔註 26〕其倫理學的意義就
是，道德行爲是人性流露的自然結果，既不執著一定的道德規範，更無意於
求得「善」的美名。

正是從「道法自然」原則出發，道家認爲盡孝貴在「眞」，反對外在規範
的束縛。《道德經》中一個非常有意思的現象，就是有關「母」的語句特別多，

〔註 21〕樂愛國，中國道教倫理思想史稿〔M〕，濟南：齊魯書社，2010：67。
〔註 22〕具體分析請見：周山東，呂錫琛，《道德經》之道與倫理秩序〔J〕，求索，2011，
　　　　（7）：107-109。
〔註 23〕高兆明，倫理秩序辯〔J〕，哲學研究，2006，（6）：110。
〔註 24〕道德經·第二十五章。
〔註 25〕呂錫琛，論道家對社會正義的訴求〔J〕，湖北大學學報，2005，（11）：633。
〔註 26〕劉笑敢，老子古今：上卷〔M〕，北京：中國社會科學出版社，2006：54。

而很難見「父」的字眼，這在父權社會是不正常的。如「而我獨頑似鄙，我獨異於人，而貴食母」，「無名萬物之母」，「可以爲天下母」，「天下有始，以爲天下母。」《道德經》重「母」的一個原因就是：母愛像「道」生長萬物一樣，是最無條件的。慈母不會因爲自己的愛來拘牽子女，而是讓子女放任自然式的成長，這是一種自然的眞情流露。《莊子》明確提出「眞」的要求。「眞者，精誠之至也。」「眞在內者，……事親則慈孝，……處喪則悲哀。……事親以適，不論所以矣，……處喪以哀，無間其禮矣。」〔註27〕也就是說，盡孝既不是出於對外在名利的追求，也不是出於外在規範的強制。在道家看來，這些恰恰是導致孝道淪喪、名實相分的根源。「大道廢，有仁義。智慧出，有大僞。六親不和，有孝慈。國家昏亂，有忠臣。」〔註28〕《莊子》說得更直白：「自虞氏招仁義以撓天下也，天下莫不奔命於仁義，是非以仁義易其性與？故嘗試論之，自三代以下者，天下莫不以物易其性矣。小人則以身殉利，士則以身殉名，大夫則以身殉家，聖人則以身殉天下。」〔註29〕所以《道德經》說：「反者，道之動」，這裏的「反」不是一種「倒退」，其「本質乃是內在的回歸」，〔註30〕即返樸歸眞，具體到「孝」的問題上，就是要絕棄外在的「仁義」道德規範和道德名聲，回覆到「眞孝」的狀態，此即是「絕仁棄義，民復孝慈」。〔註31〕

然而，老莊最終所要回復到的並不是「父子相親」的狀態，而是要達到「至仁無親」的境界。《莊子·天運》篇記錄商太宰問仁於莊子。「莊子曰：虎狼，仁也。」虎狼也像人類一樣「父子相親」，雖然兇狠殘殺其他動物，但也是爲了養活後代。莊子把虎狼的行爲稱之爲仁愛的行爲，其意在於指出人類父慈子孝的行爲，實際上與虎狼無異，都沒有超出以自我利益爲出發點的狹隘立場和視角，並不是什麼美好的德性；而眞正值得推崇的是泯滅親疏的「至仁無親」境界。這是孝道所無法達到的。莊子曰：「夫至仁尚矣，孝固不足以言之。此非過孝之言也，不及孝之言也。」〔註32〕不僅如此，「夫孝梯仁

〔註27〕莊子·漁父。
〔註28〕道德經·第十八章。
〔註29〕莊子·駢拇。
〔註30〕卿希泰，道教的人性論〔M〕//何光滬、許志偉主編，對話二：儒釋道與基督教，社會科學文獻出版社，2001：164。
〔註31〕道德經。
〔註32〕莊子·天運。

義，忠信貞廉，此皆自勉以役其德者也，不足多也。」〔註33〕所謂孝順父母、尊敬師長、仁愛、節義、忠厚、誠實、堅貞、廉潔，這一切都需要自己努力去做，因而必然牽累人的眞性，是不值得誇讚的。所以莊子又說：「有親，非仁也」，〔註34〕爲達到「至仁無親」境界，唯有忘孝、忘親、忘我、忘天下。只有做到這一點，才能去掉人文約束，還父母子女以本來面目，才能實現自我，也實現他人的眞實生命。如此可見，儒道兩家對於人的價值實現的不同理解：儒家將人完全局限在「五倫」之中，生命存在一天，就要以道德去開發生命價值的無限；道家則主張超越，以放開來實現自我，也實現他人，包括父母的生命。在老莊看來，這才是最高境界的孝道。

道家的這些觀念影響道教特別深重而悠遠。如後世道教提出的「孝出自然至心」、「人亦天地之子」等觀點，都是對道家孝道思想的發展；不僅如此，道教因爲有道家的自然主義孝道思想因子的存在，使其在吸收儒家孝道時有一種內在的批判力量，才使其不至於被儒家孝道所同化。由此可以說，道家對道教孝道觀的形成和發展具有結構性影響。

1.1.3　墨家的孝道觀和神道設教思想

道教與墨家學派有著深遠的淵源關係，章太炎先生早就指出：道教思想「本諸墨氏，原遠流長。」〔註35〕著名道教學者王明也說：墨學的優秀傳統「經過封建統治者嚴重打擊之後消沉下去。黯淡地度過一個相當悠長的時間，到後漢中晚期，又被我國原始道教經典吸收進去，成爲民間道教思想精華的一部分，……正式披著宗教的外衣，復活起來。」〔註36〕這其中就包括墨家的孝道觀和神道設教思想。

墨家認爲「孝」就是物質上的「利親」。「孝，利親也」〔註37〕；「孝，以親爲愛，而能能（善）利親，不必得。」〔註38〕墨家孝道之「利」主要是指物質利益，體現了下層勞動人民思維的簡單性，從而與儒家孝道既強調外在

〔註33〕莊子・天運。

〔註34〕莊子・大宗師。

〔註35〕章太炎，黃巾道士緣起說〔M〕//章太炎，章太炎全集：三，上海：上海人民出版社，1984：449。

〔註36〕王明，從墨子到《太平經》的思想演變〔M〕//王明，道家和道教思想研究，北京：中國社會科學出版社，1984：103。

〔註37〕墨子・經上。

〔註38〕墨子・經說上。

利益，又強調內在良知自覺相迥異，因而爲一些上層知識分子所不齒。孔子斥其爲「不仁」，朱熹講是「良心已死了也」，〔註39〕王夫之責其「失其生之心，且並其生之情與欲而喪之。」〔註40〕但墨家所說的「親」，不只是指自己父母，還包括別人父母和天下蒼生，這種胸襟是儒家所沒有的。《墨子·節葬下》曰：「今孝子爲親度也，將奈何哉？曰：親貧則從而富之，人民寡則從事乎眾之，眾亂則從事乎治之⋯⋯若三務者，孝子之爲親度也。」墨子將孝的內容添加了增財富、廣人口、治眾人的要求，突破了儒家孝道以父母爲中心的狹隘性。也正是從利濟蒼生的角度，墨子明確反對「厚葬」，「以厚葬久喪爲政，國家必貧，人民必寡，刑政必亂。」〔註41〕認爲不僅會浪費大量社會財富，還會損害人民健康，破壞正常生產，影響人口生殖，實不利於「富貧眾寡，定危治亂」，墨子借往聖而「制爲葬埋之法，曰：棺三寸，足以朽體；衣衾三領，足以覆惡。以及其葬也，下毋及泉，上毋通臭，壟若參耕之畝，則止矣。死則既以葬矣，生者必無久哭，而疾而從事，人爲其所能，以交相利也。」〔註42〕由此看來，墨家的孝道觀既有其狹隘性，也有其超越性，道教所選擇性吸收的正是其精華的部分，即利濟天下的孝道觀和反對厚葬久喪的思想。

墨家孝道的超越性，還體現在超出儒家孝道「等差」之愛，實現「兼愛」天下的目的。儒家「仁愛」講究推己及人，由親及疏，由近及遠，即以對父母、兄弟之愛爲圓心，層層外推，逐漸擴充到對宗族、國家和社會的愛，其中「親親」之愛最眞實，最濃厚，即「孝悌也者，其爲仁之本」。「墨家的『兼愛』說，則是對宗族親親關係和尊卑等級特權的否定」，〔註43〕要求人們愛人如己，愛人父母如己之父母，「爲其友之親，若爲其親。」〔註44〕因爲「夫愛人者，人必從而愛之；利人者，人必從而利之。惡人者，人必從而惡之；害人者，人必從而害之。」〔註45〕「即必吾先從事乎愛利人之親，然後人報我以愛利吾親也。然即之交孝子者，果不得已乎？」〔註46〕所謂「交孝子」，實

〔註39〕朱子語類，卷四七。
〔註40〕王夫之，四書訓義。
〔註41〕墨子·節葬下。
〔註42〕墨子·節葬下。
〔註43〕沈善洪，王鳳賢，中國倫理思想史：上〔M〕，北京：人民出版社，2005：131。
〔註44〕墨子·兼愛下。
〔註45〕墨子·兼愛中。
〔註46〕墨子·兼愛下。

際就是「投我以桃，報之以李」的愛的因果律原則。「這種『投桃報李』的原則在世俗社會生活中的運用，實質是社會的互動與人際的互惠，這是中國特有的道德活動與人際關係的結構方式。」〔註47〕然而，墨子卻用來作為達致「兼愛」天下理想的手段。他提出的是一種超越血緣親情的宗教性的愛，是一種力圖讓世界充滿愛的人倫理想，在某種程度上反映了勞動人民的願望，體現了勞動人民的美德，因而能為道教所繼承，但因為忽略了「別相惡、交相賊」〔註48〕的經濟、政治基礎，顯得缺乏現實可行性，並且因為否定了親情為先的原則，而為儒家所攻擊。孟子稱墨子是「無父也」，「是禽獸也。」〔註49〕班固說：墨家「以孝視天下，是以尚同，引起所長也。乃敝者為之」，則「不知別親疏。」〔註50〕

墨家從「兼愛」理想出發，提出「交孝子」的倫理準則，「不僅反對了視人我利益對立的自私自利，而且否定了親疏有別的宗法觀念」。〔註51〕這種觀念在儒家「尊尊」、「親親」孝道倫理盛行的時代，是很難為人所接受的。有鑒於此，必須尋求最有威懾力、說服力和強制力的工具來輔之以行。墨子於是提出「天志」、「明鬼」的學說，試圖通過宣揚天的意志和鬼神的存在，借天的權威來推行孝道。「天志」，就是說天有意志。〔註52〕墨子稱的「天」是一個純然的「人格神」，無所不在、全知全能，是萬事萬物的標準，為正義的化身。〔註53〕天好義而惡不義，賞善罰惡。世人若能做到愛人利人，順從天意，就會得到上天的賞賜；反之，憎人害人，違反天意，一定會受到上天的懲罰。那麼「天」又是如何實現其「意志」的？墨子進一步提出「明鬼」的

〔註47〕 樊浩，中國倫理精神的歷史建構〔M〕，南京：江蘇人民出版社，1992：177。
〔註48〕 墨子‧天志上。
〔註49〕 孟子‧滕文公下。
〔註50〕 漢書‧藝文志。
〔註51〕 朱貽庭，中國傳統倫理思想史〔M〕，上海：華東師範大學出版社，2003：58。
〔註52〕 注：「天」在中國古代的含義非常龐雜，梁啟超歸納為四種：第一，以形體言天者，天是天界天體，與地相對；第二，以主宰言天者，天是天帝、皇天、造物主等；第三，以命運言天者，天是運數、因緣，如孔子謂「富貴在天」，孟子謂「若夫成功則天也」；第四，以義理言天者，天是原則理性，如《中庸》謂「天命之謂性」，《論語》謂「夫子之言性與天道」。具體請參見：梁啟超，飲冰室合集：八〔M〕，北京：中華書局，1989：4，墨子所常用的天是第二種含義，最反對的是第三種含義。
〔註53〕 具體分析請見：劉奕華，墨子的天、鬼、命觀新解〔J〕，汕頭大學學報：人文社會科學版，2004，（3）：15～16。

主張。墨子說：三代之後天下紛亂，「皆以疑惑鬼神之有與無之別，不明乎鬼神之能賞賢而罰暴也。今若使天下之人，偕若信鬼神之能賞賢而罰暴也，則夫天下豈亂哉！」〔註54〕從神道設教的目的出發，墨子羅列了一些古代傳說和古籍記載中的神鬼故事極力證明：「鬼神之有，豈可疑哉？」他說「古之今之爲鬼，非他也，有天鬼，亦有山水鬼神者，亦有人死而爲鬼者」，〔註55〕認爲鬼神無處不在，具有明察秋毫的神力，秉公執法的品性，就連貴爲天子、富有天下的夏桀和商紂王，由於他們侮辱上天和鬼神，殘殺百姓，都要受到上天派來的商湯和武王的懲罰。墨家的「天志」、「明鬼」學說對道教孝道有著深重的影響。正如有學者說的：「道教把墨子的天志明鬼與儒家的天人感應結合起來，尤其強調鬼神的報應思想。」〔註56〕

1.1.4 古代祖先崇拜觀念

孝道本身與古代的祖先崇拜有著緊密的聯繫。韋政通先生曾說：「儒家的孝道有其歷史上的依據，這根據，是在殷商時代幾已盛行的崇拜祖先的宗教。上古的祖先教演變出儒家的孝道；在秦漢以後的兩千年，儒家的孝道，又維繫了這個古老的宗教。」〔註57〕然而，儒家孝道主要是吸收了祖先崇拜的倫理精神，如報本反始、慎終追遠、繼志述事等等；道教孝道則把祖先崇拜之內在精神內容、外在儀式形式，以及鬼魂信仰全部收納在內。古代祖先崇拜觀念是構成道教孝道的又一重要文化元素。

祖先崇拜很久之前即已產生，到殷商人那裏，祖先神上陞爲人與至上神「帝」之間的中介，並擁有致福、降禍的能力。在考古發掘的殷墟卜辭中，殷族的祖先們頻頻與「帝」發生聯繫：「貞：咸賓於帝。貞：咸不賓於帝。」〔註58〕「賓於帝」，即客居在上帝那裏。殷商人認爲先祖死後當陞於天，隨侍「帝」之左右，只有他們才能與「帝」發生直接的聯繫，進行溝通和交流。「世人若有憂惑病痛之際，須向上帝祈求時，必須借著祖先的神靈爲媒介，以上

〔註54〕墨子・明鬼下。

〔註55〕墨子・明鬼下。

〔註56〕秦彥士，再論墨家與道教〔M〕//陳鼓應，道家文化研究：第五輯，上海：上海古籍出版社，1994：321。

〔註57〕韋政通，論中國文化的特徵〔M〕//劉志琴，文化危機與展望：臺灣學者論中國文化（下），北京：中國青年出版社，1989：51。

〔註58〕轉引自：卿希泰，中國道教思想史：第一卷〔M〕，北京：人民出版社，2009：42。

達於上帝。」〔註59〕然而，祖先雖然在「帝」之側，卻「不僅在形象與特徵方面，而且在它的感覺和肉體需要方面，同活人相似。」卡西爾言，表面上賦予超越物質存在和變化的所有力量的靈魂，實際上僅僅被牢固限制在物質存在及其命運的範圍內，「對神話而言，死亡不再是存在冥滅，而只是通往存在的另一種形式。」〔註60〕中國古代所謂的鬼魂，「即使生命形式超越它的肉體存在，這種形式也只不過是感覺的現世生命的簡單延伸。靈魂及其整個存在，他的衝動和需要，都仍然指向並限制於物質世界之內。」〔註61〕

　　首先，古人相信自己的祖先始終是站在維護子孫福祉的立場，他們就像偏執的母親一樣瘋狂地祐護自己的孩子，可以「降福無疆」、「申錫無疆」，〔註62〕永遠的賜福給他們。因此，當殷人試圖向「帝」祈年、祈雨、祈福的時候，往往借助於已經「賓於帝廷」的祖先，憑藉自己與祖先之間的血緣紐帶，把意願轉達給先人，他們相信祖先也必然會將自己的意願上呈給帝神，幫助自己實現願望的。

　　其次，在古人看來，祖先的鬼魂雖然已經離開人世，但卻與人一樣需要享食，如果得不到滿足的話，就會變為厲鬼，因此子孫有供給祖先亡魂享食的義務。如東漢王充所描述的：「世尚厚葬……以為人死輒為神鬼而有知，能形而害人，故引杜伯之類以為效驗……又見病且終者，墓中死人來與相見，故遂信是，謂死如生。閔死獨葬，魂孤無副，丘墓閉藏，穀物乏匱，故作偶人以侍尸柩，多藏食物以散精魂。積浸流至，或破家盡業，以充死棺，殺人以殉葬，以快生意。非知其內無益，而奢侈之心外相慕也；以為死人有知，與生人無以異。」〔註63〕

　　由於亡祖靈魂既是溝通天人的中介，又有著祭享的需要，因而子孫往往竭力祭祀，以滿足亡祖靈魂的需要，更為祈求祖先神靈蔭護子孫，祈福消災。「祀者，所以昭孝事祖，通神明也。」〔註64〕古人在祭祀時，往往延請祖先

〔註59〕洪德先，俎豆馨香—歷代的祭祀〔M〕//藍吉富，劉增貴，中國文化新論：宗教禮俗篇—敬天與親人，臺灣：聯經出版事業公司，1983：395。
〔註60〕卡西爾，神話思維〔M〕，黃龍保譯，北京：中國社會科學出版社，1992：178、179。
〔註61〕卡西爾，神話思維〔M〕，黃龍保譯，北京：中國社會科學出版社，1992：180。
〔註62〕注：《詩經·商頌·烈祖》云：「嗟嗟烈祖，有秩斯祜。申錫無疆，及爾斯所。……來假來饗，降福無疆。顧予烝嘗，湯孫之將。」。
〔註63〕王充，論衡·薄葬篇。
〔註64〕漢書·郊祀志上。

參與家族裏的大事。如政治方面，天子即位、諸侯、卿大夫接受冊命都會「告廟」；軍事方面，在出師前，也要先向宗廟祖先請示、受命，或在宗廟裏卜問戰事；日常人生禮儀方面，男子成年的冠禮必須在宗廟進行，婚禮六禮中的前五項：納采、問名、納吉、納徵、請期等都要在女方宗廟舉行。〔註65〕民間祀祖同樣體現出強烈的祈福色彩。睡虎地秦簡《日書》有云：在「良日」祭祀父母，「不出三月有大得」。〔註66〕蔡邕《祝祖文》曰：「元正令子，時惟嘉良；乾坤交泰，太簇運陽；乃祀祖靈，以祈福祥。」〔註67〕蒼山漢墓的銘文記載：「立郭（槨）畢成，以送貴親，魂靈有知，怜（憐）哀子孫，治生興政，壽皆萬年」。〔註68〕應劭《風俗通》亦云：「俗說曰凡祭祀先祖，所以求福。」〔註69〕

正是在這種觀念的影響下，形成了古人特別繁複的祭祀儀式。以漢代為例，漢人的祖先崇拜既有著系列的神聖之物如：神龕、靈位、墓地、祠堂、宗廟；又有系統的祭拜儀式，包括家祭：逢過年、過節，祖先生辰、忌日，七月鬼節，家有大事在家祭拜祖先；掃墓：春節、清明、秋季掃墓祭拜；祠廟之祭：宗廟之祭等等。在祭祀之前必須進行齋戒，通過沐浴、盆灌、掃滌、準備豐盛而潔淨的祭品、進行虔誠而莊重的儀式，來表達人們對祖先神的崇敬之情。

這些儀式和內容後來被道教所吸收和改造，而用於超度亡靈。如劉仲宇研究員所說的，這些儀式「表面上看只是信仰者對神明的祈求，但在內容上卻是以表示對先輩（亡故者）的孝和對後輩（亡故者）的慈為中心，同時也表現出希望人鬼分途，亡者的惡運不再連累活人，以保證家族或社區安全的願望，讓亡者早生仙境的理想。」〔註70〕道教之所以吸收古代祖先崇拜觀念，並發展為一系列繁複的儀式，是因為當時的「社會結構需要它」。「它是人們

〔註65〕具體分析請參見：秦照芬，商周時期的祖先崇拜〔M〕，臺灣：蘭臺出版社，民國 92 年：46～56。

〔註66〕雲夢睡虎地秦墓編寫組，雲夢睡虎地秦墓〔M〕，北京：文物出版社，1981：807。

〔註67〕嚴可均，全上古三代秦漢三國六朝文：全後漢文（卷七九）〔M〕，北京：中華書局，1958。

〔註68〕米如田，漢畫像石墓分區初探〔J〕，中原文物，1988，（2）。

〔註69〕虞世南，北堂書鈔：卷二九引〔M〕，天津：天津古籍出版社，1988。

〔註70〕劉仲宇，現代社會與道教的發展空間〔M〕//郭武，道教教義與現代社會，上海：上海古籍出版社，2003：129。

用宗教的形式將社會秩序神聖化的產物，並被賦予了具有超越世俗利益的價值」，〔註71〕於此，體現出道教對宗法社會的自覺適應。

1.2 道教孝道形成的社會背景

儒道墨家以及古代祖先崇拜中有關道教孝道思想淵源的因素，在歷史上是實然存在的，然而這些思想文化因素並不會自動組合成道教孝道。而促使這種整合的力量，既有漢代孝道宗教化所帶來的信仰主義風尚，也有歷代統治者實施孝治天下所營造的強大社會氛圍，還有就是來自道教主動拯救秦漢以來的孝道危機，與自覺適應宗法社會的改革與實踐。

1.2.1 秦漢以來的孝道危機

「秦漢社會，無論在政治、經濟、思想文化等各方面，都隱藏著一種『長波』式的危機。」〔註72〕秦末陳勝、吳廣起義，西漢末綠林赤眉起義，證明了整個社會危機的深刻程度。此外，還有外戚宦官專權、黨錮之禍、流民問題，以及自然災害等問題。這些都是秦漢社會危機的外在表徵，而潛藏在其之下的是信仰的迷茫，倫理價值觀的動搖。所以就有了漢武帝、成帝的策問活動，〔註73〕董仲舒以神學經學和宗天神學的方式來試圖解救這一危機，不但未曾緩解，反而加重了這一危機。孝道危機即是在這一背景下發生的：

（一）「責權失衡」而難以持久。道德責任是「人們在一定的內心信念和道德意識支配下，通過社會風尚、習慣、輿論和傳統精神的約束或引導，自覺地、無私地履行對社會和他人的道德責任。」道德權利是「作為道德主體的個人在社會生活中基於一定的道德原則、道德理想而應具有的尊嚴、人格以及應享有的道德自由、權力和利益。」〔註74〕儘管從行為動機來看，「道德

〔註71〕 Meyer Fortes, Oedipus and Job in West Africa Religion〔M〕，Cambridge: Cambridge University Press, 1959：29～30。

〔註72〕 姜生，漢魏兩晉南北朝道教倫理論稿〔M〕，成都：四川大學出版社，1995：54。

〔註73〕 注：姜生教授對漢武帝、成帝策問活動中所體現的倫理危機意識有具體的分析，請參見：姜生，漢魏兩晉南北朝道教倫理論稿〔M〕，成都：四川大學出版社，1995：59～61。

〔註74〕 韓作珍，論道德權利與道德義務及其相互關係〔J〕，寶雞文理學院學報：社會科學版，2003，（8）：12、13。

主體履行道德責任確乎不以獲得某種道德權利爲前提，但是從道德行爲所產生的客觀效果而言，一個公正的社會應該對有德行的人以正當獎賞，包括社會的頌揚、人們的尊重，甚至是某種物質報償，從而創建良好的道德氛圍。」〔註75〕然而，秦漢之際，隨著「三綱五常」的確立，家庭父子關係逐漸由「父慈子孝」式的雙向對應的平等義務，發展爲父輩具有無限的道德權利，而子輩要承負絕對的道德義務。在家庭道德生活中，父家長不僅擁有「家法」的制定和增補權；還擁有對子女行爲，包括婚姻等重大事件的決策、管理權；包括對家中所有人口、財產的所有權，在某些特殊情況下，還擁有對子女的生殺大權。在父家長的強勢權威之下，子輩的命運就只能是逆來順受，不違父命。即使是「諫諍」也是一種義務，目的在於使父母免陷入「不義」，而不是維護社會的公正；限度在於表達良善的道理，而不應力爭強辯。在歷史上不知道造就了多少人生的悲劇，葬送了多少青春和幸福，潛藏著多少辛酸與屈辱。且不說「刺血和藥」、「刮骨療疾」、「探肝」、「鑿腦」這些血淋淋的事件，就是殉父的行爲也比比皆是。由此可見，當時的孝道觀念已經發展到何等愚昧不堪，難以爲繼的地步。

　　（二）「名實相分」而信仰動搖。道德實踐權責的不斷失衡，使得孝道越來越成爲人欲的對立物，越來越爲民眾的道德能力所不逮；而另一方統治者爲了保證孝道的踐履，不惜採用法律強迫手段和物質獎勵手段進行高調宣揚和強力推行。在這種情況下，人們爲了躲避輿論的譴責，法律的懲罰，或者是爲了獲取功名利祿，不惜採取各種手段贏取孝子名聲，造成「名實相分」的孝道危機。《鹽鐵論》載：世人「死以奢侈相高，雖無哀戚之心，而厚葬重幣者則稱以爲孝，顯名立於世，光榮著於俗，故黎民相慕傚，以致發屋賣業。」〔註76〕王符在《潛夫論》中也說：「京師貴戚，郡縣豪家，生不極養，死乃崇喪」。〔註77〕由此可見，當時的孝道實踐很多已經喪失了最爲根本的「誠意」，而成爲謀取功名利祿的工具。最爲著名的例子莫過於趙宣，「葬親而不閉埏隧，因居其中，行服二十餘年，」贏得了社會的廣泛讚譽。「鄉邑稱孝，州郡數禮之，」然而事後卻被發現「五子皆服中所生。」〔註78〕難怪乎當時有諺

〔註75〕周山東，呂錫琛，論中國傳統社會踐行道德文化理念的歷史教訓〔J〕，新疆大學學報：哲學社會科學版，2011（7）：20。
〔註76〕桓寬，鹽鐵論。
〔註77〕王符，潛夫論・務本。
〔註78〕後漢書（卷六十六），陳王列傳。

語云：「舉秀才，不知書。察孝廉，父別居」〔註79〕。這說明，秦漢之際的孝道虛偽現象，已經發展到動搖孝道信仰的地步。而「信仰危機比道德危機更深層、更根本，信仰的動搖和眞理的相對化，必然導致傳統道德觀念和倫理標準的失效。」〔註80〕

（三）「家族至上」而觀念狹隘。這是秦漢之際孝道危機的又一表現，主要體現爲：（1）過分強調對家族的親情義務，濫用公共權力、拉幫結派。對親人的義務，是每一個家庭成員應有的責任，但是如果過度強化就會產生弊端。秦漢之際，「爲家人親友謀利益成爲人們政治選擇和政治行爲的原始驅力，履行親情義務實際成爲人們參與政治的主要目標和最根本的人生目的」。〔註81〕「通過親緣，人們結成政治上、經濟上相互依賴、具有某種共同利益的親疏集團」，〔註82〕爲了最大限度地滿足家人、親友的利益欲求，不惜通過擴大親緣的方法，變國事爲家事，化公務爲私情，把政治關係轉化成爲追逐私利的手段，造成政治私家集團化傾向，嚴重影響了社會公正。如西漢大臣張安世「子孫相繼，自宣、元以來爲侍中、中常侍、諸曹散騎、列校尉者凡十餘人。」〔註83〕（2）倡導親親相隱、血親復仇，影響社會安定。漢宣帝時，正式將「父子相隱」作爲法律原則入於律令，除禁止親屬相互告訴外，還不許親屬在法庭上作證。有漢兩代，親屬隱匿時有發生，哪怕爲之受到牽連也在所不惜。如霍顯毒害許皇后大逆之事，霍光以及霍顯的子孫霍山、霍雲、霍禹都知道，但都隱瞞不報，甚至爲了保護霍顯，而謀劃應付之策，「於是始有邪謀」，〔註84〕造成了國家的動蕩。同樣，可能危機社會穩定的就是「血親復仇」孝道觀念。鮑宣就把「怨仇相殘」列爲民人「七死」之一。〔註85〕桓譚在上書中說：「今人相殺傷，雖已伏法，而私結怨仇，子孫相報，後忿深前，至於滅戶殄業。」〔註86〕

〔註79〕抱朴子外篇·審舉。

〔註80〕王曉朝，文化視域中的宗教與道德〔M〕//羅秉祥，萬俊人，編，宗教與道德之關係，北京：清華大學出版社，2003：60。

〔註81〕萬荃，忠孝之道：傳統政治倫理的價值結果與傳統義務觀〔J〕，天津社會科學，1992，（5）：80。

〔註82〕張懷承，中國的家庭與倫理〔M〕，北京：人民大學出版社，1993：249。

〔註83〕漢書·張湯傳。

〔註84〕漢書（卷六十八），霍光金日磾傳第三十八。

〔註85〕漢書·鮑宣傳。

〔註86〕後漢書·桓譚傳。

（四）「厚葬久喪」而勞民傷財。重孝的必然結果就是「厚葬」。在漢代，不但貴族官僚實行厚葬，工商起家的富民也實行厚葬。富者與貴者大有分庭抗禮之勢，以致「抑奢之令，雖言之鑿鑿，聽之則藐藐，無有成效」，〔註87〕造成社會財富的極大浪費。貴者的厚葬主要是皇帝宗室貴族和高級官僚。「漢天子即位一年而爲陵，天下貢獻三分之，一供宗廟，一供賓客，一充山陵。」〔註88〕富者也不甘示弱，《鹽鐵論》載：「富者繡牆題湊，中者梓棺楩槨，」「富者積土成山，列樹成林，臺榭連閣，集觀增樓。中者祠堂屏閣，垣闕罘罳」。〔註89〕一些人即使家庭貧困，甚至借貸都要將葬禮搞得風光。就連後來提倡薄葬的崔定，爲了置辦父親崔瑗的喪事也使家庭一貧如洗。在厚葬的風氣之下，孔子的「三年之喪」在漢代時有奉行。本來漢文帝去世後，即留下遺詔，喪事從簡，要求臣民三十六天服喪完畢。〔註90〕以後西漢皇帝的喪禮，以三十六天服除成爲定制，當時的大臣也遵從這種制度。但到哀帝時，卻對能服三年喪者給予表彰。《漢書‧哀帝紀》載哀帝詔曰：「河間王良喪太后三年，爲宗室儀表，益封萬戶。」王莽執政時期，大興復古之風，制定了官吏服喪三年的制度，正式結束文帝制定的短喪之制。東漢時期也是如此，三年之喪時有恢復。厚葬久喪的風俗給社會帶來嚴重的後果。正如崔寔所說：父母送終，盡爲「高墳大寢」、「炯牛作倡」；「轀梓黃腸，多藏寶貨」，結果只能是「窮厄既迫，起爲盜賊」。〔註91〕崔寔也因此把「厚葬久喪」列爲引發社會危機的三大隱患之一。

1.2.2　漢代孝道宗教化的嘗試

在孝道逐漸陷入危機的情勢下，爲了維護人們對孝道的信仰，重樹孝道權威，使其被社會普遍認同和遵守，董仲舒、《孝經緯》、《白虎通》竭力運用宗教的方式論證孝道的天然合理性、神聖性和永恒性。「儘管這一過程未得成功，但是其在漢代思想界所引起的信仰主義時尚，卻爲道教及其倫理的產生鋪平了道路，旋即成爲道教倫理的一個重要思想因素。」〔註92〕

〔註87〕孟繁冶、夏毅輝，漢末衰微：「浮華交會」之風，殷都學刊，2007，（2）：56。
〔註88〕晉書‧索琳傳。
〔註89〕鹽鐵論‧散不足篇。
〔註90〕漢書‧文帝紀。
〔註91〕全後漢文（卷46）‧政論。
〔註92〕姜生，漢魏兩晉南北朝道教倫理論稿〔M〕，成都：四川大學出版社，1995：72。

　　漢代孝道宗教化的努力，首先就體現在以神秘主義的「天人合一」來論證孝道的起源和孝道的本質，給孝添加神聖權威的色彩。董仲舒說：「王道之三綱，可求於天」，〔註 93〕因爲人從形體到性情，到忠孝道德都是「象天」、「類天」的，「以類合之，天人一也。」〔註 94〕具體來說，分爲兩個方面：一曰：「父子之義，取諸陰陽之道。」〔註 95〕董仲舒說：「天道之大者在陰陽」，〔註 96〕「陽貴而陰賤」，〔註 97〕而「父爲陽，子爲陰」，因此當父尊子卑。二曰：孝子事父，乃出於五行相生。五行有相生之理，父子有授受之德，「是故父之所生，其子長之；父之所長，其子養之；父之所養，其子成之，諸父所爲，其子皆奉承而續行之，不敢不致如父之意，盡爲人之道也。……父授，子受之，乃天之道也。」〔註 98〕董仲舒以「天人合類」來論證孝道之絕對義務和等級服從精神，顯然有失科學性，從表面上看，「是讓『天道』來支配『人道』，實際上卻是要把封建的倫理綱常抬到『天道』的高度，藉以達到神化封建道德規範，並使其永恆化的企圖。」〔註 99〕體現了董仲舒對秦漢以來已日漸「權責失衡、名實相分、觀念狹隘」孝道的竭力維護。這一做法，在漢代緯書以及官方編寫的《白虎通》中得到了進一步的繼承和發展。《孝經緯》主要是通過無限神化《孝經》的價值和出書的過程，藉此神化孝道。《白虎通》認爲「古代社會的一套倫理準則是仿傚天地、陰陽、五行，按照自然規律建立起來的，……因此人世間的一切準則是天經地義，不可改變、不可違背的。」〔註 100〕

　　兩漢孝道宗教化的第二個方面，就是無限神化孝道的功能，認爲孝悌之至可以「通於神明、光於四海」。無論是感天、感神、感人，預設著人藉由至誠的孝行與某種「人以外力量」（extra-human power）的交通，〔註 101〕並得到立即性的回應。孝通神明的思想在《孝經》那裏有經典表述，此即「孝悌之

〔註 93〕春秋繁露・基義。

〔註 94〕春秋繁露・陰陽義。

〔註 95〕春秋繁露・基義。

〔註 96〕春秋繁露・對策。

〔註 97〕春秋繁露・天辨人在。

〔註 98〕春秋繁露・五行對。

〔註 99〕沈善洪，王鳳賢，中國倫理思想史：上〔M〕，北京：人民出版社，2005：393。

〔註 100〕張錫勤、柴文華，中國傳統倫理變遷史稿：上〔M〕，北京：人民出版社，2008：197。

〔註 101〕蒲幕州，追尋一己之福：中國古代的信仰世界〔M〕，臺北：麥田出版社，2004：23～25。

至，通於神明，光於四海，無所不通。」有學者稱：「如果將《孝經》視爲『經典現象』，或許對瞭解孝感所具有的『宗教性』（religiosity/religiousness）有所幫助」。〔註102〕漢代孝道宗教化的一個重要方面正是沿著這個思路進行的。董仲舒就感應機制進行了具體闡發。他說天人之間的感應就如「琴瑟和鳴」一般「鼓其宮，則他宮應之；鼓其商，則他商應之」；〔註103〕但卻滲入賞善罰惡的人倫道理，具有教化的效應。「美事召美類，惡事召惡類」，從天之感應現象的福凶可看出人之行爲的善惡，迫使人們對自我的行爲進行反省。「災者，天之譴也，異者，天之威也，譴之而不知，乃畏之以威。」〔註104〕人的行爲如不體現「天意之仁」，不遵守忠孝道德，那麼「天」便通過災異來譴責，不聽譴責則必遭「殃咎」；反之，若「人理」能「副天道」，天必賜福於你。《孝經緯》把「孝通神明」的思想發揮到極致。緯稱：「元氣混沌，孝在其中，」〔註105〕孝與元氣同生並存，貫通神明，孝及於天，甘露降；澤及地，醴泉湧。同時，孝無所不包，天文、地理、時令、歷史、明堂制度、三科九旨都統一於孝道，天人相契，援引眾義，山藏海納，就連該書都稱爲《援神契》。

隨著天人合一觀和感應說的普及與傳播，「民間信仰在強大的主流文化的影響下，便產生了對符合當時統治階級所宣揚的忠和孝道楷模人物的崇拜和敬仰，此類神靈成爲漢代中期以後民間信仰的新對象。」〔註106〕在一定程度上維護了民眾對孝道的信仰。漢代畫像石就保存了不少孝道故事畫像。西漢中期開始，一些民間孝子亦被當地百姓神化，且得到了官方的首肯。如王祥，本是晉代山東琅邪王氏家族的先輩之一，但王祥臥冰求鯉「冰忽自解，雙鯉躍出。」〔註107〕這種不可思議的孝親故事不僅在漢畫像石中有明確的反映，而且在《續後漢書》和《搜神記》等典籍中亦有記載。由此可見，民眾對「孝行可感神靈」之事是信以爲眞的。正是在這種「孝感神靈」的信念支撐下，演出和編織了很多堅忍而悲催的孝道故事。東海孝婦至誠奉養婆婆，但婆婆不想連累兒媳而自殺身亡，卻被婆家人誣陷她殺死婆婆，孝婦被冤枉致死。後當地連旱三年，郡

〔註102〕潘信羽，明代方志中的孝感神異：兼論其比較宗教之意涵〔D〕，臺灣：國立政治大學，2008：18。
〔註103〕春秋繁露·同類相動。
〔註104〕春秋繁露·必仁且智。
〔註105〕轉引自：鍾肇鵬，讖緯論略〔M〕，瀋陽：遼寧教育出版社，1991：61。
〔註106〕李秋香，儒家倫理影響下的漢代民間信仰新變化〔J〕，中南大學學報：社會科學版，2011，（6）：116。
〔註107〕續後漢書·列傳·王祥。

守查明原因後，採取殺牛祭婦冢的手段，終於求得了屈死之鬼魂的原諒，而降下大雨解除旱情。〔註 108〕這則故事既有眞實因素，又有虛擬成分。從眞實的一面來講，顯示了東海孝婦的悲慘命運；而從虛擬的一面來講，正體現「至孝感天」的信念。正是得益於這種信念的支撐力量，才使得民衆能忍受秦漢以來日漸「權責失衡，名實相分、觀念狹隘而勞民傷財」的孝道倫理。

值得指出的是，漢代孝道的宗教化對維護孝道信仰的作用是有限的。因爲孝道在此時已經發展到無以爲繼的地步，漢代對其進行神化，並沒能彌補其違逆人性的缺陷，反而是加劇殘害人性；更爲重要的是，隨著王充等人對「天人感應」觀念的批判，極大地衝擊了孝道的神學色彩。王充說自然界是無目的的，無意識的，「日月行有常度」，「寒溫自有時」，「雨雪皆由雲氣發於丘山」。〔註109〕這種規律是不以人的主觀情感「精誠」而改變的，所謂至孝能感動天地鬼神是虛妄的說法。王充還特別就「曾母扼臂氣感」之傳聞進行了批評，「但王充的批評似乎無法阻礙孝感論述被廣泛採信，藉由曾母扼臂氣感的故事，可發現『至孝與父母同氣』、『體有疾病，精神輒感』，以及『孝悌之至，精氣互動』的說法，似乎持續保存到明代方志的記載。」〔註 110〕這就既爲道教對孝道的宗教化提供了文化氛圍，又爲道教孝道的宗教化留下了充足的發展空間。

1.2.3　以孝治天下國策的推行

促使道教孝道發展的文化氛圍，則是來自漢魏六朝前後近八百年「一以貫之」的孝治實踐。在當時，每一個信奉道教信仰的中國人，都成長於這樣的文化氛圍，都首先要受到孝道文化潛移默化的影響；每一種宗教文化都必然要接受孝道文化，因爲孝已經成爲國家意識形態的核心價值。封建統治者長期的孝治實踐，是探討道教孝道產生社會背景不可忽視的重要維度。

歷代統治者推行孝治實踐的一個重要途徑，就是把《孝經》研究與孝道教育相結合，提升人們對孝治理念的思想認識。《孝經》談的是「以孝治天下」的道理，是實踐孝治的理論基礎。爲此，西漢文帝時即將《孝經》、《論語》與五經並列爲七經，而且要求首通《孝經》。爲研習《孝經》，在學校設

〔註108〕〔漢〕劉向，說苑校證〔M〕，向宗魯，校證，北京： 中華書局，1987：109。
〔註109〕王充，論衡・感虛篇。
〔註110〕潘信羽，明代方志中的孝感神異：兼論其比較宗教之意涵〔D〕，臺灣：國立政治大學，2008：18。

置經師。東晉穆帝、孝武帝和南朝的幾位皇帝或是宣講，或是注釋，或是召
集群臣討論，太子、諸王乃至群臣亦時時集會，一度使《孝經》研究成爲顯
學。同時把孝道教育貫穿到各種教育之中。在漢皇室，《孝經》是培養太子
的基本教材，是皇室子弟的必讀書。在學校，從官學到私學，從小學到太學，
從中原到邊遠地區，無不是以孝爲主，並把孝道教育與出仕做官相聯繫起
來，形成了強大的教化效應。在家庭，不論是士大夫還是一般百姓，經常援
引《孝經》教育子女，並因此產生了許多以孝爲主的家訓。在社會上，通過
「循吏」以及「三老」、「孝悌」等鄉官對民眾進行孝道教化，以及借助碑刻、
畫像石等形式進行孝道教育。漢魏至南北朝，對《孝經》的研究和孝道的教
育，不說是絕後的，也是空前的。成長於這樣一個文化氛圍的道教人士，不
能不受之影響。如神仙道教代表人物葛洪，他父親「以孝友聞，行爲士表，
方冊所載，罔不窮覽」，葛洪「年十六，始讀《孝經》、《論語》、《詩》、《易》」
〔註111〕。上清派代表人物陶弘景，著有《孝經》、《論語》集注並自立意共
一秩，十二卷。所謂「集注」是彙集各家的注解，而「自立意」是在「集注」
之外加上自己的新解釋。可見陶弘景對孝道倫理是深有研究。

　　歷代統治者推行孝治實踐的第二種途徑，就是將「官方垂範」與「民間
尊老」結合起來，感化和引領民眾踐行孝道，培育尊老風尚。漢魏至南北朝
的統治者大多非常注意自身的孝子形象。古代著名的《二十四孝圖》中，排
在第二位的就是《漢文帝親嘗湯藥》；史書上記載以孝聞名的君主還有很多，
如漢高祖、武帝、成帝、明帝、肅宗等等。君王們不僅以實際行動踐行孝道，
還在繼位、立嗣時以是否具備「孝道」作爲重要的參數。統治階級率先垂範
孝道，最爲突出地體現在「傳諡用孝」上。這是希望漢王朝子孫能夠世代承
傳帝王萬世之業，更是以此推行「以孝治天下」理念，用紀念去世之君王的
諡號來標示社會主流的、最高的價值取向。歷代統治者不僅注意自身的孝道
實踐，還對社會上的老人給予各種照顧和體恤，力圖達到上行下效的作用，
在全社會形成一種尊老風尚。在政治榮譽與社會地位方面，主要是通過「賜
王杖」、「設三老」，以及授予爵位等各種名譽頭銜以示對老者的尊重。在生活
上，主要採取賜衣食和免賦役兩種措施，以體現對老年人的特殊照顧。爲了
使貧苦之家能有更多的精力來照顧老人，政府還會免除其子孫的部分賦役。
在法律方面，對老年罪犯實行減免刑罰，從輕處罰或者豁免處罰。歷代統治

〔註111〕葛洪，抱朴子外篇・自敘。

者把「官方垂範」與「民間尊老」相結合，極大地促進了孝道文化的形成和在民眾心理——包括道教人士——的滲透。上清派魏華存雖年輕時就有學道之志，但仍服膺「不孝有三，無後為大」的孝道觀念，奉命成婚，待子粗立後，方「齋居別室，反修初服」，堅持修道當先盡孝道倫理義務。第三代宗師許謐的哥哥許邁初師南海太守鮑靚，往來於茅山之中清修，朔望之期還家拜見父母；後來父母逝世，才遣妻子孫氏還娘家，自己則辭家不還。由此可見，孝道觀念已經深入道教人士骨髓。

歷代統治者推行孝治實踐的第三種途徑，就是通過一系列制度安排褒獎孝悌與嚴懲逆子，以得失利害來激勵民眾作孝子賢孫。褒獎孝悌的手段大致可以歸納為名譽表彰、物質獎賞和政治前途三個方面。在名譽表彰方面，每逢鄉里有著名孝子死後，都以「孝子」題名墓碑；對特有影響的孝悌者，朝廷還封他們為孝悌官（虛職），載入史書；到北朝時，發展為旌表，即「表為孝門」，以此為人們提供可資效法的榜樣。在物質獎賞方面，對孝子給予「復除」和「賜帛」獎勵。「復除」即是免除孝者一戶的徭賦；「賜帛」政策在東漢以後多以賜爵代替。除了全國性的賞賜外，地方性的褒獎也經常發生。除此之外，歷代統治者還使孝行成為獲取利祿的途徑，特製孝廉科，以孝道品行作為選官、考覈官員的標準。相反對於不孝子孫，則運用法律進行嚴懲。綜括漢律條文和見諸於史籍、簡牘的案例，漢代不孝罪主要有以下幾種：〔註112〕（1）對父母不供養、侍奉不周，一經查實，將被棄市；（2）毆辱父母和尊長，殺父母和尊長，違者處死；（3）舉告父母、誣告父母，「勿聽而棄告者市」；〔註113〕（4）居喪違禮；（5）違背立後規定；（6）有危宗廟、輕廢先人之業；（7）非議孝道。正是因為這些強有力的強制措施，使得「孝道在中國社會文化中，形成一種龐大的力量，……就連反對正統的道家，到了道教時代也要將孝道納入教義，才能贏得社會的擁護。」〔註114〕西晉時期在犍為郡（今四川）傳道的陳瑞就是因「不孝」罪而被誅殺，並焚燒道治。在這種情況下，對於道教來說，樹立孝道觀念，就不僅是勸善止惡的道德問題，而是關涉到生死存亡的大事。

〔註112〕詳細請參見：劉厚琴，田芸，漢代「不孝入律」研究〔J〕，齊魯學刊，2009（4）：40～44。

〔註113〕張家山漢墓竹簡整理小組，張家山漢墓竹簡〔M〕，北京：文物出版社，2001：151。

〔註114〕冉雲華，中國佛教對孝道的受容及後果〔M〕//傅偉勳，主編，從傳統到現代：佛教倫理與現代社會，臺北：東大圖書公司，1990：111～112。

1.2.4　道教對宗法社會的自覺適應

宗法是古代社會構成的重要方式。以血緣關係爲基礎，標榜尊崇祖先，維繫親情，在宗族內部區分尊卑長幼，並規定繼承秩序以及不同地位的宗族成員享有不同的權力和義務的法則。漢魏兩晉南北朝即是這樣一個典型的宗法社會，「親緣核心、尊祖敬宗與家國同構」是其主要特徵，而孝無疑是宗法社會的倫理基石。首先，孝是「親緣核心」的倫理基石。不僅以一般原理的形式清晰地肯定血緣親情的至上地位，明確主張「事親爲大」〔註115〕、「不得乎親，不可以爲人；不順乎親，不可以爲子」〔註116〕；而且通過一系列具體命題──如「父爲子隱，子爲父隱」〔註117〕、「三年無改於父之道」〔註118〕、「父子之間不責善」〔註119〕、「孝子之至，莫大乎尊親」〔註120〕等等，要求人們以犧牲自己的獨立性，社會的公正性來維護父母的利益。其次，孝是「尊祖敬宗」的倫理基石。孝內在地包含祭祀先祖的要求。《禮記・祭統》云：「生則養，沒則喪，喪畢則祭……盡此三道者，孝子之行也。」然而，孝子孝孫在祭祀先祖時又當遵守「嫡庶有分」的原則，即「小宗」要尊敬「大宗」。《禮記・大傳》云：「人道親親，親親故尊祖，尊祖故敬宗。敬宗，尊祖之義也」，道出了三者的內在聯繫。再次，孝是「家國同構」的倫理基石。傳統社會君臣關係不過是父子的類比和比附，而朋友只不過是兄弟的推衍和擴大。如此，傳統道德中「父子有親、君臣有義、夫婦有別、長幼有序、朋友有信」〔註121〕，就全部以父子關係作爲最基本的或最原基的關係，所謂「君爲臣綱」、「夫爲妻綱」只不過是「父爲子綱」的投射。

道教作爲宗法社會的產物，「是以信仰爲紐帶，聯繫有很多教徒的社會組織實體，它不是孤立於社會之外，而是生活、活動於社會之中的，爲了保證期教義的信行，以及教團的社會地位的鞏固與發展，它當然要用自己的道德規範制約教徒並影響社會。」〔註122〕道教一開始就注意吸收了孝道思想，體現出對宗法社會的自覺適應。《老子想爾注》就提出了「道用時，家家慈孝」，

〔註115〕孟子・離婁上。
〔註116〕孟子・離婁上。
〔註117〕論語・子路。
〔註118〕論語・學而。
〔註119〕孟子・離婁上。
〔註120〕孟子・萬章上。
〔註121〕孟子・騰文公上。
〔註122〕李養正，道教與中國社會〔M〕，北京：中國華僑出版公司，1989：50。

〔註123〕「臣忠子孝，出自然至心」，〔註124〕「勿得強賞，天自賞之」，〔註125〕等觀點，雖然與儒家孝道有異，但總體上是出於維護孝道這一根本的。《太平經》亦明確主張「天下之事，孝爲上第一」，並有卷九十六「六拯六竟孝順忠訣」、卷一百八「忠孝上異聞訣」、卷一百十四「不孝不可久生戒」等節，專門闡述「忠孝」思想。然而，以《老子想爾注》、《太平經》爲經典建立起來的五斗米道和太平道，並沒有按照經書中的「孝於朝廷」、「助帝王治」的原則辦，要麼割據漢中，使朝廷「力不能征」〔註126〕達三十年之久；要麼揭竿而起，做了叛臣「賊子」。爲了去除早期道教這些叛逆成分，道教思想家認識到必須進行改革，使之上陞爲封建社會所需要的宗教。其中，猶能代表這一改革動向的是魏晉的葛洪和南北朝的寇謙之。

葛洪明確提出：「欲求仙者，要當以忠孝、和順、仁信爲本，若德行不修，而但務方術，皆不得長生也。」〔註127〕並從理論上論證忠孝對於仙道修煉的價值，提出「修道不違忠孝」的觀點。寇謙之則從制度改革上大量融攝孝道意識，以徹底清除原始道教的叛逆思想成份，使之符合宗法社會封建統治的需要。他自稱太上老君授他「天師之位」，令他「清整道教」，「除去三張僞法，租米錢稅及男女合氣之術」，而「專以禮度爲首，而加之以服食閉練」〔註128〕，明確提出「並教生民，佐國扶命」的改革宗旨。在葛洪、寇謙之等道教思想家的努力下，儒家孝道開始全面深入到道教之中，如融孝入戒，在日常修行制度中貫徹孝道倫理；孝術結合，在齋醮、存思、道符等法術中融會孝道倫理精神；以忠孝爲宗旨，把以地域（治）或軍隊（方）劃分教徒的形式，改成以道觀爲中心接納信仰者的形式，在教團組織制度改革中貫徹孝道倫理，在使道教成爲維護宗法社會封建統治工具時，也使自身的孝道理論走向成熟。

〔註123〕老子道德經想爾注〔M〕//張繼禹，中華道藏：第9冊，北京：華夏出版社，2004：175，後遇此書皆簡注爲：中華道藏。
〔註124〕老子道德經想爾注，中華道藏（第9冊），183。
〔註125〕老子道德經想爾注，中華道藏（第9冊），176。
〔註126〕〔西晉〕陳壽，三國志〔M〕，北京：中華書局，1959：263。
〔註127〕抱朴子·對俗篇。
〔註128〕魏書·釋老志。

第二章　五斗米道的孝道

　　五斗米道爲早期民間道教的重要派別，東漢順帝時（126～144）沛國豐人張陵於西蜀鶴鳴山創立。《三國志・張魯傳》記載：「祖父陵，客蜀，學道鵠鳴山中，造作道書以惑百姓，從受道者出五斗米，故世號米賊。」〔註1〕「祖父陵」指的是張魯的祖父張陵，造作道書即爲《老子想爾注》，「這是中國思想史上第一部站在道教立場上用神學注解《老子》的書注」，〔註2〕用以宣傳五斗米道的教義。張陵尊老子爲教主，因爲規定每位入教者需交「五斗米」，統治階級稱之爲「米賊」，俗稱「五斗米道」。〔註3〕後「陵死，子衡行其道。衡死，魯復行之」。〔註4〕在這個傳教過程中，還有巴郡人張修，在張陵仙逝後，於巴郡、漢中傳播五斗米道，後被張魯所殺，徒眾也被其收歸。公元215年張魯投降曹操後，五斗米道逐漸向官方道教發展。本文據《老子想爾注》和五斗米道的傳教實踐闡釋其孝道思想。〔註5〕

〔註1〕〔晉〕陳壽，三國志〔M〕，北京：中華書局，1959：263。

〔註2〕張志剛，宗教研究指要〔M〕，北京：北京大學出版社，2005：47。

〔註3〕注：五斗米道在當時又稱天師道，因張陵自稱「天師」，所謂教內自稱「天師道」。張魯率五斗米道北遷之後，許多豪門士族紛紛入道，天師道教名始顯，五斗米道之號遂不復使用。本章所討論的主要是初創階段的民間道教時期，所以取「五斗米道」之名。

〔註4〕〔晉〕陳壽，三國志〔M〕，北京：中華書局，1959：263。

〔註5〕注：對於五斗米道的創始人、教義經典等問題，學術界還有很多爭議，本文在多家綜合比較分析的基礎上，主要採取的是胡孚琛、湯一介先生的觀點。具體請參見：胡孚琛主編，中華道教大辭典〔M〕，北京：中國社會科學出版社，1995，53～54；湯一介，魏晉南北朝時期的道教〔M〕，西安：陝西師範大學出版社，1988，73～81。

2.1 「道用則家家慈孝」的體用觀

　　對於「道」和「慈孝」的關係，《老子》中早已明確：「大道廢，有仁義；智慧出，有大僞；六親不和，有孝慈；國家昏亂，有忠臣。」也就是說，「慈孝」是大「道」遭到廢棄的產物，兩者是爲對立的關係；而《老子想爾注》則稱「道用時，家家孝慈，皆相同類，慈孝不別」，〔註6〕也就是說「慈孝」是大「道」通行的產物，兩者是體與用關係。那麼，這兩種說法的區別何在？《老子想爾注》所講的「道」與《老子》之「道」是否是同一意義上的概念？《老子想爾注》所稱的「道」之「本」是什麼，「用」又是什麼？爲什麼說「道用時，家家孝慈」？這些都是理解五斗米道孝道思想的前提。

　　《老子》中的「道」是一個兼有多重含義的最高範疇。一般認爲，「道」原本是「人行走的道路」的意思，通過引申而有「規則」、「法則」的意思，同時還是宇宙存在的最初狀態，先於天地萬物存在的某種精神性實體，無所不在構成天地萬物的精微材料。〔註7〕《老子想爾注》同樣把「道」視爲最高的本體性範疇，稱「道者天下萬事之本」，即萬物皆由「道」產生，「道」在萬物之中，是事物存在的根據；但《老子想爾注》的眞正目的不是作本體論哲學上發揮，而是將「道」向宗教神學方向引申，轉化爲「神」，強調「道」在宇宙間的至上性。《老子想爾注》中的「道」可以說就是人格化的存在——神，一個全知全能、神通廣大、賞善罰惡的神，它把《老子》中的「吾不知誰之子，象帝之先」解釋爲「吾，道也；帝先，亦道也」，〔註8〕稱「道設生以賞善，設死以威惡」，〔註9〕還能教聖人治世，分辨眞知，而不爲邪文所惑。《老子想爾注》中的「道」有一個別稱「一」，「一者，道也。……一散形爲氣，聚形爲太上老君」。〔註10〕由此可見，《老子想爾注》所說的「道」之本，就是「神」，即「太上老君」。

　　道之用是在道之體的理解的基礎上對道之理論的深化，運用道論來表達自己的思想理論。《老子想爾注》把道之本界定爲「神」，道之用即表現爲成就神仙之道，包括確立信仰對象，論證長生成仙的可能，提出成就神仙的途

〔註6〕老子道德經想爾注，中華道藏（第9冊），175。
〔註7〕湯一介，魏晉南北朝時期的道教〔M〕，西安：陝西師範大學出版社，1988，102～103。
〔註8〕老子道德經想爾注，中華道藏（第9冊），169。
〔註9〕老子道德經想爾注，中華道藏（第9冊），176。
〔註10〕老子道德經想爾注，中華道藏（第9冊），171。

徑與方法等等。前所述的太上老君，即是《老子想爾注》為五斗米道樹立的信仰對象，具有喜、怒、哀、樂之人格性情，沒有過度的欲望，不作惡事；能言善聽，能分別善與惡，具備賞善罰惡的能力，掌握了人的生死大權，並且還有人一樣的意識，「志欲無身，但欲養神耳」，〔註11〕它知曉世間的一切事情。太上老君既然是氣之彙聚而成，自然能超越生死；然而這一境界又是人可以達到的，《老子想爾注》云：「天能久生，法道故也。人法道意，便能長久也。」〔註12〕也就是說，欲長生者必思道意，以道為誠，通過敬畏信仰道、守持效法道、以身踐行道，達到生道合一、長生成仙。《老子想爾注》認為人要想長生成仙，首先必須發自內心地，無條件地敬畏道、信仰道，「欲求仙壽天福，要在信道」，〔註13〕「信道行善，無惡迹也。……至心信道者，發自至誠，不須旁人自勸。」〔註14〕其次就是以「道」為準繩，不犯道誡，包括「貴中和」、「不視功名」、「樂質樸、辭無餘、視道言」〔註15〕等等，告誡人們一切行為均應合道，不能趨世媚俗地去爭名奪利，保持內心清靜，不為塵世所染，不能因身外之名利使「生道」離去，使生命喪失長生的基礎。再次就是以自身的實際行動來「行道」，「行道者生，失道者死」，〔註16〕不僅要寶精、養神、食氣，還要積善去惡，才能最終達到「仙壽」。它舉例說：「精並喻象池水，身為池堤封，善行為水源，若斯三備，池乃全堅。」〔註17〕所以，人要積善不為惡，這樣才能「與生合」，而「道隨之」。

《老子想爾注》有關「孝」的理解正是基於對道之用的解釋之中。正由於作為「道」之化身的太上老君，具有喜怒哀樂的人性和鑒別善惡的神力，所以「孝慈」成為神的旨意；也正因為《老子想爾注》強調修長生成仙之道，要發自內心地，無條件地敬畏道、信仰道，不為名利所干擾、「樂質樸、辭無餘」，所以要求「孝出自然至心」，「勿得強賞」；同樣還是因為《老子想爾注》強調「積善去惡」是長生成仙的基石，所以才有了對慈孝的重視。總之，《老子想爾注》對「孝」的理解是統攝於其長生成仙的信仰之下的。反過來說，

〔註11〕老子道德經想爾注，中華道藏（第9冊），173。
〔註12〕老子道德經想爾注，中華道藏（第9冊），174。
〔註13〕老子道德經想爾注，中華道藏（第9冊），176。
〔註14〕老子道德經想爾注，中華道藏（第9冊），179。
〔註15〕老子道德經想爾注，中華道藏（第9冊），183。
〔註16〕老子道德經想爾注，中華道藏（第9冊），178。
〔註17〕老子道德經想爾注，中華道藏（第9冊），177。

只要堅信和踐行其長生成仙信仰，即「道用時」，就能「家家孝慈」、「臣忠子孝，國則易治」、「帝王躬奉行之，練明其意，以臣庶於此，吏民莫不法效者。知道意賤死貴仙，競行忠孝質樸。」〔註18〕

2.2 「孝出自然至心」的本質論

正是從強調修長生成仙之道，必須敬道、信道、法道出發，五斗米道提出「臣忠子孝，出自然至心」〔註19〕的孝道本質論，主要有兩方面的含義：

其一，孝道行為是自然而然的人性表現，不能因迷於「偽伎」而耽誤。《老子想爾注》云：「世間常偽伎，因出教授，指形名道，令有處所，服色長短有分數，而思想之，苦極無福報，此虛詐耳」，〔註20〕導致「子不念供養，……但逐邪學，傾側師門，盡氣誦病，到於窮年，會不能忠孝至誠感天。」〔註21〕這裏的「偽伎」，指的是當時在巴蜀地區流行的降魔、驅鬼等巫術。張陵說：「世間常偽伎稱道教，皆為大偽不可用。」〔註22〕「今世間偽伎指形名道，令有服色、名字、狀貌、長短，非也，悉耶偽耳。」〔註23〕那麼張陵認為的「真道」是什麼呢？這也許超出本文的論述範圍，但是有一點是可以肯定的，就是對父母的孝敬和對祖先的祭祀。如上文所說的因迷於「偽伎」，而導致「子不念供養」，因為「孝」乃人性的自然流露；又如張陵為了讓道教在西南少數民族居住地立腳紮根，借太上老君旨意革除野蠻之風，以清除巫教。在其頒佈的教規裏就有「不得禁錮教徒，不得隱晦神仙，不得淫盜，不得飲酒食肉」等條款，但獨接受「五蠟日祭祀祖先」的風俗，可見其不屬於「偽伎」之列。而文中的「會不能忠孝至誠感天」，則透露出五斗米道強調「孝出自然至心」的宗教意圖。

其二，孝道行為是至真至誠的感情流露，不以功利為目的。《老子想爾注》反覆強調忠孝應當「自嘿而行，不欲見功」。所謂「自嘿而行」，就是要出於「至誠」的心意。當然這裏講的至誠，主要是從修道成仙的意義上講的，體

〔註18〕老子道德經想爾注，中華道藏（第9冊），175。
〔註19〕老子道德經想爾注，中華道藏（第9冊），183。
〔註20〕老子道德經想爾注，中華道藏（第9冊），174。
〔註21〕老子道德經想爾注，中華道藏（第9冊），176。
〔註22〕老子道德經想爾注，中華道藏（第9冊），175。
〔註23〕老子道德經想爾注，中華道藏（第9冊），173。

現了道教在融攝儒家孝道倫理的同時，注意保持自身的特色。所謂「不欲見功」，就是不以功利爲孝道行爲的目的和實踐動力。《老子想爾注》的這一觀點富有深刻的現實針對性。東漢時期，社會上功利主義孝道行爲泛濫。如王符在《潛夫論》中所描述的：「養生順志，所以爲孝也。今多違志儉養，約生以待終，終沒之後，乃崇餚喪紀以言孝，盛饗賓旅以求名。誣善之徒，從而稱之。」〔註24〕類似這樣的文獻記錄還有很多，最爲著名的例子莫過於趙宣，「葬親而不閉埏隧，因居其中，行服二十餘年，」贏得了社會的廣泛讚譽。「鄉邑稱孝，州郡數禮之，」然而事後卻被發現「五子皆服中所生。」〔註25〕由此可見，當時的孝道實踐很多已經喪失了最爲根本的「誠意」，而成爲謀取功名利祿的工具。《老子想爾注》斥責這種「雖忠孝，……皆欲以買君父求功名」的行爲，實爲「外是內非，無至誠感天之行」，不但會「令國難治」，還會「如此功盡，天福不至」。〔註26〕《老子想爾注》不僅斥責這種僞孝有危害國家穩定之嫌，更用「天福不至」來進行威懾，體現了道教孝道教化的特點。

那麼，如何才能實現「臣忠子孝，出自然至心」呢？《老子想爾注》認爲，首先統治者當「教民皆令知道眞，無令知僞道邪知也。」〔註27〕而這種「教」，不在於言教，而在於「躬奉行之」。「道用時，帝王躬奉行之，練明其意，以臣庶於此，吏民莫不效法者。知道意賤死貴仙，競行忠孝質樸。」〔註28〕其次，當驅除心中兇惡，而道自來，家家自然孝慈。《老子想爾注》認爲心爲善惡之源。「心者，規也，中有吉凶善惡。腹者，道囊，氣常欲實。心爲兇惡，道去囊空，空者耶入，便煞人。虛去心中兇惡，道來歸之，腹則實矣。」〔註29〕再次，在於奉守道誡。《老子想爾注》云：「道至尊，微而隱，無狀貌形象也，但可從其誡。」〔註30〕據有學者研究，《老子想爾注》中的道誡之一就是「競行忠孝」，〔註31〕此外，還有喜怒悉去、不貴榮祿財寶、知止足，不敢多求等，

〔註24〕王符，潛夫論・務本。
〔註25〕後漢書（卷六十六），陳王列傳。
〔註26〕老子道德經想爾注，中華道藏（第9冊），175。
〔註27〕老子道德經想爾注，中華道藏（第9冊），172。
〔註28〕老子道德經想爾注，中華道藏（第9冊），175。
〔註29〕老子道德經想爾注，中華道藏（第9冊），169。
〔註30〕老子道德經想爾注，中華道藏（第9冊），173。
〔註31〕注：任繼愈先生把《老子想爾注》中的道誡歸納爲12個方面：（1）學知清淨；（2）施惠散財；（3）競行忠孝；（4）喜怒悉去；（5）不爲貳過；（6）禁祭餟禱祠；（7）不貴榮祿財寶；（8）道重繼嗣；（9）男女之事，不可勤也；（10）

對孝道踐履都有促進作用。《老子想爾注》云：「誠爲淵，道猶水，人猶魚。魚失淵去水則死，人不行誠守道，道去則死。」〔註32〕《老子想爾注》把盡孝與道誠結合起來，體現了道教倫理的操作性特色。

2.3 「與修齋相結合」的盡孝方式

宗教之作爲宗教，其中一個重要的方面就是有著與世俗社會不同的生活方式。五斗米道作爲最早產生的道教派別之一，亦以其獨特的方式詮釋著對道的信仰，表達著獨有的孝道觀念。就孝道踐行而言，五斗米道最大的特色，就是把盡孝道義務與修齋結合起來，爲後世道教孝道實踐作了典範。

五斗米道的修道方法，《三國志・魏書・張魯》中記載：「東方有張角，漢中有張修。角爲太平道，修爲五斗米道。太平道者，師持九節杖爲符祝，教病人叩頭思過，因以符水飲之，得病或日淺而愈者，則云此人信道，或其不愈者，則爲不信道。修法略與角同，加施靜室，使病人處其中思過。又使人爲奸令祭酒，祭酒主以《老子》五千文。使都習，號爲奸令。爲鬼吏，主爲病者請禱。請禱之法，書病人姓名，說服罪之意。作三通，其一上之天，著山上，其一埋之地，其一沈之水，謂之三官手書。使病者家出米五斗以爲常，故號曰五斗米師。」

從五斗米道的修行方法來看，更多的是一種道德實踐，難怪有人稱「道教」爲道德之教。五斗米道「加施靜室」，使病人在「靜室」思過的過程，也就是懺悔其惡行的過程，其中包括不孝這樣的大惡；使道徒習《老子》的過程，也就是實施道德教育的過程，其中自然包括《老子》的孝道觀念；爲病人作「手書」，令他們向天地水三官獻上三道懺悔文的過程，就是簽訂道德盟約的過程，其中最爲重要的當然是忠、孝這樣的大是大非問題。

當然，五斗米道在使人靜室思過、誦習《老子》、作三官手書時，還沒有明確的孝道觀念，而在行齋戒時，卻表達了明確的孝道意識。據後人記載，五斗米道主要行「塗炭齋」和「指教齋」。「塗炭齋」以苦爲特色，齋人主要是向神懺悔過錯，目的是「上解億曾道祖無數劫來宗親門族及己身家門無殃

不食五味以恣；（11）知止足，不敢多求；（12）寧人負我，我不可負人。具體請參見：任繼愈，中國哲學發展史：秦漢卷〔M〕，北京：人民出版社，1998：695～696。
〔註32〕老子道德經想爾注，中華道藏（第9冊），183。

數罪，拯拔憂苦，濟人危厄。」〔註33〕也就是說齋人不僅要懺悔自身的過錯，還要懺悔家族中祖輩的過錯；不僅要使自己脫離憂苦，還要歷代宗親門族都脫離憂苦。其中所體現的正是孝道倫理之「慎終追遠」精神和重視血緣親情的特色。又如「指教之齋，以清素為貴」，〔註34〕其威儀十二法之一就是「慈孝一切」，在謹奏中稱：「建立天師指教齋一日一夜，三時行道，願以是功德為齋主家七世父母、先過後亡、一切神爽，消釋殃對，和解基罰，拔長夜魂，贖永劫罪，斷地獄緣，結天堂業，故歸身大道，歸神大道，歸命大道。」〔註35〕齋醮的目的之一就是解救七世父母於長夜、地獄，使其永居天堂，從而使孝道倫理義務獲得一種新的表現形式。

2.4 「孝者天自賞之」的教化思想

在五斗米道看來，盡孝應該出自「自然的」、「至誠的」心意，而世俗的道德獎賞不但無助於促進孝行，反而有可能使孝行異化成為「求功名」、「詐為仁義」的工具。《老子想爾注》云：「治國法道，聽任天下仁義之人，勿得強賞也。……今王政強賞之，民不復歸天，見人可欺，便詐為仁義，欲求祿賞。旁人雖知其邪，交見得官祿，便復慕之，詐為仁義，終不相及也。世人察之不審，故絕之勿賞，民悉自歸慈孝矣。」〔註36〕又云：「今之臣子雖忠孝，皆欲以買君父求功名，過時不顯異之，便屏怒之，言無所知。」〔註37〕

可以說，《老子想爾注》的這一論述是有著強烈的現實針對性的。兩漢之際，封建統治者為了推行「以孝治天下」的國策，不遺餘力地採取物質獎賞、做官當權、精神表彰（如樹碑立傳、貞節牌坊）等手段推行孝道倫理道德，「在形式上把道德抬到無以復加的至上地位並當做目的，在實踐中卻把道德由目的異化為達致個人功利目的的手段；以個人功利作為驅動人們實踐道德的動力，並以此作為道德的維持手段」。〔註38〕結果使盡孝淪為更為狡猾、隱秘的功利主義的「聰明人的遠慮」和算計。造成表面上宣揚道義，實際上「『德』

〔註33〕洞玄靈寶五感文，中華道藏（第8冊），562。
〔註34〕洞玄靈寶五感文，中華道藏（第8冊），562。
〔註35〕正一指教齋清旦行道儀，中華道藏（第8冊），507。
〔註36〕老子道德經想爾注，中華道藏（第9冊），176。
〔註37〕老子道德經想爾注，中華道藏（第9冊），175。
〔註38〕蕭群忠，道德與人性〔M〕，鄭州：河南人民出版社，2003：203-204。

以『得利』爲價值目標與内在驅動力,『德』爲『得利』之手段途徑。」〔註39〕東漢時,「矯情造作、沽名釣譽的表演盛行於世。有守墓數十年的『至孝』卻在墓廬中納妾生子的,有受徵召十餘次而不就、以博清高之名,而私下走『權門請託』、『以位命賢』之路的,不一而足。」〔註40〕「察孝廉,父別居」〔註41〕的現象相當普遍。

杜爾凱姆指出:「社會生活的強制性,只有假借精神方式才能眞正有效。……像宗教那樣,從人心裏喚起值得崇拜的道德力量。」〔註42〕《老子想爾注》一再告誡世俗社會對孝道行爲「勿得強賞」,是意在搬出天神的威力以賞善罰惡。《老子想爾注》云:「既爲忠孝,不欲令君父知,自嘿而行,欲蒙天報」,〔註43〕「天自賞之」。其根據在於:其一,只有天道的公正性才能確保孝行出自「至誠」的心意。「所以者,尊大其化,廣開道心,人爲仁義,自當至誠,天自賞之,不至誠者,天自罰之。天察必審於人,皆知尊道畏天,仁義便至誠矣。」〔註44〕於此可見,《老子想爾注》已經看到世俗社會賞罰系統的弊端所在,體現出試圖糾正和避免這一弊端的努力。在五斗米道初創之際,社會階級矛盾激化,政治黑暗,邪惡勢力當道,社會賞罰系統也隨之產生混亂和顚倒,這對於人們的價值取向和行爲選擇無疑產生著負面的示範作用,如上所述的「旁人雖知其邪,交見得官祿,便復慕之,詐爲仁義,終不相及也」;同時,「任何社會賞罰都不可避免地存在著鞭長莫及的疏漏,而上天實施道德賞罰無疑有助於彌補這些缺陷。」〔註45〕其二,只有天道威力的廣泛性,才能促使孝道行爲得到普遍的遵行。在《老子想爾注》那裏,「道」已經化生成爲一種人格神,「道設生以賞善,設死以威惡。死是人之所畏也,仙士與俗人同知畏死樂生。」〔註46〕正如有學者所說的:「在漫長的封建社會中,除了極少數『高級知識分子』(士大夫)是通過研讀四書五經,接受並實踐儒家倫理外,絕大多數芸芸眾生都是感於長生增壽,減算夭折之說,儡於

〔註39〕蕭群忠,道德與人性〔M〕,鄭州:河南人民出版社,2003:205。
〔註40〕秦暉,傳統十論〔M〕,上海:復旦大學出版社,2003:188~189。
〔註41〕抱朴子外篇・審擧。
〔註42〕張志剛,宗教學是什麼〔M〕,北京:北京大學出版社,2008:49。
〔註43〕老子道德經想爾注,中華道藏(第9冊),175。
〔註44〕老子道德經想爾注,中華道藏(第9冊),176。
〔註45〕呂錫琛,論《太平經》的倫理思想〔M〕//中國道教協會道教文化研究所等主編,道教與倫理道德建設,中國言實出版社,2004。
〔註46〕老子道德經想爾注,中華道藏(第9冊),176。

因果報應、生死輪迴之教而行于忠孝節義，實踐道德要求的」。〔註47〕就是對於那些東漢時期頻頻進犯的周邊少數民族部落和領國首領也具有影響力，因為他們即便是不想成為「忠臣孝子」，但都有著渴望生存和長壽乃至不死的普遍心理。

由此可見，《老子想爾注》聲稱孝道教化「勿得強賞」，並不是鼓吹完全不計功利的道義論，其放棄的是世俗的短暫的物質利益，追求的是長壽成仙的宗教的長遠利益，這是由道教的宗教本質所決定的。在一定程度上認識到道德教育不可過分依賴現實物質利益賞罰等外在因素，而運用天神的威懾力量，力圖消除道德生活中急功近利、等價交換的浮躁心態，緩解民眾中因惡者得福、善者遭禍等社會現實而導致的不平衡心理，提醒人們關注現實社會道德賞罰機制的不完善性，這些都為現代社會道德建設提供了難得的經驗啟示。

2.5　「崇孝抑忠」的道德觀

在中華民族的道德體系中，「孝」一般用來指對「父」的行為規範，「忠」一般用來指對「君」的行為規範，且有「移孝作忠」之說，然而在五斗米道那裏，對於「孝」是極力推崇，相反對於「忠」〔註48〕卻有貶抑之意。

《老子想爾注》對於「忠」的貶抑，集中地體現在其「法道為政」的思想中。「道」在《老子》那裏本是一個哲學概念，或指法則、規律，或指原初狀態，或指精神實體，或指構成世界的精微物質；〔註49〕五斗米道對其進行改造，從而使之轉化為宗教的崇奉對象。如此，「法道為政」實際上就是通過「尊道」、「修道」、「法道」來治理國家。「這種方式很容易導致宗教權利對世俗政權有『出位之思』和『越俎代庖』」。〔註50〕《老子想爾注》云：「人君理國，常當法道為政，則致治。」〔註51〕也就是說，人君治理國家應該以道為

〔註47〕呂大吉，中國傳統宗教與傳統道德的歷史關聯〔J〕，社會科學戰線，2002：（5）。
〔註48〕注：本文所討論的「忠」，主要是從「忠於君」的層面講的，不涉及其他的如「忠於己、忠於國、忠於師、忠於道」等方面含義。
〔註49〕具體分析請見：湯一介，魏晉南北朝時期的道教〔M〕，西安：陝西師範大學出版社，1988：102～103。
〔註50〕葛兆光，屈服史及其他：六朝隋唐道教的思想史研究〔M〕，北京：三聯書店，2003：23。
〔註51〕老子道德經想爾注，中華道藏（第9冊），171。

法，只有這樣才能實現天下大治。「上信道不倦，多知之士，雖有邪心，猶志是非，見上勲勲，亦不敢不爲也。如此，國以治也。」君王如果能堅持不懈的信道，那麼有邪惡企圖的人也不敢胡作非爲。「治國之君務修道德，忠臣輔佐務在行道，道普德溢，太平至矣。」君子修道極爲重要，如果人君尊道貴德，爲人之臣能奉行大道的話，道德就可以在天下普及，太平盛世自然就來到了。「王者法道爲政，吏民庶孽子悉化爲道。」這就是《老子想爾注》政治哲學的綱領。

《老子想爾注》不僅極力提升「道治」，要求人君以道爲法；而且認爲「道」、「天」具有比世俗政權更大的威懾力，大有以宗教的「天」凌駕世俗政權之勢。注中說：「時臣子不畏君父也，乃畏天神」，〔註52〕「王者尊道，吏民企效。不畏法律也，乃畏天神。」〔註53〕相比於君、父、以及法律，人們更爲畏懼天神。因此在忠孝問題上，「不欲令君父知，自嘿而行，欲蒙天報，」〔註54〕即並不要訴諸君、父的力量去推行，直接訴諸天神的威力即可，「天自賞之」，因爲畏天則誠，畏君則僞。正如任繼愈先生所說：「這種不圖君恩只蒙天報的說法，恰與張魯地方軍閥的身份相稱，他要鬧獨立性，不好多講效忠君王，只有大力突出天神的權威。」〔註55〕《老子想爾注》還聲稱，天子雖貴爲萬人之上，處於權利之巔，更應懂得畏懼天道的道理，用《老子想爾注》的話說就是：「天子乘人之權，尤當畏天尊道」〔註56〕「皆知尊道畏天，仁義便至矣。」〔註57〕

正是由於張道陵《老子想爾注》中有「崇孝抑忠」的思想傾向，才能爲農民起義和封建割據所利用，而成爲反叛朝廷的思想工具。張衡死後，教權落入巴郡巫人張修之手。他簡化了布道手續和道資，設「鬼吏」以統道民。漢靈帝中平元年（184）黃巾起義爆發，張修率領他的鬼道兵卒攻奪郡縣，進行呼應，趁機發展自己的宗教勢力，後被益州牧劉焉所招撫。在與張魯一起爲劉焉攻打漢中太守蘇固時，又被張魯所兼併。張魯掌握了教權之後，脫離劉焉，自號師君，建立了集政教於一體的道教王國，割據漢中近三十年，後

〔註52〕老子道德經想爾注，中華道藏（第9冊），175。
〔註53〕老子道德經想爾注，中華道藏（第9冊），182。
〔註54〕老子道德經想爾注，中華道藏（第9冊），175。
〔註55〕任繼愈，中國道教史〔M〕，上海：上海人民出版社，1990：41。
〔註56〕老子道德經想爾注，中華道藏（第9冊），179。
〔註57〕老子道德經想爾注，中華道藏（第9冊），176。

又被曹操收服而北遷。從張修的起義，到被招撫，再到張魯的割據，又再次被招撫，歷史的反覆，顯示了五斗米道的忠孝觀念與主流意識形態的張力，並證實了忠孝觀念對道教發展命運的重大影響。

因此道教要想取得發展空間，就必須去除叛逆思想成分，其一就是要認同主流意識形態的核心價值「孝」，其二就是要服從「移孝為忠」的價值取向。在第一個方面，五斗米道確實具有豐富的孝道思想，但主要是來自道家，繼承了道家「不『喪己於物』，亦不『失性於俗』，不自陷於『時』，又不囿於『教』」，〔註58〕師法「自然」的思想特質，因而與占主導地位的儒家孝道存在一定的距離；在第二個方面，五斗米道在倡導「孝」的同時，對「忠」有所忽略、貶抑，而為農民起義和封建割據所利用。這些都是後世道教孝道發展所要極力清除的，但是不管怎麼說，五斗米道開創了道教吸收孝道倫理的先河，並提出了一些富有現代啟示性的觀點。

〔註58〕黎志添，試論早期道教的社會倫理思想：自我、社會與自然的關係〔M〕//何光滬、許志偉主編：對話二：儒釋道與基督教，北京：社會科學文獻出版社，2001：182。

第三章　太平道的孝道

　　太平道，是早期民間道教的另一個重要派別，「稍後於『五斗米道』，而受到『五斗米道』的若干影響，但亦有若干不同。」〔註1〕太平道為鉅鹿人（今河北平鄉）張角在東漢靈帝（168～188 在位）時創立，因主《太平經》而得名。在東漢社會動盪異常，階級矛盾特別尖銳的歷史背景下，太平道為了實現「致太平」的理想，以宗教的力量和形式重新確立孝道信仰，彌補兩漢孝道實踐的狹隘性，踐行孝道和實施道德教化，初步構建起道教孝道的理論體系。

3.1 「壽孝並立」的核心價值觀

　　「壽」是道教長生成仙信仰的價值追求，「孝」是儒家倫理的核心價值，《太平經》把「壽」與「孝」連接起來，提出「壽孝並立」的核心價值觀。一方面稱：「三萬六千天地之間，壽最為善」，〔註2〕「生為第一」〔註3〕；另一方面又稱：「天下之事，孝忠誠信為大」，而「孝為上第一」，〔註4〕並進而提出：「天地與聖明所務，當推行而大得者，壽孝為急。壽者，與天地同憂也；孝者，與天地同力也。……壽孝者，神靈所愛好也；不壽孝者，百禍所趨也。」〔註5〕「孝善之人，人亦不侵之也。侵孝善人，天為治之。」〔註6〕《太平經》

〔註1〕湯一介，魏晉南北朝時期的道教〔M〕，西安：陝西師範大學出版社，1988：75。
〔註2〕王明，太平經合校〔M〕，北京：中華書局，1960：222。
〔註3〕王明，太平經合校〔M〕，北京：中華書局，1960：613。
〔註4〕王明，太平經合校〔M〕，北京：中華書局，1960：594。
〔註5〕王明，太平經合校〔M〕，北京：中華書局，1960：310～311。
〔註6〕王明，太平經合校〔M〕，北京：中華書局，1960：592。

把「壽孝」確立爲核心價值，一方面是服務於其「致太平」的政治理想；另一方面是服務於其長生成仙的宗教目的。從道教孝道的發展史來看，這是試圖借助道教長生成仙信仰樹立孝道信仰的努力。

如前所述，在《太平經》誕生的時代，儒家孝道已經陷入深重的危機之中，「責權失衡」而難以持久，「名實相分」而信仰動搖，「家族至上」而觀念狹隘，極大地衝擊了民眾對「孝」的認同和信仰，甚至連漢成帝都深感困惑：「天地之道何貴？」「六經之義何上？」「人之行何先？」〔註7〕這一系列疑問集中體現了社會對倫理之基本標準、行爲之價值依據、個人之道德理想的迷茫，反映了一個時代的倫理信仰危機。而「信仰危機比道德危機更深層、更根本，信仰的動搖和眞理的相對化，必然導致傳統道德觀念和倫理標準的失效。」〔註8〕《太平經》以「去亂世、致太平」爲己任，回應此問題的方式，就是試圖借助長生成仙社會心理重新確立「孝」的核心價值地位。神仙長生心理在漢代社會各階層都有廣泛的傳播，從漢武帝、漢宣帝、王莽等帝王貴族，到士大夫文人，再到普通民眾，都非常關注生與死的問題，對生命懷著無比的留戀，對延壽之術有著非常高的熱情。《太平經》在這種社會心理之上，進一步確立「壽」的人生核心價值地位，同時把「孝」與「壽」連接起來，從而維繫人們對「孝」的信念。

在《太平經》看來，富不及貴，貴不及壽，壽不及仙。富者，即便爲天下之首，「身在，財物固固屬人身，身亡，財物他人有也」；〔註9〕貴者，即便爲四海之尊，畢竟「世不可得久有而獨治也」；〔註10〕如此看來，「三萬六千天地之間，壽最爲善」，〔註11〕「生爲第一」，〔註12〕「喪者爲賤，生者爲貴」，〔註13〕因而更要「意當索生，志常念成」。〔註14〕《太平經》通過對生活中事例進行高度概括，確立了「壽」的至高地位，這一論證方式顯然具有很強的

〔註 7〕 具體分析請參見：姜生，漢魏兩晉南北朝道教倫理論稿〔M〕，成都：四川大學出版社，1995：61。
〔註 8〕 王曉朝，文化視域中的宗教與道德〔J〕，載羅秉祥、萬俊人編《宗教與道德之關係》清華大學出版社，2003。
〔註 9〕 王明，太平經合校〔M〕，北京：中華書局，1960：343。
〔註 10〕 王明，太平經合校〔M〕，北京：中華書局，1960：450。
〔註 11〕 王明，太平經合校〔M〕，北京：中華書局，1960：222。
〔註 12〕 王明，太平經合校〔M〕，北京：中華書局，1960：613。
〔註 13〕 王明，太平經合校〔M〕，北京：中華書局，1960：309。
〔註 14〕 王明，太平經合校〔M〕，北京：中華書局，1960：584。

說服力，但是也難以逃避「在世愈久，受的煎熬越多」的質疑。為提高「壽」的吸引力，《太平經》進一步把「壽」分為三個層次：「壽者，竟其大壽也」，即享年一百二十歲；「長者，得無窮也」，即長生不死，「老還返少」；「久者，久存也」，即身變形易，登仙成神，補真得神位。〔註15〕《太平經》宣揚富貴不及壽仙，提出「壽長久」三個層次的思想，並不是要否定富貴，而是「給世人編織了一條不失富貴，更獲壽仙的人生旅程的連結線、跨越線和行進線」，〔註16〕為世人提升生命價值，克服生活苦頓，踐行倫理道德提供信念的支撐。

　　太平道認為「長壽成仙」固然高遠，但並不是不能達到；精修仙壽之道，除了修守一術、食氣法等度世方術外，還要積善積功，而「孝」即為大善。太平道用以判斷善惡的標準就是：是否符合「天心人意」。「夫為善者，乃事合天心，不逆人意，名為善。惡者，事逆天心，常傷人意。」〔註17〕「得天意者壽，失天意者亡。」〔註18〕而慈孝乃是從人之內心萌生，是人之為人先天就具有的，不用學習而能，行為和天心相同，意念與大地相切合。「慈孝者，思從內出，思以藏發，不學能得之，自然之術。行與天心同，意與地合。」〔註19〕從精神實質來講，慈孝也是深得天地之意，「孝者，下承順其上，與地同生……得天地之意。」〔註20〕「樂為天為上，孝為下象地。地者下，承順其上，陰事其陽，子事其父，臣事其君。……故與地同氣，故樂與孝最順天地也」。〔註21〕因此，世人盡孝「能親安和，邑邑無有二言，各自有業，各成其功，是大善之行也，天必令壽，神鬼祐之。」〔註22〕「移其命籍，著長壽之曹。」〔註23〕使其長為「種民」，善行澤及子孫。「孝善之人，人亦不侵之也。侵孝善之人，天為治之」，〔註24〕「孝忠順不離其身，然後死，魂魄神精不見對也」，〔註25〕即不被勘驗

〔註15〕王明，太平經合校〔M〕，北京：中華書局，1960：66。

〔註16〕楊寄林，太平經今注今譯〔M〕，石家莊：河北人民出版社，2002：96。

〔註17〕王明，太平經合校〔M〕，北京：中華書局，1960：158。

〔註18〕王明，太平經合校〔M〕，北京：中華書局，1960：174。

〔註19〕王明，太平經合校〔M〕，北京：中華書局，1960：301。

〔註20〕王明，太平經合校〔M〕，北京：中華書局，1960：310。

〔註21〕王明，太平經合校〔M〕，北京：中華書局，1960：648～649。

〔註22〕王明，太平經合校〔M〕，北京：中華書局，1960：626。

〔註23〕王明，太平經合校〔M〕，北京：中華書局，1960：625。

〔註24〕王明，太平經合校〔M〕，北京：中華書局，1960：592。

〔註25〕王明，太平經合校〔M〕，北京：中華書局，1960：408。

審問。相反，「不孝不可久生」，〔註26〕那種不孝之人「天地憎之，鬼神害之，人共惡之，死尚有餘責於地下」，〔註27〕「死不見葬，無有衣木，便見埋矣。」〔註28〕「不孝而爲道者，乃無一人得上天者也」。〔註29〕

如此《太平經》就借助於「成仙」的信仰，把孝與壽聯繫起來，在宣揚盡孝可以延壽成仙的過程中，重新確立人們對孝道的信仰。尤其是在歷經長期的戰亂和苛政的痛苦，渴望長生不死的社會心理異常濃鬱之漢末社會，這種聯繫更有力。誠然，《太平經》並沒有真正明白道德制約人壽的內在影響機制，但其意義在於：(1)開始找到孝道與道教長壽成仙信仰的內在對接點；(2)把孝絷根於人的好生惡死心理，使其獲得了一種更爲深層的需要基礎、更爲廣泛的社會基礎、更爲強大的踐行動力。(3)開啓了後世道教對於孝道倫理養生功能的重視。

3.2 「及於天君父師」的泛孝論

太平道對孝道倫理的維護，體現在第二個方面，就是盡力克服儒家孝道囿於尊尊親親之狹隘性，提出盡孝當思「爲行以何上有益於天君父師」〔註30〕的命題。在儒家看來，自我是父母、祖先生命的延續；而在太平道看來這個生命之源可以進而溯及師傅、君王、甚至天地，如此使得道教孝道有了更爲寬廣的生命關懷視域和更爲平等的生命關懷精神。

其一，太平道認爲個體的生命就其終極根源來講是來自於天地，對天地父母盡孝就意味著遵循自然規律，不有意破壞天地自然萬物。《太平經》說：「人亦天地之子也」〔註31〕，「天者主生，稱父；地者主養，稱母；人者主治理之，稱子。……子者生受命於父，見養食於母，爲子乃敬事父而愛其母。」〔註32〕人應該像尊重自己的親生父母一樣尊重天地父母，不讓天地父母後悔發怒，「有悔悒悒不解也」。〔註33〕而那種「燒山破石，延及草木，折華傷枝，

〔註26〕王明，太平經合校〔M〕，北京：中華書局，1960：597。
〔註27〕王明，太平經合校〔M〕，北京：中華書局，1960：405。
〔註28〕王明，太平經合校〔M〕，北京：中華書局，1960：598。
〔註29〕王明，太平經合校〔M〕，北京：中華書局，1960：656。
〔註30〕王明，太平經合校〔M〕，北京：中華書局，1960：141。
〔註31〕王明，太平經合校〔M〕，北京：中華書局，1960：406。
〔註32〕王明，太平經合校〔M〕，北京：中華書局，1960：113。
〔註33〕王明，太平經合校〔M〕，北京：中華書局，1960：114。

實於市里，金刃加之，莖根俱盡」，〔註34〕「穿鑿地，大興起土功，不用道理，其深者下及黃泉，淺者數丈」〔註35〕的行爲都是「不孝大逆」的行爲，因而必然會遭到天地父母的嚴懲。《太平經》講，人若長期殘害地母而不知，地母也就「愁困其子不能制，乃訴人於父」。〔註36〕積久而天父生怒，其直接後果就是災異突起，地母不養萬物。「父母俱怒，其子安得無災乎？」〔註37〕對天地父母這一生命終極根源的孝敬，賦予了人類保護、維持天地萬物和諧，不遭受任意破壞的生態倫理責任。

其二，太平道認爲個體的生命就其社會性根源而言則來自於君主和師長，對君主和師長盡孝就意味著要忠與順。《太平經》非常推崇君與師的地位，並把其與天、地、父並列起來，第一次提出「天地君父師」〔註38〕的命題。「君者，授榮尊之門也；師者，智之所出，不窮之業也」，他們與作爲「生之根」的父母同爲「道德之門戶」、「性命之門戶」。〔註39〕不僅如此，天所創制和降示的神文天書還必須由師宣明，由帝王行用，「天不出文，師無由得知；師不明文，帝王無從得知治。」〔註40〕因此，人在有生之年，就應該「爲子當孝，爲臣當忠，爲弟子當順；孝忠順不離其身」。〔註41〕這顯然是繼承了儒家的移孝爲忠的思路，但其內涵已遠遠超出儒家之外。《太平經》云：「每獨居一處，念君父師將老，無有可以復之者，常思行爲師得殊方異文，可以報功者。」〔註42〕對君主和師長盡孝，即忠和順的一個重要方面，就是爲之訪求並進獻奇方殊術和希見道經神文，使其永無壽盡命終之時，這正體現了對生命的珍重。

其三，太平道認爲個體生命就其血緣性根源而言來自於父母，對父母盡孝就意味著不僅要養親、繼嗣、治喪，而且要使其長壽、入道。「父母者，生之根也」，「乃傳天地陰陽祖統也」，〔註43〕父母的生命既是子女生命的根源，

〔註34〕王明，太平經合校〔M〕，北京：中華書局，1960：572。
〔註35〕王明，太平經合校〔M〕，北京：中華書局，1960：114。
〔註36〕王明，太平經合校〔M〕，北京：中華書局，1960：114。
〔註37〕王明，太平經合校〔M〕，北京：中華書局，1960：115～116。
〔註38〕王明，太平經合校〔M〕，北京：中華書局，1960：135。
〔註39〕王明，太平經合校〔M〕，北京：中華書局，1960：311。
〔註40〕王明，太平經合校〔M〕，北京：中華書局，1960：704。
〔註41〕王明，太平經合校〔M〕，北京：中華書局，1960：408。
〔註42〕王明，太平經合校〔M〕，北京：中華書局，1960：136。
〔註43〕王明，太平經合校〔M〕，北京：中華書局，1960：311。

又是天地神統的具體承載。《太平經》正是本著對天地神統的尊重來強調對父母的盡孝，從而使其具有全新的內涵：（1）在對父母的奉養上，《太平經》認為盡孝不只是在物質和精神上的奉養，「上善第一孝子者，念其父母且老去也，獨居閒處念思之，常疾下也，於何得不死之術……使入道也。」〔註44〕（2）從續「天地神統」的高度強調延續父母生命的重要性。「夫人者，乃天地之神統也；滅者，名為斷絕天地神統，有可傷敗於天地之體」〔註45〕將導致天對人類的報復，因此，男當「施生」，女當「受化」。（3）從保護生命的角度提出「事死不得過生」的原則。《太平經》雖然聲稱父母死後「不可不祠」，但認為「死亡，天下大凶事也」，〔註46〕那種「事死過生」的做法純屬敬陰欺陽，興陰壓陽，其結果將造成鬼神邪物「晝行」祟人，賊殺人、病害人，導致邪氣日多，怪變紛紛，治失政反。因此，《太平經》一再強調對父母的祭祀只是出於對父母這一生命根源的紀念，只要「心至而已」〔註47〕。這可以說是對《荀子·禮論》「事死如事生，事亡如事存」觀念的反撥，也是對漢代厚葬風俗的批判。

其四，太平道認為就個體自己的生命而言，盡孝就應該保養好自己的身體和生命，做到安分守紀，保持身體的完整，揚名後世。《太平經》云：「夫孝者，莫大存形，乃先人統也，揚名後世，此之謂善人謹民。」〔註48〕這一點是對《孝經·開宗明義章》說的：「身體髮膚，受於父母，不敢毀傷，為孝之始。立身行道，揚名於後世，以顯父母，為孝之終」觀念的宗教性解釋。

3.3 「盡孝與修道結合」的道德實踐

把「盡孝」納入「修長生之道」的宗教實踐中，從某種意義上就意味著把孝道實踐和宗教修行結合起來，類似於五斗米道的做法。《三國志·魏書·張魯》云：「光和中，東方有張角，漢中有張修。駱曜教民緬匿法，角為太平道，修為五斗米道，……修法略與角同」。反過來說，張角領導的太平道的修行方法也與張修領導的五斗米道大致相同，包括五斗米道「以道德為教」的

〔註44〕 王明，太平經合校〔M〕，北京：中華書局，1960：134。
〔註45〕 王明，太平經合校〔M〕，北京：中華書局，1960：80。
〔註46〕 王明，太平經合校〔M〕，北京：中華書局，1960：279。
〔註47〕 王明，太平經合校〔M〕，北京：中華書局，1960：51。
〔註48〕 王明，太平經合校〔M〕，北京：中華書局，1960：723。

方法，其中一定包含有孝道倫理。當然，五斗米道還沒有明確地把宗教修行和孝道實踐結合起來，而到了太平道那裏，就有了很大的改變。

首先，太平道明確指出「學道可以致孝」。太平道聲稱，只要學得「眞道」，從內心裏對「眞道」道意有所體察，就會「其身各自重愛，其後生者孝且壽，悉工自養老。」太平道稱的「眞道」實際就是「理順各種關係、化解所有矛盾」〔註49〕的學問，若能如此，自然能處理好父子君臣關係，孝順事親。在另一處，《太平經》說的更清楚：「策之得其要意，如（少）學可爲孝子，中學可爲忠臣，終老學之，不中止不懈，皆可得度世，尚有餘。」〔註50〕

其次，太平道明確指出學道當持戒盡孝。《太平經》中專門有一篇講《不孝不可久生誡》，具體列舉了五種惡子之行，指出不孝或爲官捕正法，或爲神鬼所害。誡中曰：「父母念之，常見其獨淚孤相守，無有輔佐之者。老更捐棄，飲食大惡，希得肥美，衣履空穿，無有補者，是惡之極。歲月年長，空虛日久，面目醜惡，不像人色。如是爲子，乃使父母老無所依，親屬不肯有之。此惡人之行滅乃上，親屬患之，名爲蔽子。死不見葬，無有衣木，便見埋矣。狐狸所食，骨棄曠野，何時當復見汝衣食時乎？」還斥責道：「人亦獨不當報父母哺育之恩耶？爲子不孝，汝生子當孝耶？汝善得善，惡得惡，如鏡之照人，爲不知汝之情耶？」〔註51〕此篇把盡孝作爲修道持戒的一項重要內容，是爲融孝道踐行與宗教修煉於一體。篇名爲「誡」實爲「勸諭」，雖沒有後來誡條的具體、簡約，但其中所描寫的不孝情形，在現代人生活中時有可見，因而對現代人的生活具有勸導價值。

再次，太平道強調修道不能棄父母之養、繼嗣之責。太平道認爲修道隱於山，只能算是「中士」所爲；而出家置父母於不顧，純屬「不謹孝之行」，皇天「何宜使此人長生，與其共事乎？」只會被「邪神俊鬼」所欺鬪，「死於不毛之地、無人之野，以戮其形。」〔註52〕終身不娶，斷絕後嗣，純屬「滅消天統」。這類行徑豈有「反得上天，天上反愛無後世而不好生邪？」〔註53〕天出眞道，就是要人「悉作孝養親，續嗣有妻子，正形容」，〔註54〕所以就應

〔註49〕楊寄林，太平經今注今譯〔M〕，石家莊：河北人民出版社，2002：58。

〔註50〕王明，太平經合校〔M〕，北京：中華書局，1960：408。

〔註51〕王明，太平經合校〔M〕，北京：中華書局，1960：597～599。

〔註52〕王明，太平經合校〔M〕，北京：中華書局，1960：656。

〔註53〕王明，太平經合校〔M〕，北京：中華書局，1960：659。

〔註54〕王明，太平經合校〔M〕，北京：中華書局，1960：665。

該居家靜修，「道成，去而已」，即使是要出家修道也要先盡「守父母保妻子」的責任。〔註 55〕太平道還批評佛教的「化緣」看上去就像「欺慢癡狂」的叫花子，「求人之物，無益於民間」，〔註 56〕還違逆了天道好施的本性。於此可見太平道對孝道倫理義務的重視。

又次，太平道認為「行道術」和「盡孝道」存在著相互影響。如「守一術」。「守一術」是指靜功修煉中，在身心安靜的情況下，把意念集中在體內某一部位，然而《太平經》賦予其道德意味。經云：「守一之法，外則行仁慧施之功，不望其報。忠孝亦同。」〔註 57〕「始學可為孝子，中學可為忠臣，終老學之，不中止不懈，皆可得度世。」〔註 58〕正因為「守一」不只是意念的集中運作，還包括「仁慧」的德行實踐，因此從小時候開始學用它，就可以成為孝子；到成年後還學用它，就可以成為忠臣；一輩子學用它而不懈，就能夠超凡成仙。再如太平道講「保養之法」，稱「保養之法」，要結在於「思善」，亦即「忠孝順」。《太平經》稱：「夫人之身，而不忠於上，不孝其親，是負其身，戮其刑，亡其本也。」〔註 59〕不孝可能導致死刑之災，在這裏道德制約人壽的問題再次被觸及。

總之，在太平道，包括五斗米道那裏，已經開始把孝道實踐和宗教修行結合起來，初步顯示出道教孝道的強操作性。在後來的發展中，道教把孝道倫理貫注到戒律、齋醮科儀、存思術、守一術、道符、避鬼術、投龍簡、日常禮儀以及神仙塑造之中，從而使修道和盡孝融為一體。

3.4 「累代承負」的善惡流傳機制

「善惡承負說，既是略具雛形的道教道德論，又是早期道教的社會問題論」，〔註 60〕是從總體上對社會善惡、因果、禍福現象進行解釋的框架，和藉以進行道德教化的思想理論。鑒於本文的主題，本節主要是從孝道的角度論及太平道善惡承負說提出的歷史背景、內容和意義。

〔註 55〕 王明，太平經合校〔M〕，北京：中華書局，1960：666。
〔註 56〕 王明，太平經合校〔M〕，北京：中華書局，1960：662。
〔註 57〕 王明，太平經合校〔M〕，北京：中華書局，1960：743。
〔註 58〕 王明，太平經合校〔M〕，北京：中華書局，1960：408。
〔註 59〕 王明，太平經合校〔M〕，北京：中華書局，1960：699。
〔註 60〕 楊寄林，太平經今注今譯〔M〕，石家莊：河北人民出版社，2002：94。

　　古人相信道德的踐履，一定會有預期的響應，也就說「善有善報、惡有惡報」，「積善之家，必有餘慶；積不善之家，必有餘殃。」〔註61〕然而現實卻是「為善得禍，做惡獲福」，由此導致人們對傳統的善惡因果觀念的質疑。兩漢社會道德生活中有一個普遍的異常現象：「凡人之行，或有力行善反常得惡，或有力行惡反得善。」〔註62〕「俱行道德，禍福不均；並行仁義，利害不同」；社會往往是「忠言招患，行高招恥」，「無德受恩，無過遇禍。」〔註63〕與父分門別居的人，竟然可以獲得舉孝廉的機會；喪祭只會搞形式主義而無哀戚之心的不孝之子，竟然可以揚名於世，榮耀於時等等。所有這些反常現象，都對人們原有的善惡、因果報應觀念提出挑戰。

　　面對這些質疑，太平道提出「承負說」加以解釋。所謂承負，「承者為前，負者為後。承者，乃謂先人本承天心而行，小小失之，不自知，用日積久，相聚為多，今後生人反無辜蒙其過謫，連傳被其災，故前為承，後為負也。負者，流災亦不由一人之治，比連不平，前後更相負，故名之為負。負者，乃先人負於後生者也。」〔註64〕也就是說，先人的善、惡行為遞相累積傳給後人，給後人造成或禍、或福的結果，從而影響後人的命運，所以才有「力行善反得惡者，是承負先人之過，流災前後積來害此人也。其行惡反得善者，是先人深有積蓄大功，來流及此人也。」〔註65〕

　　太平道的「承負說」，是對傳統善惡報應觀念的改造。經過改造後，「道德懲罰不僅限於作惡者自身，而是具有後人承前人之過、『前後更相負』、『先人負於後生』的多重含義」，〔註66〕從而克服了傳統善惡報應觀拘泥於事實驗證的缺陷，將報應推向無法驗證的將來和過去，增強了理論的說服力，也提升了主體的道德責任。根據「承負說」所提供的解釋框架，是否盡孝，不僅關係到自己能否得到子孫的孝敬，還關係到子孫的幸福，關係到能否有效化解由祖先的惡行所帶來承負。總而言之，盡孝是一件關係到祖輩、父輩、自己一輩，以及後代子孫福祉的事情，「任何人都要承擔道德責任」。〔註67〕

〔註61〕易傳。
〔註62〕王明，太平經合校〔M〕，北京：中華書局，1960：22。
〔註63〕王充，論衡。
〔註64〕王明，太平經合校〔M〕，北京：中華書局，1960：70。
〔註65〕王明，太平經合校〔M〕，北京：中華書局，1960：22。
〔註66〕呂錫琛，論《太平經》的倫理思想〔M〕//中國道教協會道教文化研究所等主編，道教與倫理道德建設，中國言實出版社，2004。
〔註67〕Maxime Kaltenmark, The Ideology of the T』ai-p'ing ching〔M〕//H, Welch and A,

太平道雖然承認「承負」是宇宙的必然規律，具有普遍性和頑劣行、差異性和周期性、膨脹性和爆發性；〔註68〕但從感情的角度而言，前人的過惡要由無辜的後人來負擔，「承負之責最劇」，所以主張盡可能的化解，其中手段之一就是為善。而最大的善行，莫過於上忠、上孝和上順，此即是「上善三行」，其中忠以對君、孝以對父、順以對師，在太平道「及於天君父師」的孝道觀裏，自然都屬於孝道倫理的範疇。如此，太平經給人們指出的解承負之責的辦法，還是盡孝。對君王而言，臣下不僅要做到一生無重大過錯，無罪名加身，更為重要的是常為君王考慮，使其能「垂拱而自治」，「復為帝王求奇方殊術」，感動得「天地或使神持負藥」，帝王「得而服之，終世不知窮時也。」〔註69〕對父母而言，子女不但要做到「居常善養」，旦夕探問，而且要憂思父母年歲漸高，為其求得不死之術，使入道；對恩師而言，徒弟不僅謹遵師傅教誨，無有惡行，而且要常思獲得異文奇說來敬獻師傅，把一切功勞都歸在業師的名下，到處為業師做宣傳，使業師榮登「國家良輔」的高位，「長有益帝王之治」。太平道詳細地列出了「上善三行」的具體要求，對於民眾來說既有認識論的意義，更有實踐論的價值，給孝道行為以明確的價值導向，以解承負之責的危機感、責任感促人自覺踐行。從中還可以看出，道教用「長生成仙」的信仰吸納並提升儒家孝道的努力。

3.5 「遍及天地人心」的神靈監督體系

太平道用「承負說」對善惡、福禍、果報現象進行解釋，從理論上應該說是較為圓融的，但有兩個問題值得注意：（1）把今人遭受的災禍歸之於先人造惡的結果，今人善行的福報留待後人去享受，似乎不大適合中國人注重現世的民族心理；（2）既然先人的過惡要由無辜的後人來承負，因而「我之命運，並非由我的行為所致」〔註70〕，而我的行為要待到後人身上才能得到報應，那為善或做惡對我自己都不會產生什麼影響，從而為某些人惡意逃避

Seidel, eds, Facets of Taoism, New Haven：Yale University, 1979：19～52。

〔註68〕具體分析請參見：楊寄林，太平經今注今譯〔M〕，石家莊：河北人民出版社，2002：77～79。

〔註69〕王明，太平經合校〔M〕，北京：中華書局，1960：132～133。

〔註70〕姜生，漢魏兩晉南北朝道教倫理論稿〔M〕，成都：四川大學出版社，1995：213。

道德責任留下藉口。總之一句話，就是誰能保證我之行爲的善惡、福禍、果報關係，以及我與先人、後人之間的善惡福禍果報關係，誰能監督「累代承負」善惡流傳機制的正常運行？

世俗的道德賞罰機制顯然不能完全做到這一點，特別是在制度不公、政治黑暗、邪惡勢力當道的兩漢社會。其一、公正性的缺失。如上文所提到的：「俱行道德，禍福不均；並行仁義，利害不同」〔註71〕，社會上不僅爲善不能得福，行惡未有惡報，甚至還出現「凡人之行，或有力行善，反常得惡，或有力行惡，反得善」〔註72〕的怪異現象，這反映出當時的道德賞罰機制已經出現了嚴重倒錯。其二、普遍性的缺乏。因爲任何社會賞罰都不可避免地存在著鞭長莫及的疏漏，而且只能監測到人的行爲和結果，並據此進行獎賞，無法探入到動機層面。上層統治者和貴族還可以運用手中權利，規避懲罰的責任。其三、容易導致道德行爲異化。世俗社會的道德賞罰通常採取物質獎勵和精神鼓勵的方式，固然在一定程度上增強了人們踐行道德的動力，卻容易使道德行爲異化成謀取「功名利祿」的工具。

太平道延續和發展了五斗米道借助天神的威力進行道德賞罰的辦法，在保留世俗道德賞罰機制的基礎上，通過吸取兩漢社會神靈信仰，建立了一個神靈爲主體的，遍佈天地、人心的道德監督體系。古人相信神靈可以感應人們的行爲，並根據行爲的善惡進行賞罰；但古人之神主要是處於人身之外的神。在太平道看來，僅此還是不夠的，並提出「身中神」以充實神靈的隊伍，進一步增強道德賞罰的權威性。《太平經》指出：天地之間「常有六司命神，共議人過失」。這六位司命神既有飄忽於人身之外的，也有駐居人之心胸的，此即是「身中神」。人之所以「爲善亦神自知之，惡亦神自知之。非爲他神，乃身中神也。夫言語自從心腹中出，傍人反得知之，是身中神告也。」〔註73〕身中神因其獨特的位置優勢，迫使人們時時處處不忘謹愼守道，去惡從善，稍有惡念即遭天君的懲罰。因此，《太平經》反覆告誡說：「心意，天地樞機，不可妄動也。」〔註74〕與此相對應的是，處於身外的司命之神則對人的行爲進行監控，「天上諸神共記好殺傷之人，畋射漁獵之子，不順天道而不爲善，

〔註71〕王充，論衡。
〔註72〕王明，太平經合校〔M〕，北京：中華書局，1960：22。
〔註73〕王明，太平經合校〔M〕，北京：中華書局，1960：12。
〔註74〕王明，太平經合校〔M〕，北京：中華書局，1960：734。

常好殺傷者，天甚咎之，地甚惡之，群神甚非之。」〔註75〕《太平經》還稱：
「凡大小甲申之至也，除凶民，度善人，善人爲種民，凶人爲混齏」，〔註76〕
也就說在一定的時期會有一個總的清算，善人終究會得善報，惡人必將嘗惡
果。

　　五斗米道「天自賞之」的孝道教化理念，經過太平道的發展已經比較完
善了。太平道所建立的神靈監督體系，既有深處人心的，又有立於天庭的；
既分工明確，又公正清明；還建立了定期彙報和清算制度。正所謂「天網恢
恢，疏而不漏」，特別是在神靈信仰盛行的漢代，人們相信有這樣的監督體系，
自然能把善惡行爲全部掌握在冊，能使因果承負報應毫釐不爽地執行。

3.6　「孝高於忠」的道德觀

　　兩漢時代，談孝必論及忠，所謂「移孝爲忠」、「忠孝本一」、「求忠臣於
孝子之門」等等。太平道也「孝忠」連稱，如說「天下之事，孝忠誠信爲大」，
但是又稱「天下之事，孝爲上第一」。類似的說法還有「樂與孝最順天地也」，
「大慈孝順閭第一」，「天地與聖明所務，當推行而大得者，壽孝爲急。壽者，
與天地同憂也；孝者，與天地同力也。」〔註77〕太平道如此強調「孝」，「忠」
就只能居於其次的地位了。就正如我們在之前闡釋的，太平道把「孝」的對
象由父母，擴及到「天地君師」，也就是說以「孝」統領「忠」，包含「忠」，
由此也體現出太平道「孝高于忠」的孝道觀特色。

　　太平道「孝高于忠」的道德觀，還可以從其對「忠」德的界定上得以印
證。太平道用以建構其倫理道德體系的是「三一爲宗」的思維模式。《道德經》
云：「道生一，一生二，二生三，三生萬物。」《太平經》把「三生萬物」解
釋成天、地、人共成萬物，並進一步投射到父母子；君臣民的關係上。「男女

〔註75〕王明，太平經合校〔M〕，北京：中華書局，1960：18。
〔註76〕注：《太平經》稱：計算起來，唐堯時丁亥大水之年以後，再歷經二千七百六
　　　　十年，在這階段的前後中間，碰上甲申年，就是小甲申，這時兵禍、疾病以
　　　　及乾旱，輪番形成災害，只不過還沒發大水，但小水災卻到處都是，年月和
　　　　地域都在逐漸加劇。以後又歷經三千三百年，在這階段的前後中問，存在甲
　　　　申年就是大甲申。這時兵禍、疾病、旱災同時發生，還有大水沖蕩一切啊!只
　　　　要是大小甲申災厄來到，就會掃除掉兇惡的百姓，超度良善的人，良善的人
　　　　成爲種民，兇惡的百姓變成爛泥。
〔註77〕王明，太平經合校〔M〕，北京：中華書局，1960：310。

相通，並力同心共生子，三人相通，並力同心，共治一家。君臣民相通，並立同心，共成一國。此皆本之元氣自然天地授命。凡事悉皆三相通，乃道可成也。」〔註78〕如此看來，太平道在論及子女與父母的關係時，更強調一種平等，一種基於職責分工的相互愛敬，一種本於天命的精誠合作，在臣民對君的關係上也是如此。《太平經》說：「君者須臣，臣須民，民須臣，臣須君，乃後成一事，不足一，使三不成也。故君而無民臣，無以名為君；有臣民而無君，亦不成臣民；臣民元君，亦亂，不能自治理，亦不能成善臣民也。此三相須而立，相得乃成，故君臣民當應天法，三合相通，並力同心，共為一家也。比若夫婦子共為一家也，不可以相無，是天要道也。」〔註79〕因此，在太平道那裏，君、臣、民的關係是平等的。臣民應當常常牽掛君王，與君王同憂同樂，並像對待父母那樣給予孝敬；而且，還要為帝王求得奇方殊藥，讓帝王能夠得以延年益壽。而君王對待臣民，最好的方式是要像對待父親和老師一樣，即「天治」，其次像對待朋友一樣，是為「地治」，再次像對待兒女一樣，是為「人治」，最差像對待犬馬草木來治理，是為「跂行萬物治」。《太平經‧分別四治法》說：

> 象天治者，天下之臣，盡國君之師、父也，故父事之，人愛其子，何有危時？夫師、父皆能為其子解八方之患難，何有失時也。
>
> 象地治者，天下之臣，皆國君之友也。夫同志合策為交，同憂患，欲共安其位。地者，順而承上，悉承天志意，皆得天心，何有不安時乎？
>
> 象人治者，得中和之氣，和者可進可退難知，象子少未能為父計也，欺其父也。臣少，未能為君深計，故欺其君也。
>
> 象跂行萬物治者，跂行者無禮義，萬物者少知，無有道德。夫跂行萬物之性，無有上下，取勝而已，故使亂敗矣。〔註80〕

太平道把兩漢「君為臣綱」的關係顛倒過來，要求君王要像對待父親、朋友一樣對待臣民，這在當時已是大逆不道了。不僅如此，太平道稱如果君王把群臣視作「犬馬草木」來治的話，就會招致大亂，死無期數，這已經蘊含著警告的意味，在統治階級看來，已無「忠」道可言。

〔註78〕王明，太平經合校〔M〕，北京：中華書局，1960：149。
〔註79〕王明，太平經合校〔M〕，北京：中華書局，1960：150。
〔註80〕王明，太平經合校〔M〕，北京：中華書局，1960：196～197。

　　《太平經》中還有很多類似的話語，如君主要虛心納諫，否則將會失去帝位，「諫而不從，因而消亡矣」；〔註81〕要以民為本，對君主的至高無上地位予以否定；提出無常君的思想，認為君與民的關係不是一成不變的，而是可以轉化的，興盛起來就成為君主，衰敗了則淪為民眾。「人民萬物皆隨象天之法，亦一興一衰也。是故萬民百姓，皆百王之後也，興則為人君，衰則為民也。」〔註82〕如果君主無道，不顧民眾利益，民眾就可以起來推翻他。

　　值得指出的是，《太平經》提出君要聽於民，以民為本，以及「無常君」的思想，從其本意來講，是要維護封建統治者的長遠統治，是一種「改良政治」的主張，企圖用一種新的道教理論，去亂世，致太平。而且，從西漢成帝（前16）至東恒帝延熹八年（165）年，先後有齊人甘忠可、琅琊人宮崇、術士襄楷等人將此書獻給皇帝，但幾次上書均受挫。《太平經》提出的社會改良主張雖然不被統治者所接受，卻在民間秘密傳播，最終為農民起義領袖，也是太平道的首領張角所掌握，轉化成為革命的思想工具。《後漢書·襄楷傳》載「張角頗有其書」，張角以「黃天太平」相號召，以伸張上天意志為使命號令天下民眾，發動黃巾軍起義，導致東漢王朝「朝政日亂，海內虛困」，〔註83〕隨之衰亡。太平道的組織也遭受重創，從此銷聲匿跡。

　　到此，太平道和五斗米道落得一樣的命運，只不過五斗米道是被收服，而太平道則慘遭鎮壓。由此可以看出，在封建社會，孝與忠是聯為一體的，孝為忠的基礎，孝必須服從忠，這也就是封建社會歷代統治者都強調忠孝的原因所在；而道教要贏得封建統治者的認同和支持，就必須改造自己的孝道倫理，使之符合統治階級倡導「忠」的需要，這正是以後道教孝道發展的方向。但是，從另一個方面而言，太平道對兩漢時期孝道危機的拯救，奠定了後期道教孝道發展的基礎，如對孝道倫理的重視，以「道通天地」的精神拓展孝道，藉重鬼神的威力進行孝道教化，以及把孝道倫理的踐履和宗教修行實踐結合起來等等，標誌著道教孝道的初步形成。

〔註81〕王明，太平經合校〔M〕，北京：中華書局，1960：98。
〔註82〕王明，太平經合校〔M〕，北京：中華書局，1960：275。
〔註83〕後漢書〔M〕，北京：中華書局，1965：2302。

第四章　天師道的孝道

　　公元 215 年，張魯率五斗米道北遷，之後許多豪門士族紛紛入道，天師道教名始顯，五斗米道之號遂不復使用，開始了道教的上層化改革運動。先是丹陽的葛洪，把道教的神仙方術與儒家的綱常名教相結合，建立了一套長生成仙的理論體系。後又有北魏道士寇謙之，託言老君授以「新科」，改革天師道，創立了北天師道；南朝道士陸修靜「祖述三張，弘衍二葛」，〔註 1〕收集天下奇書，著《道門科儀》，總括三洞，加以彙編，建立了南天師道。再經上清派道士陶弘景的繼續改造與充實，終於成為官方道教。天師道從民間道教轉化為官方道教的過程，也就是不斷吸收孝道倫理，豐富和完善道教孝道的過程。

4.1　神仙道教的孝道

　　在道教流入社會上層的過程中，葛洪的神仙道教堪稱是上層道教的代表。「《抱朴子內篇》的問世，從某種意義上說，是他站在上層道教的立場對早期道教所做的歷史總結。……為道教的官方化打下了基礎」，〔註 2〕也為道教孝道的理論化打下了基礎。

4.1.1　「修道不違忠孝」的倫理辯護

　　葛洪改革道教孝道理論的第一個重大問題，就是「修道」與「忠孝」衝

〔註 1〕弘明集・廣弘明集〔M〕，上海：上海古籍出版社，1991：116。
〔註 2〕任繼愈，中國道教史〔M〕，上海：上海人民出版社，1990：108。

突的問題。在漢末道教產生之際，這個問題一直沒有得到很好地解決，也因此嚴重阻礙了道教的發展。雖然五斗米道和太平道都強調「孝」的問題，但是與兩漢社會主流意識形態所倡導的「孝」有所區別，特別是與「忠」存在嚴重衝突，這一點爲農民起義和軍閥割據所利用，由此也導致統治者對五斗米道和太平道深懷戒心，甚至成爲對道教進行招撫或鎮壓的原因，道教於是由盛轉衰。道教在魏晉時期要取得發展，首先就要解決「修道」與「忠孝」相衝突的問題，這不僅是歷史的教訓，也是道教走出魏晉時代遭遇官方限制困境的必然，和重整綱紀的必然。

　　鑒於漢末農民起義利用宗教發動和組織群眾的教訓，魏晉統治者對道教大多採取嚴厲打擊和防範的措施。魏武帝曹操早在漢靈帝光和末年任濟南相時，便在當地「禁斷淫祀」，毀壞民間祠壇數百所，並嚴令「止絕官吏不得祠祀」。建安中曹操統一北方後，又繼續「除姦邪鬼神之事。世之淫祀，由此遂絕。」〔註3〕曹操先後以武力收復五斗米道、鎮壓太平道，並廣泛收羅社會上有影響的方士、道士，將他們「集之於魏國」，以防其「接姦宄以欺眾，行妖慝以惑民。」魏文帝曹丕代漢稱帝之後，繼續對民間的宗教活動嚴加禁止，黃初二年（221）下詔，稱頌孔子爲「命世之大聖，億載之師表」，封其後裔爲侯，修孔子之廟。〔註4〕黃初五年，又下詔禁止一切不合儒家禮教祀典的民間祭祀。魏明帝青龍元年（233）再次重申：「詔諸郡國，山川不在祀典勿祀。」〔註5〕西晉初，統治者繼續執行曹魏對民間宗教活動的禁令。晉武帝司馬炎先於泰始元年（265）下詔禁絕「淫祀」，泰始二年又「遣兼侍中侯史光等持節四方，巡省風俗，除鑲祀之不在祀典者」。〔註6〕

　　在魏晉統治者的嚴禁之下，民間道教原有的組織形式被解散，發展受到很大限制，但並未能禁絕，組織渙散、科律廢馳，道徒領導民眾起義此起彼伏。情形正如張魯後裔發佈的《大道家令戒》云：漢中道民「君臣爭勢，父子不親，夫婦相洎，兄弟生分。因公行私，男女輕淫，違失天地，敗亂五常，外是內非，亂道紀綱。至令三天恚怒，殺氣縱橫。」如五斗米道北遷之後，留在漢中的餘部統領陳瑞繼續與朝廷對抗，割據漢中傳道，「徒

〔註3〕三國志・魏志・武帝紀。
〔註4〕三國志・魏志・文帝紀。
〔註5〕三國志・魏志・明帝紀。
〔註6〕晉書・武帝紀。

眾以千百數。」〔註7〕咸寧三年（277），益州刺史王浚以「不孝」罪，下令「誅瑞及祭酒袁旌，焚其傳舍。」其藉口表面上是稱陳瑞的天師道的某些規定，如「父母妻子之喪，不得撫殯入弔，及問乳病者」〔註8〕違反了封建社會孝道倫理，實際上是因為他領導的徒眾力量越來越大，有危機西晉政權之嫌，有對朝廷不忠的嫌疑。西晉惠帝永寧元年（301）爆發了流民起義，青城山天師道首領范長生支持李特，最終建立了成漢政權，范長生也被推舉為「國師」。成漢政權經六世44年，至東晉穆帝永和三年（347）為恒溫所滅。如此看來，魏晉道教與統治者之間的鬥爭始終沒有停止過，這裏既有「孝」的問題，更是「忠」的問題。道教要獲得發展，必須爭取統治階級的支持，而前提必須打消統治階級對道教不忠不孝的疑慮。承擔此任的就是天師世家丹陽葛氏之葛洪。

葛洪首先要回應的就是：修道不出仕宦，導致國家無人才可用，有背主的嫌疑。有人提出「聖明御世，唯賢是寶，而學仙之士，不肯進宦，人皆修道，誰復佐政事哉？」〔註9〕復有人質疑：「學仙之士，獨潔其身而忘大倫之亂，背世主而有不臣之慢，余恐長生無成功，而罪罟將見及也。」〔註10〕對此，葛洪從四個方面進行辯解：

（一）明哲的國君豁達，深知「所好者異，匹夫之志，有不可移故」的道理，所以「不逼不禁，以崇光大。」〔註11〕葛洪引述大量事例，說明聖人能容忍和尊重隱居修道的人士。如昔日子晉捨棄侍養君父的工作，拋掉法定繼承人的重任，周靈王並不責怪他不孝；關令尹喜離開鎮守險要曲折關卡的要職，違背了做官建功德委任，而周王不怪罪他不忠。這是因為他們誠實正直，並非看不起國君，只是所愛好追求的東西不同而已。聖君如能寬容，亦能起到教化天下的作用。

（二）世上從不缺人才，不論是盛世還是亂世都是如此。盛世時，如軒轅氏君臨天下時廣成子不參與朝政，唐堯擁有四海時偓佺卻不輔佐，德澤教化不因此而減損，有才華的人不因此而缺乏；即使是戰亂之時，如殷湯推翻夏代、周武翦滅商超、齊桓公興盛、魏文侯發達之際，務光、伯夷、叔齊、小稷、段干木等高士隱而不出，也不妨礙朝廷的士人眾多。況且當朝人才「濟

〔註7〕文淵閣四庫全書〔M〕，臺灣：臺灣商務印書館，1986：210。
〔註8〕文淵閣四庫全書〔M〕，臺灣：臺灣商務印書館，1986：463。
〔註9〕抱朴子內篇・釋滯。
〔註10〕抱朴子內篇・釋滯。
〔註11〕抱朴子內篇・釋滯。

濟之盛，莫此之美」，即使是幾位高人不出，世道也不會因此而虧損。

（三）志道者才疏人少，不會影響到國家人才之用。葛洪稱「學仙之士，未必有經國之才，立朝之用，得之不加塵露之益，棄之不覺毫釐之損者乎？」再說，「學仙之士，萬未有一，國家吝此以何為哉？」〔註12〕世上真能做到不愛富貴、餐風飲露、自食其力、捐妻棄子、絕欲雲遊的不能有幾人，所以自然就不用擔心聖君無臣子可用的問題。

（四）修道者「少思寡欲」，不會對國家政權構成威脅。葛洪說：「事在於少思寡欲，其業在於全身久壽，非爭競之醜，無傷俗之負，亦何罪乎？」〔註13〕這與其說是為修道行為辯解，不如說是在告訴統治者，神仙道教的修煉不足以構成對封建階級統治的威脅，以解除統治者對神仙道教叛逆的警戒。

葛洪還要回應的是：事不兼濟，「修道」可能導致對「忠孝」倫理義務的放棄。有人提出：「人道多端，求仙至難，非有廢也，則事不兼濟。藝文之業，憂樂之務，君臣之道，胡可替乎？」〔註14〕人的義務有很多，而求仙太難，如果不能有所放棄，肯定是修仙不成的；如果一定要修仙的話，則不能為朝廷盡忠。復有人提出：修煉神仙道教必然遠離父母妻兒，遁迹山林，「背俗棄世，烝嘗之禮，莫之修奉，先鬼有知，其不餓乎！」〔註15〕這嚴重違背了傳統道德禮儀，是一種極自私的，對祖先、家庭和社會不負責任的行為。對此，葛洪回應稱：修道不僅不會放棄忠孝倫理義務，而且還是更大的忠孝。

首先，修道並不一定要離家，祭祖和繼嗣都不誤。葛洪雖然倡導修煉神仙道教，但並不主張隱逸山林式的修煉。「何必修於山林，盡廢生民之事」。學道修仙的人在家亦可娶妻生子，「祭祀之事，何緣便絕」。〔註16〕而那種「委棄妻子，獨處山澤，邈然斷絕人理，決然與木石為鄰，不足多也。」即便是修仙成功之後，具有「或昇天，或住地，要於俱長生，去留各從其所好耳」的神力，但葛洪更趨向認同「地仙」，「若幸可止家而不死者，亦何必求於速登天乎？」〔註17〕由此可見，葛洪對於世俗生活倫理義務的重視，對於家庭

〔註12〕抱朴子內篇・釋滯。
〔註13〕抱朴子內篇・釋滯。
〔註14〕抱朴子內篇・釋滯。
〔註15〕抱朴子內篇・對俗。
〔註16〕抱朴子內篇・對俗。
〔註17〕抱朴子內篇・對俗。

在宗法社會中基石地位的維護。魏晉神仙道教教團組織就多以士族家庭爲基礎，傳教方式往往採用師徒秘授，修行方式比較自由，可以儒道雙修，亦可以參政做官和娶妻生子。

其次，修道可福澤親人，亦是孝。居家修道畢竟只是少數「長才者」才能做到的，大多數人都要通過「遐棲幽遁，韜鱗掩藻，遏欲視之目，遣損明之色，杜思音之耳，遠亂聽之聲」〔註18〕，來達到「內視反聽，尸居無心」〔註19〕的境界。由此就會引發出家修道與在家奉侍雙親的矛盾。葛洪的《神仙傳》中就曾引用一個這樣的故事：「茅君十八歲入恒山學道，積二十年，道成而歸，父母尙存，見之怒曰：爲子不孝，不親供養而尋逐妖妄，舉杖欲擊之，君跪謝曰：某命天命，應當得道，事不兩濟，違遠供養。雖無旦夕之益，而使父母壽老，家門平安。」〔註20〕茅君的解釋有兩點值得注意：一是自己的天命裏，就有成仙的命根，因此不是不願意恪守孝道，而是事情確實不能兩全之故；二是在修道的日子裏，雖然沒有盡到朝夕奉養的義務，但是修道的功德足以讓父母長壽，家門平安，從這方面而言也是盡孝。

再次，大道高德修道於朝，可以修道、盡忠兩不誤。葛洪稱：「要道不煩，所爲鮮耳。但患志之不立，信之不篤，何優於人理之廢乎？長才者兼而修之，何難之有？內寶養生之道，外則和光於世，治身而身長修，治國而國太平。以六經訓俗士，以方術授知音，欲少留則且止而佐時，欲升騰則凌霄而輕舉者，上士也。」〔註21〕這種上士可以說是儒道雙修，既能治國而佐時太平，又能修身而升騰做神仙，可以說一身而二任焉。對這種人他舉了不少實例，如「昔黃帝荷四海之任，不妨鼎湖之舉；彭祖爲大夫八百年，然後西適流沙；伯陽爲柱史」，「呂望爲太師」，「范公霸越而泛海」等等。〔註22〕這些人有很高的道術卻又匡正世事，在朝廷中修身隱居，就是屬於「長才者」。

最後，修長生成仙之道，是全體之大孝，耀祖、效忠之大德。葛洪說：「蓋聞身體不傷，謂之終孝，況得仙道，長生久視，天地相畢，過於受全歸完，不亦遠乎？」〔註23〕他認爲，保持好父母給予的形體的完整與健康，不

〔註18〕抱朴子內篇・至理。
〔註19〕抱朴子內篇・論仙。
〔註20〕神仙傳，中華道藏（第45冊），36。
〔註21〕抱朴子內篇・釋滯。
〔註22〕抱朴子內篇・釋滯。
〔註23〕抱朴子內篇・對俗。

僅是孝道的基本要求，而且還是天道流化人間的體現。況且學仙如真能得道，可以「登虛躡景，雲舉霓蓋，餐朝霞之沆瀣，吸玄黃之醇精，飲則玉體金漿，食則翠芝朱英，居則瑤堂瑰室，行則逍遙太清」。〔註 24〕祖先的鬼魂若是知曉的話，必定以我為榮耀。有些得道者可以輔佐三皇五帝，臨駕各種神靈，「位可以不求而自致，膳可以咀茹華璚，勢可以總攝羅酆，威可以叱吒梁成」。〔註 25〕修道者還能將長生的訣竅告訴世人，傳授不死的方術，救活有困頓病痛的人，使之痊癒，練就九轉神丹，使天下的人免於死亡，其功德要比一國軍事的成敗、個人立身的得失大得多。到此，葛洪把世俗的忠孝倫理義務，轉換成對天下蒼生的職責，這是儒家忠孝所不能企及的。

可以說，從理論上講，葛洪對於「忠孝」與「修道」矛盾的解決是較為成功的，至少相對於佛教的解釋而言是如此。在葛洪之前，佛教也面臨著同樣的質疑。如沙門剃頭，有違全身盡孝之理，牟子以為「苟有大德，不拘於小」，聲稱佛教的孝重於實質與效果，不似儒家死守孝的教條那樣注重表面行為。又如沙門不娶妻，有違「不孝有三，無後為大」的古訓，牟子依然循著大德不拘小節的思路做答，認為沙門「修道德以易遊世之樂，反淑賢以貸妻子之歡」，是更高層次的德行。再如沙門見人無跪拜之禮，有違華夏禮制，牟子以《老子》「上德不德，是以有德」回應，宣稱沙門的這些行為表面上是有違忠孝，實質上卻是最大的忠孝。總的來說，牟子是採取針鋒相對，誓不承認的態度，在貶抑儒家孝道的同時，褒獎自己。牟子式的解釋引發了更為激烈的爭論，如果說：「東晉以前，儒佛之爭還只是比較單純的孝理之爭。東晉以後，由於佛教發展影響到國家、社會利益，儒家將佛教的孝道問題與國家治亂相聯繫進行徹底否定」，〔註 26〕甚而發展成為暴利廢佛事件。

而葛洪卻不同，他是在認同接受儒家孝道的基礎上，按照自己的信仰準則去提升。道教孝道自從經過葛洪的解釋之後，開始逐漸獲得統治階級的認同。這說明，從文化交流的角度看，當一種異質文化流入某種先在的文化環境時，必須先融入，然後才可能有所作為。當然葛洪之後，民間仍有道徒起義不斷，「據史書記載，西晉至南北朝時代出現的「妖賊『反叛事件，多達數

〔註 24〕抱朴子內篇・對俗。

〔註 25〕抱朴子內篇・對俗。

〔註 26〕陳一風，魏晉南北朝時期儒佛的孝道之爭〔J〕，南都學刊（人文社會科學學報），2003（2）：27。

十起」，〔註27〕對道教不忠不孝的指責不絕，這說明光是有理論上的辯護還是不夠的，關鍵的是要有組織制度的改革。這是我們在肯定葛洪在道教孝道發展史的理論建設功績的同時，所要注意的。這也是南北朝道教孝道發展的一項重大內容。

值得一提的是，葛洪如此重視忠孝，不僅是基於對道教發展的思考，也與他的家庭文化和人生際遇有很大關係。他的從祖葛玄是一位道士，字孝先，曾作《太上慈悲道場消災九幽懺》，竭力宣揚父母之恩以勸孝。葛洪作為書香傳家士族的子孫，很有可能讀到這部經書，而受其孝道觀念影響。他的父親「以孝友聞，行為士表，方冊所載，罔不窮覽。」〔註28〕葛洪到十六歲，開始讀《孝經》、《論語》、《詩》、《易》等儒家經典，深受孝道文化薰陶和修齊治平觀念影響。葛洪終其一身先後幾次欲為朝廷獻力而不得，體現的正是儒家知識分子為國家盡忠孝的赤誠之心，最後終老於羅浮山，就只能用「修道不違忠孝，更是大忠大孝」來自我寬慰了。

4.1.2 「忠孝為本」的修道觀

葛洪在對道教進行「不違忠孝」的辯護時，也把「忠孝」引入到道教修煉中來，明確提出：「欲求仙者，要當以忠孝和順仁信為本。若德行不修，而但務方術，皆不得長生也。」〔註29〕「忠孝」本是儒家倡導的道德修養問題，葛洪把它吸收過來，作為修長生之道的基礎，轉入宗教修煉範疇。這是葛洪對道教孝道發展的又一貢獻。

葛洪以「忠孝為本」的修道觀，顯然與他「道本儒末、儒道兼修」的思想有很大聯繫。「道者，儒之本；儒者，道之末也。」〔註30〕葛洪雖然從多方比較儒道之差異，有重道輕儒之傾向，但卻主張儒道兼用，「若儒道果有先後，則仲尼未可專信，而老氏未可孤用」。〔註31〕特別是，葛洪認為當時早已進入「帝王」〔註32〕時代，更應該儒道兼用。「道者，萬殊之源也。儒者，大淳之流也。……所以貴儒者，以其移風易俗，不唯揖讓與盤旋也。所以貴道者，

〔註27〕任繼愈，中國道教史〔M〕，上海：上海人民出版社，1990：67。
〔註28〕抱朴子外篇・自敘。
〔註29〕抱朴子內篇・對俗。
〔註30〕抱朴子內篇・明本。
〔註31〕抱朴子內篇・塞難。
〔註32〕注：葛洪接受了鄭玄的觀點，認為歷史的演進是由三皇到五帝，再至三王，再下世五霸，是一代不如一代。三皇時代講道德，五帝以後則用仁義、禮樂。

以其不言而化行，匪獨養生之一事也。」〔註33〕兩者各有用處，有能力者應該把兩者結合起來，「內寶養生之道，外則和光於世，治身而身長修，治國而國太平。以六經訓俗士，以方術授知音，欲少留則且止而佐時，欲升騰則凌霄而輕舉者，上士也。」〔註34〕而「忠孝」無疑是儒家道德之本。葛洪倡導儒道兼修，把儒家修身養性的倫理思想納入其修道成仙學說之中，提出「欲求仙者，要當以忠孝和順仁信爲本」，〔註35〕就是再自然不過了。在葛洪看來，踐行忠孝對於修道的意義，其一在於積善立功，以獲得神靈的祐助；其二在於修心養性，以合道成仙。

首先，葛洪認爲，欲求長生成仙，不能單純依靠服丹、寶精、行氣等道教方術，還須爲善積德。他說：「覽諸道戒，無不云欲求長生者，必欲積善立功，慈心於物，恕己及人。」〔註36〕並引《玉鈐經中篇》云：「立功爲上，除過次之。爲道者以救人危使免禍，護人疾病，令不枉死，爲上功也。……積善事未滿，雖服仙藥。亦無益也。若不服仙藥，並行好事，雖未便得仙，亦可無卒死之禍矣。」〔註37〕那麼，養生求仙爲何要積善立功？葛洪說：「非積善陰德，不足以感神明」，又說：「非功勞不足以論大試」。〔註38〕世人雖有天壽，但後天行爲的善惡卻能增減其天壽，並具體由天上的神靈進行監管和執行，因此，修長生之道者必須努力行善去惡，而忠孝無疑使最大的善行，相反，「不忠不孝，罪之大惡」〔註39〕如此，積善立功，忠孝爲本，成爲修道者步入神仙世界必登的階梯。從這一方面來看，是葛洪對《太平經》把盡孝作爲信仰者獲得神祐以實現長壽成仙思想的延續。

其次，葛洪認爲長壽成仙之道的修煉，不只是限於服丹、寶精、行氣等方術，還要加強心性的修煉，以合於道。長壽成仙之道的修煉，從其根本上說，就是體道、悟道的實踐，「其事在於少私寡欲，其業在於全身久壽」。〔註40〕針對世俗生活對修道的干擾，葛洪特別指出涵養心性，控制情緒以合於道的重要性，他說：「人能淡默恬愉，不染不移，養其心以無欲，頤其神以粹素，掃

〔註33〕抱朴子內篇・塞難。
〔註34〕抱朴子內篇・釋滯。
〔註35〕抱朴子內篇・對俗。
〔註36〕抱朴子內篇・微旨。
〔註37〕抱朴子內篇・對俗。
〔註38〕抱朴子內篇・微旨。
〔註39〕抱朴子內篇・道意。
〔註40〕抱朴子內篇・釋滯。

滌誘慕，收之以正，除難求之思，遣害眞之累，薄喜怒之邪，滅愛惡之端，則不請福而福來，不禳禍而禍去矣。」〔註 41〕神仙與俗人的明顯區別，在於俗人孜孜於名利，而神仙能恬靜無欲，超然物外，如果只修養身之術，則與得道成仙的要求還差之甚遠。「夫所謂道，豈唯養生之事而已乎？」〔註 42〕正是從宗教心性修煉出發，葛洪把儒家修身養性的忠孝道德，引入到宗教修行實踐中，這是「欲求仙者，要當以忠孝和順仁信爲本」的第二層含義，也是葛洪爲道教孝道發展做出的新貢獻。如果說宣揚「盡孝獲神祐致仙」是屈服於封建統治的被動需要，那麼「通過踐履忠孝而修養心性」則是立足於道教發展的主動吸取，體現了盡孝與修道的進一步融會，對後世道教產生深遠影響。劉宋道士陸修靜提出「能忠孝，然後乃可修齋靜思」，宋元淨明忠孝道直接「以忠孝立教」，都是這一思路的發展。

那麼，葛洪強調的兼具媚神和心性修煉功能的忠孝之道，又是如何操作呢？在《抱朴子內篇》中很難見到涉及「忠」、「孝」字的具體倫理規範，然而當我們檢索《內篇・微旨》中所列出的善事、惡事戒條時，可以發現很多與忠孝倫理相關的內容。如善事中的「慈心於物，恕已及人，仁逮昆蟲，樂人之吉，愍人之苦，周人之急，救人之窮，手不傷生，口不勸禍」，惡事中的「憎善好殺，口是心非，背向異辭，反戾直正，虐害其下，欺罔其上，叛其所事，受恩不感，弄法受賂，縱曲枉直，廢公爲私，刑加無辜，破人之家，收人之寶，害人之身，取人之位」等等。〔註 43〕在這裏，忠孝倫理以一種條分縷析、善惡分明的形式表現出來，目的在於要人時時刻刻以此爲準繩，謹小愼微，修身養性。而且，葛洪強調的忠孝倫理，已經略去了其邀取功名利祿報父母恩的思想成分，而突出謹言愼行、勤事父母的心理狀態。他是要以忠孝倫理的踐履，使人遏欲視之目，遣損明之色，杜思音之耳，遠亂聽之聲，以達致「恬愉淡泊，滌除嗜欲，內視反聽，尸居無心」的境界，這就是葛洪稱的「學仙之法」。〔註 44〕

4.1.3 「萬物有靈」的道德監督說

在孝道教化方面，葛洪繼承了《太平經》遍設神靈以監督人的道德行爲

〔註41〕抱朴子內篇・道意。
〔註42〕抱朴子內篇・明本。
〔註43〕抱朴子內篇・微旨。
〔註44〕抱朴子內篇・論仙。

及內心動機的做法，但是比《太平經》的道德懲罰學說更爲系統和完善，特別是提出了「萬物有靈」的道德監督說。《抱朴子內篇》說：

> 山川草木，井灶污池，猶皆有精氣；人身之中，亦有魂魄；況天地爲物之至大者，於理當有精神，有精神則宜賞善而罰惡，但其體大而網疏，不必機發而響應耳。〔註45〕

在這裏，葛洪賦予天地萬物以「精氣」、「精神」，使其神化，從而具有賞善罰惡的品格，用以說明天網恢恢、疏而不漏，善惡福禍不一定立即兌現，但必定會有報應。因爲「天高而聽卑，物無不鑒，行善不怠，必得吉報。」〔註46〕如此，葛洪就把整個宇宙都作爲道德監督的主體，用以確立人們的善惡因果觀念。他還特意列舉幾個事例加以證明：羊祜積德始恩，直到白髮蒼蒼，還接受了上天墜下的黃金；蔡順最守孝道，感動神仙來保祐；郭巨準備爲父母犧牲兒子，獲得了鐵券的貴重賞賜。

在「萬物有靈」觀念的基礎上，葛洪又吸取了民間的「三尸」神和「灶神」信仰以充實神靈監督的隊伍。葛洪云：

> 按《易內戒》及《赤松子經》及《河圖記命符》皆云，天地有司過之神，隨人所犯輕重，以奪其算，算減則人貧耗疾病，屢逢憂患，算盡則人死，諸應奪算者有數百事，不可具論。又言身中有三尸，三尸之爲物，雖無形而實魂靈鬼神之屬也。欲使人早死，此屍當得作鬼，自放縱遊行，享人祭酹。是以每到庚申之日，輒上天白司命，道人所爲過失。又月晦之夜，灶神亦上天白人罪狀。大者奪紀。紀者，三百日也。小者奪算。算者，三日也。〔註47〕

《太平經》中還只有「司命神」和「身神」，這裏把「身神」換做「三尸」神，而且更爲恐怖，因其盼望著人早死，好脫離人身，以自由放縱，所以不會放過人的任何惡行和動機，並且每到庚申日，就會上天報告。同時還增加了「灶神」。在以家爲本的農業社會，灶與人的生活息息相關，所以人有任何惡行都會瞭如指掌，灶神在每個月的最後一天都會上天彙報。另外還保留了「司命神」，再加上能賞善罰惡的山川草木諸神靈，葛洪就建立了一個遍佈宇宙、天地、家中、人心的全方位的神靈監督體系，並有定期的彙報制度，以

〔註45〕抱朴子內篇・微旨。
〔註46〕抱朴子內篇・微旨。
〔註47〕抱朴子內篇・微旨。

奪人算、紀，減人壽命相威脅，迫使人們從善去惡，踐履忠孝倫理道德。

不僅如此，葛洪還就奪算紀，積善成仙的問題作了詳細闡釋。《抱朴子內篇》稱：

> 行惡事大者，司命奪紀，小過奪算，隨所犯輕重，故所奪有多少也。凡人之受命得壽，自有本數，數本多者，則紀算難盡而遲死，若所稟本少，而所犯者多，則紀算速盡而早死。〔註48〕

> 但有噁心而無惡迹者奪算，若惡事而損於人者奪紀，若算紀未盡而自死者，皆殃及子孫也。〔註49〕

> 人欲地仙，當立三百善；欲天仙，立千二百善。〔註50〕

> 積善事未滿雖服仙藥，亦無益也。若不服仙藥，並行好事，雖未便得仙，亦可無卒死之禍矣。〔註51〕

> 其有曾行諸惡事，後自改悔者，若曾枉煞人，則當思救濟應死之人以解之。皆一倍於所爲，則可便受吉利，轉禍爲福之道也。能盡不犯之，則必延年益壽，學道速成也。〔註52〕

文中所云一「紀」爲三百天，一「算」爲三天。紀、算奪盡，人則早死，甚至累及子孫。奪紀、算的多少，跟人的行爲善惡，以及是否有實際行動相關。葛洪聲稱：「欲求仙者，要當以忠孝和順仁信爲本」，無疑「忠孝」當爲最大的善行莫屬，而「不忠不孝，罪之大惡。」〔註53〕從另一方面而言，盡忠孝也是成仙的捷徑。如果善功未能積滿，就是服藥，也不能成仙。相反，不服仙藥，只盡忠孝一事，至少可免早死之禍。如果有人悔改，當加倍償還，如此盡忠孝又成了悔改的最好途徑。所有這一切都有天地神靈作爲保證。

總之，道教的孝道教化思想到葛洪這裏已經非常完善了，既有遍佈宇宙、天地、家中、人心的全方位的、無所不察的神靈監督體系，又有定期的彙報制度，還有奪算紀，積善成仙的詳細規定，基本上完成了道教孝道教化理論的構造，爲南北朝道教的孝道教化思想的發展奠定了基礎。

〔註48〕抱朴子內篇・對俗。
〔註49〕抱朴子內篇・微旨。
〔註50〕抱朴子內篇・對俗。
〔註51〕抱朴子內篇・對俗。
〔註52〕抱朴子內篇・微旨。
〔註53〕抱朴子內篇・道意。

4.1.4 「忠孝並重」的道德觀

關于忠、孝的問題前文已經有所論述，如葛洪爲道教「修道不違忠孝」所作的辯護，提出「欲求仙者，要當以忠孝和順仁信爲本」的觀念等等。可以看出，葛洪一直是「忠」、「孝」並稱。葛洪把忠孝積善思想引人他的神仙世界，顯然是爲了適應封建統治階級的需要，以打消統治階級的疑慮，爭取統治階級的支持。雖然，我們沒有確切證據說葛洪主張「忠」高於「孝」，但至少「忠孝並重」是葛洪所認同的。葛洪對於「忠」德的重視，著書爲統治階級建言獻策，以及對民間道教的仇視與抨擊都體現了這一點。

葛洪在《抱朴子外篇》中竭力鼓吹君權至上，激烈批判無君無父的思想，強調君臣之禮。他運用宇宙起源論來論證君尊臣卑的關係，稱：「蓋聞沖昧既闢，降濁升清，穹隆仰燾，旁泊俯停，乾坤定位，上下以形，遠取諸物，則天尊地卑，以著人倫之體；近取諸身，則元首股肱，以表君臣之序，降殺之軌，有自來矣。」〔註54〕因此「君臣之大次於天地」，臣子應該做到「唯忠是與」，即使皇帝昏庸也應悋言進諫，不能擅權，更不能廢立。「夫君，天也，父也，君而可廢，則天亦可改，父亦可易也。」葛洪把君說成是天、是父，強調了君王存在的客觀性、至上性和不可替代性。在他的心目中，國就是家的放大，君王就是家長，具有至高無上的權威，臣民應該匍匐在他的腳下，「竭忠貞而不回」。〔註55〕

葛洪著《抱朴子外篇》，從某種方面講也是向統治階級表忠心之舉。他有感於世俗貴古賤今的風氣，而提出貴今應變；有感於漢末以來選拔官吏的弊端而提出擢才選能；有感於魏晉篡弒頻繁而鼓吹忠君，反對無君；有感於魏晉以來士族子弟放誕不經，道德淪喪，提出以禮教對他們進行約束；有感於儒家仁政的不足而提出治理國家要刑仁並重。這些政治見解決非是對社會漠不關心，超然世外的隱士所能的。當有人嘲笑他「身不服事而著《君道》、《沖節》之書，不交於世而作『譏俗』、『救生』之論」時，葛洪回答說：「君臣之大，次於天地，……豈必達官乃可議政事君，否則不可論治亂乎！」〔註56〕體現出身在山林，心憂天下的一片赤誠之心。

此外，葛洪還直接站在維護封建統治的立場，對民間道教進行攻擊。他將民間道教稱之爲「妖道」、「邪道」，十分仇視利用道教組織農民起義的張角、

〔註54〕抱朴子外篇・詰鮑。
〔註55〕抱朴子外篇・臣節。
〔註56〕抱朴子外篇・應嘲。

柳根、王欲、李申等人，斥責他們「進不以延年益壽爲務，退不以消災治病爲然，遂以招集奸黨，稱合逆亂」，主張對他們嚴加鎮壓，「犯無輕重，致之大辟」。葛洪還認爲民間道教被農民起義所利用，「皆由官不創糾，以臻斯患」，慨歎自己「雖見其埋，不在其位，末如之何」。〔註57〕

忠、孝的問題，從五斗米道的「崇孝抑忠」，到太平道的「孝高于忠」，再到葛洪神仙道教的「忠孝並重」，一步步地實現與封建統治階級主流「忠孝」觀念的趨近，體現出道教對宗法社會的自覺適應。在葛洪這裏，忠孝衝突的問題，基本上在理論上已經解決。但在實踐中，道教還時常有不忠之舉，這說明只是從理論上融攝忠孝倫理還是不夠的，進行組織制度改革更是根本，而這是寇謙之、陸修靜致力解決的問題。

總之，葛洪作爲上層道教的代表，既實現了對早期民間道教的總結，又成功地實施了改造，具體在道教孝道方面，就是在「修道不違忠孝」、引忠孝入道、神靈道德教化等方面完成了理論建設，在忠孝衝突問題上給予了合理的解答，爲道教轉變爲官方道教奠定了基礎。

4.2 北天師道的孝道

北天師道是指經寇謙之改造之後的北方天師道。南北朝時，北方天師道組織渙散、科儀廢弛，民間道教起義不斷。北魏明元帝神瑞二年（415），嵩山道士寇謙之自稱太上老君授以天師之位，令其宣布新科，清整道教，除去三張僞法及男女合氣之術，而「專以禮度爲首而加之以服食閉煉」，〔註58〕大量吸收孝道思想，形成北天師道的孝道。〔註59〕

4.2.1 「以忠孝爲原則」的改革實踐

「以禮度爲首」是寇謙之改革舊天師道總的指導思想。「這個『禮』指的

〔註57〕抱朴子內篇·道意。

〔註58〕〔北齊〕魏收，魏書，3051。

〔註59〕現存《道藏》洞神部戒律類力字帙中有《太上老君戒經》、《老君音誦戒經》、《太上老君經律》、《太上經戒》、《三洞法服科戒文》、《正一法文天師教戒科經》、《女青鬼律》等七種。或全係寇謙之所得之書，或大部分與太上老君授與寇謙之的《雲中音誦新科之誡》有關。具體請參見：湯一介，魏晉南北朝時期的道教〔M〕，西安：陝西師範大學出版社，1988：203，本文主要根據這些經書以及北天師道的改革實踐，考察其孝道思想。

就是儒家禮教，他的改革就是在這個指導思想下進行的。凡是合乎這個指導思想的就保留、增益，凡是不合乎的就革除、廢棄。」〔註60〕目的在於使民「戶戶自相化以忠孝，父慈子孝，夫信婦貞，兄敬弟順」〔註61〕。因此，「以禮度爲首」實則是以「忠孝」爲原則。寇謙之把這個原則貫徹於道教的組織制度、齋醮、科儀、戒律的改革之中，體現出對封建統治階級利益的維護。主要體現在以下幾個方面：

（1）調整道教組織制度。包括廢除三張原在巴蜀設置的二十四治稱號，「其蜀土宅治之號勿復承用」；〔註62〕規定道民不得任意改投道官，道官招收弟子須先考驗三年，被統治者「不得叛逆君王，謀害國家」、「於君不可不忠」。〔註63〕

（2）維護封建統治的財政收入。斥責舊天師道「壞亂土地」、自收「租米錢稅」的行爲是「惑亂百姓」；廢除五斗米道的租米錢稅制度和濫收脆信之事，「歲常保口廚具、產生男女、百災疾病，光性眾說廚願，盡皆斷之。……唯聽民戶歲輸紙三十張、筆一管、墨一挺，以供治表求度之功。」

（3）鞏固封建的倫常關係。把忠孝倫理貫注到道教戒律建設、齋醮改革之中。《正一法文天師教戒科經》中所載奉道不可行之事二十五條，其中有十六條是爲鞏固封建倫常關係所設。同時，在齋儀改革方面，把盡忠孝倫理義務與置辦廚具、膳食、齋潔、入靖、焚香、禮拜、上章啓奏等結合起來，加強對道徒的約束，以防止犯上作亂。寇謙之「用忠孝這些儒家的道德規範作爲道士們的主要行爲準則。這方面的內容是他在改革天師道的措施中最大的增益。」〔註64〕

不僅如此，寇謙之還造作專門的鬼神系統以煞惡逆不孝之罪。在寇謙之以前，葛洪已經建立起一個遍佈宇宙、天地、家中、人心的全方位的、無所不察的神靈監督體系。寇謙之在此基礎上，又特別造作了「東南西北四帝」以「主煞天下逆惡不孝」。「東方青帝無名煞鬼，姓元名谷玄。南方赤帝，姓變名乳。西方白帝，姓□名顏。北方黑帝，姓遐名明。」〔註65〕同時寇謙之還列出了六十名因「凶逆不孝，煞害天民」而化爲鬼的名單，聲稱只要「人

〔註60〕卿希泰，唐大潮，道教史〔M〕，南京：江蘇人民出版社，2008：62。

〔註61〕正一法文天師教戒科經，中華道藏（第8冊），323。

〔註62〕老君音誦戒經，中華道藏（第8冊），564。

〔註63〕老君音誦戒經，中華道藏（第8冊），587。

〔註64〕卿希泰，唐大潮，道教史〔M〕，南京：江蘇人民出版社，2008：65。

〔註65〕女青鬼律，中華道藏（第8冊），600。

隨日憶知其名，鬼不敢近人」。〔註66〕但法術產生效力的前提是必須孝順忠信。「天下散民中有孝順忠信者，可書六十日鬼名，著烏囊貯之，常以正月一日日中時以身詣師家受之，繫著左右臂，以此行來，鬼不敢干。」〔註67〕

寇謙之以「忠孝」為首的改革對於道教產生深遠的影響。「經過這樣改革後的天師道，原始性減少了，成熟度加強了，特別是在性質上發生了很大變化，即刪除了違背封建禮度的成分，增添了儒家綱常倫理的內容，從而使它由一個民間宗教變成符合封建階級需要的工具。」〔註68〕北天師道也因此受到了魏太武帝的尊崇，太平真君三年（442）魏太武帝親至道壇受籙，標誌著道教的國教化。

4.2.2 以「齋醮超度為主」的盡孝形式

道教的孝道觀念與儒家不同，其中一個重要的區別在於，儒家重在「事生」，而道教重在「事死」。北天師道就是以超度亡父母作為盡孝的主要方式，這與其對佛教六道輪迴思想的吸收有很大關係。

佛教認為一切生命都是生死相續，是有情依業力在欲界、色界、無色界三界之內的天、人、畜生、餓鬼、地獄、阿修羅等六道生死流轉，多修善業則能轉生到有福樂、少禍苦的善趣，多造惡業則必沉淪於畜生、餓鬼、地獄的惡趣之中倍受痛苦。「道教雖然受到了佛教的輪迴報應思想的影響，但在輪迴的觀念上還不徹底，深信祖先成為死者（鬼）後處於三塗（多是地獄）。」〔註69〕所以道教稱孝於父母，更多的是要超度父母出地獄。寇謙之說：「夫為父母、兄弟、姊妹、夫妻、君臣、師保、朋友，皆先世所念願，為因緣展轉相生，莫不有對者哉，故曰倚伏難窮矣！唯學仙道士，當兼忘因緣，絕滅生死，同歸乎玄，以入妙門。」〔註70〕也就是說，學仙道士在度己的同時，還要度「父母」，甚至要先度「父母」。

道教用於超度父母的方式，首先就是齋醮。齋醮是道教舉行祭禱的一種宗教儀式，其中齋以潔淨為主，醮以祭神為義，主要用來為人祈福、消災，為死者超度亡靈等等，同時也是道教徒自身修煉的方法。寇謙之針對當時祭

〔註66〕女青鬼律，中華道藏（第8冊），601。

〔註67〕女青鬼律，中華道藏（第8冊），601。

〔註68〕卿希泰，中國道教史：第一卷〔M〕，成都：四川人民出版社，1996：411。

〔註69〕〔日〕小林正美，中國的道教〔M〕，王皓月譯，濟南：齊魯書社，2010：134。

〔註70〕太上經戒，中華道藏（第8冊），588。

酒各自爲政，「上章」無度的亂象，提出上「章書」不如齋練建功以遷度父母亡靈。「世間道官，遷達亡人度星，作爲二十、三十紙，千萬美說於事，不如修謹善行，齋練苦身，香火自纓，百日建功，爲先父母遷度亡靈。」〔註71〕並對爲亡人超度齋儀的具體儀式做了詳細的規定。

其次是求願，主要有兩種方法，一爲廚會求願，一爲燒香求願。「廚會求願」主要是通過設廚請「大德精進之人」會宴，向其懺悔罪行，祈求消災降福。如道官道民有死亡，在七天內辦完喪事，家中要爲死亡的人散其財物而舉行廚會。儀式完畢，道官要爲主人求願祈福，其中就包括祈求祖先亡靈早日昇天。「燒香求願」主要是爲亡父母祈福。寇謙之對「燒香求願法」有具體規定：「入靖東向懇，三上香訖，八拜，便脫巾帽，九叩頭，三搏頰。滿三訖，啓言：男官甲乙，今日時燒香，願言上啓。便以手撚香著爐中，口並言：願甲乙以年七以來過罪得除，長生延年。復上香，願言：某乙三宗五祖、七世父母、前亡後死，免離苦難，得在安樂之處。」〔註72〕

正如羅賓遜主教（John Robinson）所說：「祈禱和倫理，簡單地說就是一個事物的裏外兩個方面。」〔註73〕北天師道以齋醮超度父母亡靈，以及通過廚會、燒香爲亡祖求願作爲盡孝的方式，可以說是對孝道之最初的享獻與祭祀亡祖精神的提升和形式的創新。其意不僅在於對亡祖的「追養」，更是使他們超脫於六道輪迴，免受再遭塵世苦海；同時，齋醮、求願的形式豐富了中國人的孝道文化，對於中華民族的喪葬習俗亦產生深遠的影響。即使在今天，很多民眾在家有親人去世時，仍延請道公「做齋」，爲先人超度亡靈，以盡孝道。

4.2.3 「融孝入戒」的教化方式

北天師道對孝道倫理的教化，主要通過戒律來進行。天師道初創時，雖已經制定了一些教規教義，但比較簡單和粗俗。對於戒律的作用，未引起足夠的重視。寇謙之改革天師道專以禮度爲首，非常強調戒律的作用。他認爲「戒律」乃是聖人替「天」設教而作，「人生受命，制之在天。天實不言，故在聖人。聖人隨世惻隱，不以常存，故遺道戒。」〔註74〕修長壽之道，因爲

〔註71〕老君音誦戒經，中華道藏（第8冊），570。
〔註72〕老君音誦戒經，中華道藏（第8冊），566。
〔註73〕John Robinson, Honest to God〔M〕, Philadelphia, Pa,: The Westminster Press, 1963：105。
〔註74〕正一法文天師教戒科經，中華道藏（第8冊），320。

持誡才有意義。「人生雖有壽萬年，若不持戒律，與老樹朽石何異？寧一日持戒爲道德之人而死補天官，尸解成仙。」〔註 75〕守戒不僅可以在事前起到預防的作用，在事後還具有警示的價值，而「人皆能奉法不倦，何但保命，乃有延年無窮之福。」〔註 76〕

具體到盡孝與守戒的關係上，寇謙之認爲「不孝」乃是人之貪欲所致。「室家不和，禍起貪欲財利者，忿怒相加」，以致「父不慈愛，子無孝心」；而守戒則能使人「善積合道，神定體安，喜怒不忿於心，惡言不發於口，醜聲不聞於耳，邪色不視於目，貪欲不專於意」，自然「室家合和，父慈子孝，天垂福慶。」〔註 77〕可以說，寇謙之的見解是非常深刻的，即使是現代社會仍然是影響孝道義務踐履的重要原因。

在寇謙之造作的道書中，有很多與孝道倫理有關的戒律。《太上經戒》中錄有十戒，其中「第一戒者，不得違戾父母、師長，反逆不孝。」〔註 78〕又如《太上老君經律》，其中列示的一百八十戒中涉及孝道倫理的有：「第三十三戒者，不得說人父母本末善惡；第三十八戒者，不得輕疏他人之尊；第五十七戒者，不得慢老人；第一百二戒者，不得欺罔老小。」〔註 79〕《女青鬼律》列示的二十二條道律禁忌中，就有七條涉及到孝道倫理。分別是：「六者，不得輕慢老人，罵詈親戚，夫妻呪詛，自相煞害，毒心造凶，不孝五逆，天奪算百八十；九者，不得遊行東西，周合男女，消夾不解，因成邪亂，天奪算萬三千，死殃流七世；十三者，不得一父子則居，室家離散，天奪算二十二；十六者，不得逃遁父母，遊行四方，位立眞氣，自相收合，天奪算三百二十；十八者，不得干知人事，宣佈他家，藏善出惡，姦人婦女，謀圖人壻，逆戾三光，陰賊呪詛，不孝五逆，天奪算千二百二十；十九者，不得行道之日，貪色淫心，行氣有長，自解不已，私共約誓，因生不孝，奸心五內，無道之子，天奪算三萬；二十二者，不得妄以經書授與俗人，道父母名諱，泄漏眞要訣語俗人，天奪算三百。」〔註 80〕

由此可見，北天師道所造作的戒律基本涉及儒家孝道的所有內容，如：

〔註 75〕老君音誦戒經，中華道藏（第 8 冊），582。
〔註 76〕正一法文天師教戒科經，中華道藏（第 8 冊），320。
〔註 77〕正一法文天師教戒科經，中華道藏（第 8 冊），317。
〔註 78〕太上經戒，中華道藏（第 8 冊），587。
〔註 79〕太上老君經律，中華道藏（第 8 冊），582～584。
〔註 80〕女青鬼律，中華道藏（第 8 冊），604～605。

養親、尊親、無違、敬老、父母在不遠遊、不別籍異財等等。這正如《女青鬼律》所概括的，「制節行道，謹慎科文，目不妄視，口不妄言，心不妄念；足不妄遊，親善遠惡，與體自然」，與儒家孝道倫理所宣稱的「非禮勿視、非禮勿聽、非禮勿言、非禮勿動」〔註81〕如出一轍。然而，北天師道通過把這些原則具體化，以條分縷析的形式詳細列出盡孝所禁戒的內容，對於道徒的日常生活更具有指導性。

更為重要的是，在北天師道所造作的道教戒律中，已經明確地標示出違反某條戒律所要「奪算」的多少，體現出對道教傳統「命籍」思想的繼承與發展。《太平經》稱「籍繫星宿，命在天曹」，〔註82〕認為人的壽命雖然取決於其稟賦的先天命籍，但同時深受後天諸因素的影響，也就是說某人的實際年命乃是天君依據人之行為的善惡而予以增減的。「為惡則促，為善則延」〔註83〕，而「行孝」即為「善之善」、「大善」。但只是給出一個初步的解釋框架，並沒有詳細的考覈指標。《抱朴子內篇》稱司命奪人算紀，「人欲地仙，當立三百善；欲天仙，立千二百善」，〔註84〕忠孝為大善，但究竟占多大權重，沒有說。直到在北天師道這裏才明確標示出來。有關忠孝的戒律，從奪算的多少來看，最高一條者達「奪算三萬」，〔註85〕是所有二十二條道律禁忌中處罰最為嚴重的，體現了《孝經・五刑》中所說的「五刑之屬三千，而罪莫大於不孝」的理念。

4.3 南天師道的孝道

當寇謙之在北方改革舊天師道時，在南方，南朝著名的道士陸修靜也將道教的改革推向高潮。陸修靜以「使民內修慈孝，外行敬讓，佐時理化，助國扶命」〔註86〕作為道教改革的指導思想，在齋醮科儀建設中大量吸收孝道倫理，體現出以齋醮行孝的特色。學術界把經過陸修靜改革之後的道教稱之為南天師道。

〔註81〕論語・顏淵。
〔註82〕王明，太平經合校〔M〕，北京：中華書局，1960：549。
〔註83〕王明，太平經合校〔M〕，北京：中華書局，1960：4。
〔註84〕抱朴子內篇・對俗。
〔註85〕女青鬼律，中華道藏（第8冊），604。
〔註86〕陸先生道門科略，中華道藏（第8冊），556。

4.3.1 「超度七祖爲先」的修道觀

在南天師道看來，盡孝是修仙的起始步驟。早在東晉《太上洞玄靈寶智慧本願大戒上品經》中就提出：「夫學道之爲人也，先孝於所親，忠於所君」，〔註87〕然後再絕酒色、嫉妒、奢貪、驕怠，斷五辛、肥生、滋味之肴，練冥想、服食、胎息、吐納之功。在這裏，踐行孝道倫理已然是修道的第一步。而若不孝親忠君，將長處地獄，履於五毒，求死不得，其苦無量。同出於東晉的古靈寶經《太極左仙公請問經》也宣稱：「夫學道，當先忠孝，善行持誡，慈心一切，……然後服藥致益，吐納神和，齋誠有感，誦經眞降，魔眾伏使，敢爲試害，如此必得道。」〔註88〕

然而，南天師道所稱的盡孝，主要是超度七祖父母出宿世因緣。南天師道認爲人生「因緣輪轉，罪福相對，生死相滅，貴賤相使，賢愚相傾，貧富相欺，善惡相顯，其苦無量。」〔註89〕現世生活如苦海漫無邊際，人只要未得究竟解脫，則必將在六道中輪迴不息。「夫爲父母、兄弟、姊妹、夫妻、君臣、師保、朋友，皆前世所念，願爲因緣，展轉相生也，莫不有對者哉，故曰倚伏難窮矣。唯學仙道士，當兼忘因緣，絕滅生死，同歸乎玄，以入妙門。能如是者，始可與言學道之夫也。」〔註90〕在這裏，南天師道雖然認爲父母子女乃是「展轉相生也，莫不有對」，但仍沒有放棄「度父母」的責任，反而以「度父母」爲「度己」之前提。教人「學道常淨潔衣服，別靖燒香，安高香，座盛經。禮拜精思，存眞吐納導養，悔謝七世父母，及今世前世重罪惡緣，布施立功，長齋幽靜，定其本願」，〔註91〕使「七世父母，上生天堂，下生人中侯王之家，此大孝之道，洞經之旨矣。」〔註92〕

南天師道「超度七祖爲先」的思想，顯然是借鑒了佛教的輪迴觀念，但比佛教更爲高明。佛教認爲「識體輪迴，六趣無非父母；生死變易，三界孰辯怨親」〔註93〕一切眾生於六道中互爲父子，親疏難辨，何必執著世俗的父子之道，並且認爲「子非父母所致，皆是前世持戒定具，乃得作人」。〔註94〕

〔註87〕太上洞玄靈寶智慧本願大戒上品經，中華道藏（第4冊），115。
〔註88〕太極左仙公請問經，中華道藏（第4冊），124。
〔註89〕太上洞玄靈寶智慧本願大戒上品經，中華道藏（第4冊），111。
〔註90〕太上洞玄靈寶智慧本願大戒上品經，中華道藏（第4冊），112。
〔註91〕太極左仙公請問經，中華道藏（第4冊），123。
〔註92〕太極左仙公請問經，中華道藏（第4冊），125。
〔註93〕廣弘明集，（卷十三），辨正論，10。
〔註94〕中本起經，（卷上）。

只有把人世間一切世俗關係勘破，修學佛道，才能免於輪迴之苦，達到佛的果位。在這裏，佛教是主張超脫世俗因緣，從而放棄了孝道倫理義務。這種觀念為重視親情倫理義務的中國人所不能接受的，也與南北朝「以孝治天下」的國策背道而馳，招致統治階級的否定。如北周武帝發動的中國歷史上第二次滅佛就是在「用崇孝治」的旗號下進行的。而南天師道在吸收佛教輪迴觀念的同時，充分注意到民眾的心理承受能力，強調在「度己」之前先「度父母」，因而易為民眾所接受。

4.3.2 「忠孝乃可修齋」的道德修煉思想

把踐行忠孝倫理與修齋結合起來，是南北天師道共同的特點，但北天師道側重於以修齋的形式盡忠孝，而南天師道則突出在修齋過程中貫穿忠孝倫理以助修煉，提出「忠孝乃可修齋」的思想。南天師道不僅強調忠孝之「謹身慎行」的行為規範功能，突出「恬靜去欲」的功效，還以感念父母之恩作為修齋的內在動力，推進了孝道與齋醮的深度融合。

（一）能忠孝乃可修齋靜思

重視齋戒是南天師道的一大特色。陸修靜云：「道以齋戒為立德之根本，尋真之門戶。學道求神仙之人，祈福希慶祚之家，萬不由之。」〔註95〕又說：「夫齋直是求道之本，莫不由斯成矣。此功德巍巍，無能比者。上可升仙得道；中可安國寧家，延年益壽，保於福祿，得無為之道；下除宿愆，赦見世過，救厄拔難，消滅災病，解脫死人憂苦，度一切物，莫有不宜矣。」〔註96〕認為齋戒是求道、立德的根本，以「勸善戒惡」為宗旨，是求得神仙的必由之路。

南天師道所倡導的齋戒當屬於心齋的類別，突出齋戒的修心功能。根據《雲笈七籤·齋戒敘》的分類，道教有三種齋法：「一者設供齋，以積德解愆。二者節食齋，可以和神保壽，謂祭祀之齋，中士所行也。三者心齋，謂疏淪其心，除嗜欲也；澡雪精神，取穢累也。掊擊其智，絕思慮也。……蓋上士所行也。」〔註97〕陸修靜認為：「聖人以百姓奔競，五欲不能自定，故立齋法。」〔註98〕又說「夫齋者，正以清虛為體，恬靜為業，廉卑為本，恭敬為事。戰

〔註95〕洞玄靈寶五感文，中華道藏（第28冊），561。
〔註96〕洞玄靈寶齋說光燭戒罰燈祝願儀，中華道藏（第4冊），411。
〔註97〕道藏（第22冊），261。
〔註98〕洞玄靈寶齋說光燭戒罰燈祝願儀，中華道藏（第4冊），409。

戰兢兢，如履冰谷，肅肅栗栗，如對嚴君」，〔註99〕還說「治身正心，莫先於齋直。齋者，齊也，齊人參差之行。直者，正也，正人入道之心。念淨神靜，齋之義也。」〔註100〕突出的正是齋戒之清心寡欲，令人謙卑恭敬的功能。

　　正是從此出發，陸修靜溝通了齋戒與孝道倫理的內在聯繫。陸修靜云：「齋者，可謂整百行，建萬善者也。要當能忍辱，能柔弱，能慈愛，能仁施，能陰德，能忠孝，能至誠，能謹信，能戒慎，能肅敬。備此十能，然後乃可修齋靜思，反聽內視，還念形中，口不妄言，身不妄動。」〔註101〕「孝」等倫理道德正是齋戒之「整百行、建萬善」的精神基礎。《孝經》云：「孝子之事親也，居則致其敬。養則致其樂，病則致其憂，喪則致其哀，祭則致其嚴」，〔註102〕這就是說，孝子事親，居家之時當恭恭敬敬；奉養之際當和顏悅色，使父母快樂；若親之有疾病，則盡憂謹之心；若親喪亡，則攀號毀瘠，盡哀戚之情；及春秋祭祀，又當盡其嚴肅。能做到這些，自然就「能忍辱，能柔弱，能慈愛，能仁施」了。孝道倫理還要求「以不毀為先」，「居上不驕，為下不亂，在醜不爭」，〔註103〕做到「口不妄言，身不妄動」，謹身慎行，剋制自己的欲望。如此，只要能恪守忠孝，自然就能修齋靜思，「清虛為體，恬靜為業，廉卑為本，恭敬為事。」〔註104〕

（二）忠孝為齋醮之動力

　　修齋畢竟是件十分艱苦而又漫長的事情，身困體疲，極易懈怠，而世人往往不能忍受，「世物浮偽，鮮能體行，競高流淫，信用妖妄」，以致「上危神器，下傾百姓，滅身破國，猶不以戒。」宋泰始七年，明帝不豫，陸修靜親率道士建三元露齋（即塗炭齋），為之祈請。據陸修靜自述，塗炭齋「以苦節為功」，須在露地立壇，安置欄格，齋者悉以黃泥塗額，被髮繫著欄格，反手自縛，口中銜璧，覆臥於地，開兩腳相去三尺，叩頭懺謝。一次齋事要連作三十六日，「科禁既重，積旬累月，負救霜露，足冰首泥。時值陰雨，衣裳沾濡，勁風振厲，嚴寒切饑。」〔註105〕如此痛苦的齋律，一般人皆難以忍受

〔註99〕洞玄靈寶齋說光燭戒罰燈祝願儀，中華道藏（第4冊），414。
〔註100〕太上洞玄靈寶法燭經，中華道藏（第4冊），416。
〔註101〕太上洞玄靈寶法燭經，中華道藏（第4冊），416。
〔註102〕孝經·紀孝行章。
〔註103〕孝經·紀孝行章。
〔註104〕洞玄靈寶齋說光燭戒罰燈祝願儀，中華道藏（第4冊），414。
〔註105〕洞玄靈寶五感文，中華道藏（第8冊），560。

堅持。爲此，陸修靜特說「五感文」，以作爲修齋者的精神支柱。

他在文章開頭就強調：「此五感之文，乃是道士修六齋之法，皆出三洞大經，尊貴妙重，不可穢慢，」表明五感文可通用於各類齋法。「若塗炭齋者，五感之心，一則費香徒勞，二則成於虛詭，三則輕慢法禁，四則毀辱師教，五則更招罪罰。」〔註106〕陸修靜的五感理論中涉及孝道的主要是前三感，具體內容如下：

「一感父母生我育我，鞠我養我，出懷入抱，嘯含摩牧，勞心損體，辛苦憂勤。我或不夷，時有疾病，則愁我念我，心如炙焚，夙夜休怳惕，忘金失眠，增感憔悴，泣涕漣漣，願成願長，我得如今。念此重恩，不可稱量，誓心上答，昊天罔極。」〔註107〕這是強調修齋之人要不忘父母的養育之恩。

「二感父母爲我冠帶婚娶，積蓄貨財，造買基業，苟欲我多，不覺貪濫，與物求競，動生怨怪，致有衍尤，或至無狀，觸忤天地，傷害人物，或外犯王法，內犯冥科，或刑罰所加，及於性命，緣起有我，以招斯患。今落三塗，嬰罹眾難，循於劍樹，墮於刀山，履於炎火鑊湯之熱，沒於幽夜冰凍之寒。或懸在笞神撾杖之下，千痛萬楚，不可堪當。悲惱憂厄，時刻難忍。希望免脫，無由自濟。念此崩梗，肝心潰亂，五體戰懷，形魂失措，不覺投地，塗炭乞哀。」〔註108〕這是強調修齋之人不忘父母爲我吃了好多苦。

三感普天下貴賤男女有的能參透人生的意義，有的不能，而我卻能參透人生，「故背當世，委離六親，遺榮遺累，尋道求生。積學自濟，能及有益，先報我親平素之日鞠育之恩。」〔註109〕這是勸世人學道修齋以報父母恩。

四感大聖眞人拯救天下百姓於危難之中，使「億曾萬祖，積劫殃對，一旦釋然，幽魂苦爽，超昇福堂，因緣種族，咸受慶惠。」五感我師對我的培養之恩，「仰戴罔極、有過天地」。〔註110〕

由此可見，陸修靜的修齋五感理論中，要麼宣揚父母養育之恩，以此作爲修齋的動力；要麼訴說父母養育子女之苦，勉勵道士潛心修道；要麼勸人出世修道，報父母平素鞠育之恩。在這裏，信仰與忠孝融爲一體，並因爲有了忠孝的支撐而更爲堅定。

〔註106〕洞玄靈寶五感文，中華道藏（第8冊），560。
〔註107〕洞玄靈寶五感文，中華道藏（第8冊），560。
〔註108〕洞玄靈寶五感文，中華道藏（第8冊），560。
〔註109〕洞玄靈寶五感文，中華道藏（第8冊），561。
〔註110〕洞玄靈寶五感文，中華道藏（第8冊），561。

　　陸修靜「忠孝乃可修齋」的道德修煉思想，開啓了後世淨明道「以德養心」的先河。淨明道稱，「淨」就是不染物，「明」就是不觸物，「淨明只是正心誠意」，[註111] 具體的修煉路徑就是「始于忠孝立本、中於去欲正心，終於直至淨明。」[註112] 淨明道的修煉，實是通過借助「忠孝」行爲來「去欲正心」，達致不受任何污染「淨明」境界的過程。這種思想實是陸修靜道德修煉思想的發展。

4.3.3　「與齋醮科戒相結合」的孝道實踐

　　「齋醮科戒」是爲齋醮、科儀和戒律的簡稱。「齋醮」爲道教儀式的總稱；「科儀」在南北朝時，是指道士修道生活和建齋設醮的各種行爲規則；「戒」則是道教約束道士言行，防止「噁心邪欲」、「乖言戾行」的規戒。陸修靜爲了促使道衆踐行孝道倫理，還把其與齋醮科戒的建設結合起來，不僅有著較強的行爲指導價值，還有著社會的教化意義。

　　（一）修齋以拔九祖上陞福堂。把修齋與盡孝道倫理義務相結合起來，早在五斗米道時期即有之。五斗米道在行「塗炭齋」和「指教齋」時，把超度七祖父母的要求融入其中，使孝道實踐獲得一種新的形式。寇謙之也以齋醮超度父母作爲盡孝的主要形式。陸修靜繼承了這一做法，並首創了黃籙齋專門用於超度九祖亡靈。在唐代道書《無上秘要》卷 54 中有對黃籙齋品科儀的詳細描述，其程序大致是：高功法師在立壇、題榜、香火、鎮龍、命繒、方練、署職、祝香等科儀之後，祈請官兵馬監臨齋堂，爲齋主拔度九祖父母，使死魂得出長夜。再三上香，每上香一次，高功法師有祝文，其中第一上香即爲：

> 　　第一上香爲同法某甲拔度九祖父母，九幽玉匱長夜之府，死魂惡對、宿身罪根，功德開度，建齋燒香，請謝十方，願爲九祖父母拔出幽苦，上陞天堂，今故燒香，歸身歸神歸命大道。臣等首體投地，歸命太上三尊，願以是功德歸流九祖父母，乞得免離十苦八難長夜之身，得見光明，上陞天堂，衣食自然，長居無爲。今故燒香，自歸師尊大聖眾至眞之德，得道之後升入元形，與道合眞。[註113]

　　然後再「謝十方」，法師要代齋主祈請，請求解除祖上的罪結。這時法師要長跪叩首懺悔：

〔註111〕道藏（第 24 冊），635。
〔註112〕道藏（第 24 冊），647。
〔註113〕無上秘要，中華道藏（第 28 冊），204。

同法某甲九祖父母生世之日所行元惡，罪結九幽長夜之府：魂充考撻，諸痛備嬰；形體毀悴，苦毒難任；長淪萬劫，終天元解。今依盟眞王匱女青太陰宮水官科品，齎黃紋之繒九十尺，或九尺，金龍一枚，歸命東方無極太上靈寶天尊、九氣天君、東鄉諸靈官，拔贖某家九祖父母惡對罪根，三界同算女青上宮削除罪錄，開度窮魂，身入光明，上陞天堂，衣食自然，早得更生福慶之門，甲得道眞，與神合同。〔註114〕

在祈告天界神祇之後，再行謝五嶽神的科儀，法師逐次禱告東嶽泰山神、南嶽霍山神、西嶽華山神、中嶽嵩山神，述說齋主九祖生前觸犯五嶽山神，以致亡魂在五嶽地獄之中遭受罪考，祈請五嶽山神赦免所行罪負，放赦囚徒上陞天堂。然後再「謝水官」、「謝三寶」，「乞求原赦生死所犯，願以此功德拔度九祖罪魂，得去三徒五苦之中，刀山劍樹長河寒庭，身出幽夜，得入光明，上陞天堂，衣食自然，甲身得道，與其合同。」〔註115〕

由此可見，黃籙齋主要是通過祈請神仙的福祐，原赦齋主祖上所行罪負，拔度九祖囚徒死魂，諸天星宿神開出光明，使祖宗亡魂上陞天堂。陸修靜首創道教以齋醮的形式盡孝的先河，後經唐代張萬福德補正，〔註116〕對後世中國民俗產生了深遠的影響。

此外，在陸修靜所創製的其他齋醮科儀中，也多見祈求超度九祖亡靈上陞福堂的觀念。如金籙齋，雖說是爲帝王國主祈請，但也聲稱使普天七世父母免離十苦八難，上陞天堂；明眞齋，是用於齋者的修身，卻有著拔度先祖九幽之魂的功效，使「死者長樂，生世蒙恩，天下太平，道德興隆」〔註117〕；三元齋，向天地水三官懺悔自己的罪過，其中就包括「不慈不孝、不愛不仁，上逆君父，下殺眾生」〔註118〕等內容，是開度七祖最首要的科儀；三皇齋，是祭祀天皇、地黃、人皇的朝儀，可用於爲一切生者死者，自然包括七祖父母，赦除積罪，消除在陰間所受的考訟。

（二）在齋戒中懺悔不孝之罪。陸修靜認爲世人從宿世以至今生，所犯

〔註114〕無上秘要，中華道藏（第28冊），205，　注：共向十方進行懺悔，每次懺悔之文略有不同，主要體現在黃紋之繒、金龍的數量上。

〔註115〕無上秘要，中華道藏（第28冊），208。

〔註116〕具體請見《無上黃籙大齋立成儀》，中華道藏（第43冊），326。

〔註117〕無上秘要，中華道藏（第28冊），193。

〔註118〕無上秘要，中華道藏（第28冊），190。

過惡多端，不可勝數，致使君臣父子無以仁忠慈孝，兄弟婦男無以悌順恭良，家不能吉，國不能太平，身不能長壽。因此人惟悔罪改過，令天知至誠，地神申信。具體的方式就是建齋，並請高功法師代誦首悔之文五篇，令齋主再拜，稽百仰三，自搏伏地叩頭。懺悔不孝之罪，是五篇首悔之文的重要內容。如在第一篇悔過之文中，有：「今因齋次，披解上世宿罪重過，乞願至眞，願降法澤，賜以大慈，原有眾生及今齋主先世九玄七祖，下及五服六親」；第二篇悔過之文稱：「原恕施主先世以來，下及見身，自識事以來，實多惡少善，多逆少順，違天負地，觸迕星辰，爲臣不能忠於君上，爲子不能孝於父母，爲婦不能恭於舅姑，爲弟妹不能順於兄姊。」第三篇悔過之文稱：「削除臣等先世殃考，遠及今身罪嬰，……骨肉不睦，六親不和，九族不篤」；第四篇悔過之文稱：「願赦齋主先世，爰及今身，自有知以來，……所爲無可，所作不當。輕老易小，驕慢縱橫。外不良謹，內不慈仁。別人九族；離人六親；南人之父，北人之子」；第五篇悔過之文稱：「原赦凡家九玄七世千曾億祖、先亡後化、上世以來一切靈神，各由先身立行不仁，壽早永終，後生未長，不能其悉作何死亡。」陸修靜宣稱「善男子、善女人，能請經師到宅，建立齋宜，燒香行道，或一日一夕，或三日三夕，勤心苦誠，日夕六時，讀誦此升玄悔過之文，功感諸天眞神降房，玄司除刻，罪過蒙原。」〔註119〕

（三）在科儀中貫穿孝道倫理。魏晉以來舊天師道科儀廢馳，「愚僞道士，既無科戒可據」，「雖奉道法，不遵科禁」，因此陸修靜主導的南天師道改革非常重視道教科儀建設，並在其中貫注孝道倫理。如據說是劉宋道士編撰的《洞玄靈寶道學科儀》中，就對道士生活及行道的律儀軌則有詳細規定。經中共有三十五品，其中《言語品》云：「若道士，若女冠，在房在觀，與長德師尊有所言對，咨決可否，和聲下氣，奉聽長德師尊之言。若未如意，道理不明，待上辭盡，然後徐徐決定。」〔註120〕這讓人很容易聯想到《論語‧里仁篇》中的「事父母幾諫，見志不從，又敬不違，勞而不怨」，可以說《言語品》中所體現的正是孝道之順從精神在修道生活中的體現。又如《山居品》，提到學道當常棲山中，以求靜念，不交常俗，引命自安，避諸可欲，去諸穢亂，因此居山當與俗務相隔離，如不得領戶化人、交遊貴勝、醫卜取錢等，但卻唯

〔註119〕太上洞玄靈寶宣戒受悔眾罪保護經，中華道藏（第5冊），16～123。
〔註120〕洞玄靈寶道學科儀，中華道藏（第42冊），43。

獨提出「當念己身，父母長育之恩勿忘。」〔註121〕即使是道教的禁酒之戒，亦處處以危及踐行孝道倫理義務勸誡。《禁酒品》云：道學當知持戒發慧，安神煉心，無惑酒惡。犯者，有十種昏亂，其中「一者不孝師尊、外眾父母」；常得三種近者，「一者種惡業之人，二者噉食牲血之人，三者屠戮生命之人」；又五種交遊者，「一者違遠父母、不孝之人」；見有六種遺棄：「一者師尊遺棄，二者父母遺棄。」〔註122〕此外，在《父母品》中，還規定出家人雖然身心依道，俗化全隔，但鞠養父母之心應有，「若在遠，隨四時省問；若在近，隨月朔省問；在寒在熱，在涼在暄……若逢病患，孝友之心，自須辛苦，勤力醫藥，朝夕愛護，不得於所生父母有所吝惜。」若在家兄弟經濟窘迫，無可資養父母，「出家之人，須知所欲，量減身上□□以供之，不得非法之中別有他用。」〔註123〕而一旦父母仙逝，出家人還當爲父母盡喪葬之禮。《父母制服品》云：「道法無弔問，既在人門，理不容頓鬱，此爲靈寶世間科也，」〔註124〕並對道士、女冠著喪服、接受弔唁、居喪守孝都有著明確的規定。

（四）以戒律規範道眾的孝道行爲。一是以孝爲戒。《太上洞玄靈寶智慧罪根上品大戒經》中說「十善因緣上戒之律」、「一十四持身之品」及「原始智慧三品之律」（包括「上品十戒」、「滅罪根十惡戒」和「十二可從戒」），其中很多就涉及到孝道倫理。如「一十四持身之品」中的「與人父言則慈於子，與人師言則愛於眾，與人兄言則悌於行，與人臣言則忠於君，與人子言則孝於親」。〔註125〕又「上品十戒」中有：「四者，不得棄薄老病，窮賤之人。……十者，平等一心，仁孝一切」，奉此十戒者，能「功書十天，福延七祖，拔出長夜九幽之中，上陞南宮。身入光明，因緣不絕，克得神仙。」〔註126〕同時還當避十惡，「七者，不孝背恩違義，犯諸禁忌。」〔註127〕犯之者，神遭眾橫，鬼神害命，死入地獄。二是勸人盡孝。陸修靜強調「學升仙之道，當立千二百善功，終不受報，立功三千，白日登天，皆濟人應死之難也，施惠其人尤善矣。」〔註128〕其中一個重要的方面就是勸人盡孝。《太上洞玄靈寶智

〔註121〕洞玄靈寶道學科儀，中華道藏（第42冊），46。
〔註122〕洞玄靈寶道學科儀，中華道藏（第42冊），43～44。
〔註123〕洞玄靈寶道學科儀，中華道藏（第42冊），54。
〔註124〕洞玄靈寶道學科儀，中華道藏（第42冊），56。
〔註125〕太上洞玄靈寶智慧罪根上品大戒經，中華道藏（第3冊），249。
〔註126〕太上洞玄靈寶智慧罪根上品大戒經，中華道藏（第3冊），249～250。
〔註127〕太上洞玄靈寶智慧罪根上品大戒經，中華道藏（第3冊），250。
〔註128〕太上洞玄靈寶智慧本願大戒上品經，中華道藏（第4冊），113。

慧本願大戒上品經》中有「十善勸誡」，其中有三條就涉及到孝道，分別是：「勸助禮敬三寶，供養法師，令人世爲君子，賢孝高才，榮貴巍巍，生爲人尊，門族昌熾；勸助國王父母子民忠孝，令人世世多桐，男女賢儒，不更諸苦；勸助齋靜讀經，令人世世不墮地獄，即昇天堂，禮見眾聖，速得反形，化生王家，在意所欲，玩好備足，七祖同歡，善緣悉備，終始榮樂，法輪運至，將得仙道。」〔註129〕此外，在《洞玄靈寶千眞科》中還提出：修道之人出外行遊，如「見人鬥打，不孝父母，不順兄弟，爲偷盜，行軍兵，傷殺人事，皆須歸觀香湯洗浴，入靜思微，不然犯科。」〔註130〕

南天師道把孝道與齋醮科戒結合起來，不僅對教內道眾有著極強的規範和指導作用，而且在一定程度上促進了孝文化的傳播和教化。從文化傳播學的角度看，齋醮科戒使孝文化獲得一種新的傳播載體，社會民眾參與道教齋醮科戒活動的過程，也是接受孝道教化的過程，從而突破了《孝經》那種以具體規範強行約束的做法，變得溫情款款而通俗易懂，加之糅合了佛教的業罪報應思想，因而更能激發人們踐行孝道倫理的動力。這是道教對於中華孝文化的又一貢獻。

4.4 上清派的孝道

「上清派」是由天師道發展而來。被尊爲上清派第一代大師的魏華存，起初即信奉天師道，爲天師道女祭酒。許謐、許翽家族，原本也是屬於天師道世家。這些開派人士均爲高門士族出身，受過良好的儒家教育，他們加入天師道，「一是爲了尋求精神寄託，二是利用道教服務於封建統治，」〔註131〕由此製作了眾多的上清經典，大量引入忠孝觀念，促進了孝道倫理與道教修煉方術的深度融合。上清派的集大成者是南朝著名道士陶弘景，本文主要根據陶弘景的宗教改革與實踐，分析上清派的孝道思想。

4.4.1 「盡孝與修道兼顧」的倫理義務觀

修道不忘忠孝的社會倫理義務觀，是道教自創教以來沿襲的傳統。上清派亦不例外。在陶弘景看來，踐行孝道倫理乃是道教成仙的資質所在。《眞誥》

〔註129〕太上洞玄靈寶智慧本願大戒上品經，中華道藏（第4冊），114。
〔註130〕洞玄靈寶千眞科，中華道藏（第42冊），62。
〔註131〕卿希泰，唐大潮，道教史〔M〕，南京：江蘇人民出版社，2008：56。

云：「夫至忠至孝之人，既終，皆受書爲地下主者，一百四十年乃得受下仙之教，授以大道，從此漸進，得補仙官，一百四十年聽一試進也。」〔註132〕只有具有至大的孝行，死後才有成仙的可能；不僅如此，「至孝者能感激鬼神，使百鳥山獸巡其墳也。至忠者能公犯直心，精貫白日，或剖藏煞身，以激其君者也。比干今在戎山，李善今在少室，有得此變煉者甚多，舉此二人爲標耳。」〔註133〕比干的忠心，是眾所週知；而李善的故事所知者較少。李善，字次遜，本是南陽育陽李元家奴。漢建武中，李元家人死盡，而留有鉅額財富和一孤兒，名續祖，尙在孩抱之中。眾家奴共謀欲殺續祖，以侵吞其財產。李善秘密背負續祖逃入山林之中，待撫育至十餘歲時，李善將此事稟告給縣令鍾離意。縣令遂將群奴全部捕拿歸案殺之，而立續祖爲家，光武拜善爲太子舍人，後遷日南、九江太守。在這個事例中，李善似乎更多的是一個忠於主上的典型；而陶弘景之所以把其樹立爲孝子的典型，據其自己稱乃是因爲李善「能存李元後胤，使獲繼嗣，因此以成其孝功。」〔註134〕這一方面反映儒家「不孝有三，無後爲大」的孝道觀念，在上清派那裏得到深度的認同；另一方面，儒家之移孝爲忠的理念，也爲上清派所借鑒。

上清派之所以如此重視孝道，從某個方面而言，是上清派力圖改革舊道教，以贏得統治階級認同和尊奉的努力。上清派之前的道教，已多爲統治階級所忌恨。如五斗米道，實是一個以教代政、政教合一的地方自治性組織，割據漢中達三十年之久。而太平道實是借黃老道發展起來的準軍事性集團，終爲張角所利用，成爲發動和組織義軍的旗幟和工具。這種現實性太強的宗教組織，借助宗教外衣的掩護與當權者爭奪現實利益，必然會遭到統治階級的唾罵、瓦解直至剿滅。魏晉之際興起的神仙道教，試圖以隱逸山林，修「全身久壽」之道的形式，剔除其低級「反動」的內容，但仍然有人懷疑其逃避忠孝倫理義務，甚至積聚力量，反叛朝廷的嫌疑。對此，葛洪不得不提出學道「何必修於山林，盡廢生民之事」的主張，並以「欲求仙者，要當以忠孝和順仁信爲本」作爲訓誡。此後的北天師道、南天師道，包括上清派進一步深入到制度改革層面，摒棄早期道教軍事化、政權化的組織形式及運行機制，代之以純宗教性出家居館的教團組織形式，到南北朝逐漸形成以宮觀爲中心

〔註132〕真誥，中華道藏（第 2 冊），218。
〔註133〕真誥，中華道藏（第 2 冊），218。
〔註134〕真誥，中華道藏（第 2 冊），218。

的組織方式。此外，上清派還把孝道倫理觀念融入其系統的養生理論中，成為其養生理論中的內在的、不可或缺的重要組成部分，為推動道教贏得統治階級的認同和信奉做出了傑出的貢獻。

　　上清派不僅在理論上提出「修道不忘忠孝」的倫理義務觀，在實踐上也是這樣奉行的。被尊為上清派第一代宗師的魏華存，年輕時就有學道之志，常欲閒居獨處，服食修道，但仍服膺「不孝有三，無後為大」的孝道倫理，奉命成婚，待子粗立後，方「齋居別室，反修初服」，體現出修道當先盡孝道倫理義務的理念。第三代宗師許謐的哥哥則為其弟弟樹立了一個道門孝子的榜樣。許邁初師南海太守鮑靚，往來於茅山之中清修，朔望之期還家拜見父母；後來父母逝世，才遣妻子孫氏還娘家，自己則辭家不還。如果說，魏華存堅持先盡孝道倫理義務的修道原則，多少顯得有點做作；那麼許邁主張盡孝與修道兩不誤的觀念，已然比較圓融；而陶弘景則以孝道倫理的精神全面貫穿到其道教修煉方法、齋醮科儀，以及神靈體系的構造中，最終形成上清派獨特的孝道倫理觀念。

4.4.2 「度己與度父母相結合」的存思術

　　存思術是上清派的特色所在，《黃庭內景玉經》和《上清大洞眞經》有集中體現。《黃庭內景玉經》主要闡釋人體五官、五臟、六腑以及三田八景等各主要器官組織的生理機能以及它們之間的相互聯繫、不可偏廢的有機整體關係。同時還特別指出，「身體中存在神靈，這些神靈也存在於他們的星宮和人間天堂，生命所要達到的目標是通過加強這些『內部之神』與天上對應物的交流來防止這些神靈離開。」〔註135〕修道之人若能恒常誦念眞經，恬淡無欲，心誠意專，存思內觀身中諸神，便能通神感靈，使臟腑安和，形神相守，消災卻病，以致延年升仙。這一修煉思想為《上清大洞眞經》所批判、繼承與發展。〔註136〕《上清大洞眞經》認為「《黃庭經》的存思術，主要對象還只是

〔註135〕Henri Maspero, Les procedes de 「Nouurrir le principe vital」dans la religion taoiste ancienne〔M〕Frank A, Kierman, eds, Taoism and Chinese Religion, Amherst, Mass: University of Massachusetts Press, 1981: 443～454。

〔註136〕注：對於《黃庭內景玉經》與《上清大洞眞經》的先後承繼關係，學術界仍有分歧，本文在綜合各家之說的基礎上，認為宇汝松所提出的「《黃庭內景經》應在《大洞眞經》之先，《大洞眞經》可以說是《黃庭內景經》的發展和完善」較為合理。具體參見：宇汝松，六朝道教上清派研究〔M〕，濟南：山東文藝出版社，2009：112。

人體內的身神。上清派雖然對此很重視，但認為還不夠。因為修誦《黃庭》雖能調和五藏，煉制魂魄，度世不死，但還不能使七祖升化，飛騰上清。因此還需存思上界諸神。」〔註137〕《上清大洞真經》造作了三十九位帝皇，聲稱其「回真下映，入兆身中三十九戶」，〔註138〕從而與身神相結合，修煉者只要按章存思，諷誦三十九位真神，便能招上皇真氣祥煙從泥丸宮中來入，下不全身，鎮神固精，解胞胎死結，開生門，塞死戶，使自身與神合一，性命長存，七祖同歡，俱升上清。

《上清大洞真經》中有三十九章，分別存思三十九位真神，每一章都充滿著禱祝七祖父母上陞福堂的經文。為具體呈現上清派孝道倫理與存思術流程的緊密結合，現以《太一尊神章》為例進行分析。首先是「謹請」，即「謹請太一尊神務猷收，字歸會昌，常守兆玉枕之下，泥丸後戶死氣之門，使生真氣，入於泥丸，七祖父母，受玄更生，上籍玉皇，重華萬寧。」〔註139〕其次是「真思」，即真思太一尊神「罩於頂上」、入於身中，並默咒曰：「太一保命，固神定生，為我上招帝真之氣，下布紫戶之庭，玉經仰徹，九玄朗明，七祖同歡，俱升上清。」〔註140〕然後是「誦玉經」，即誦《大洞玉經》和《玉清元始王祝》，其中有經文云：「兆身常死關，結胎害百神，百神解胎結，披散胞內根，七祖入帝室，一體合神仙，神仙會玉堂，七祖生南宮。」〔註141〕最後是「佩符」，即佩「大洞太一尊神消魔玉符」，其訣為：「當朱書青繒，佩之，存呼大一內諱名字，鎮我泥丸後戶之外，閉塞死氣之路，通理幽關之際，解七祖於五難，度更生於交帶。」〔註142〕由此可見，祈禱真神解救七祖以上陞福堂的思想貫穿於上清派存思術的全過程，事實上，通觀《上清大洞真經》全文，基本上每一篇存思經文都體現出這一特點。而在其專門敘述修上清道之要訣的《誦經玉訣》中，更明確指出：「誦詠《上清大洞真經三十九章》，願晨暉煥發，映照臣身，腑藏榮華，災禍消散，七祖返胎，同駕雲輿。」〔註143〕

〔註137〕任繼愈，中國道教史〔M〕，上海：上海人民出版社，1990：141。
〔註138〕上清大洞真經，中華道藏（第1冊），2。注：引文中的「兆」，根據周作明考證，當做「修行者」理解。具體請參見：周作明，東晉南朝上清經中的「兆」〔J〕，宗教學研究，2004，（4）。
〔註139〕上清大洞真經，中華道藏（第1冊），10～11。
〔註140〕上清大洞真經，中華道藏（第1冊），11。
〔註141〕上清大洞真經，中華道藏（第1冊），11。
〔註142〕上清大洞真經，中華道藏（第1冊），11。
〔註143〕上清大洞真經，中華道藏（第1冊），5。

　　上清派強調「度己」與「度七祖父母」相結合，其理論基礎就在於上清派「形神兼修，不離善德」的養生思想。在與《上清大洞眞經三十九章》同為上清「三寶奇文」的《洞眞高上玉帝大洞雌一玉檢五老寶經》中，就曾明確指出：「夫形神雖精，苦於生生，而七世有罪，而不解者，己亦必無仙冀也。是以須啓大願，陳八間，以釋其積結耳。七祖既福，兆乃可不死。不死者，乃得道之宗本，爲仙之根始。志行於是業者，可不勉勵於長存哉。」〔註144〕由此可見，「度七祖父母」乃是修道者「免於不死」的前提，並由此開啓了獲得「長存」的可能。經云：「今五嶽諸仙，及神州仙女，猶酌瓊漿而挹珍果，說大願，陳八間，朝大素，奉三元，志霄晨，爲玉眞，拔七世，入廣寒，豈況世中之庸狼，五濁微賤者哉。豈可替而不修，聞而不爲耶。」〔註145〕該經中充滿了大量的願文，如「上福七祖，身致神仙」、「七世積罪，今爲結散」、「大福七考，受書更仙」。上清派的另一部道經《上清太上回元隱道除罪籍經》〔註146〕還專門講存思諸神以謝罪度父母及己身的具體方法：以六甲之旬六丁之日，平旦入室，存思八星（即太星、元星、眞星、紐星、綱星、紀星、關星、帝星）中之神靈及北斗七星之神，向神靈懺說七祖及自身罪過，祈求消除罪過，解脫死籍。謂行此道可名列上眞，得成仙道。

4.4.3 「行孝與治心緊聯」的修道戒律

　　道教戒律是道教爲了規範和約束道士的言行而制定的道德規範和行爲準則。其最早可以追溯到道教的初創時期，經過魏晉南北朝的改革，增訂了很多孝道倫理戒律。上清派也很重視以孝入戒，然而上清派孝道倫理戒律有一個特點，就是以「攝心神」爲基點，把「行孝」與「治心」緊密聯結起來，突出孝道倫理踐履之心性修煉的價值。

　　在上清派看來，人心爲善惡之源，因此當設戒律以懲戒。早期上清派重要戒律《上清洞眞智慧觀身大戒文》就提出：「學道不受此戒，終不成仙。或造業，隨於聲色；或始勤末懈；或入山居家，爲眾魔所試敗；或生異念，疑惑眞經；或還從俗，無複道心；或輕慢師友，毀辱同覃；或卒發狂癡，性氣倒錯；或貪財愛色，反薄三寶；或家道撼柯，怨封悉會；或惡夢亂想，精神

〔註144〕洞眞高上玉帝大洞雌一玉檢五老寶經，中華道藏（第 1 冊），84。
〔註145〕洞眞高上玉帝大洞雌一玉檢五老寶經，中華道藏（第 1 冊），84。
〔註146〕上清太上迴元隱道除罪籍經，中華道藏（第 1 冊），256～258。

愁悶。皆由無大戒以攝其心神，三毒浮尸狡詐，五府是知斯患也。魔王不削泉曲死名，三界不通仙品也。」〔註147〕因此，學道的一個重要內容就是持戒修身。該戒文還提出：「道學當以戒律爲先，道家之宗尊焉」；〔註148〕「有經而無戒，猶欲涉海而無舟楫，猶有口而無舌，何緣度兆身耶？」〔註149〕

正是從「戒攝心神」的角度，上清派道書提出眾多的孝道倫理戒律。《上清洞眞智慧觀身大戒文》中所列舉的道教戒律中規模最大、內容較全、流傳較廣的「觀身三百大戒」中，涉及孝道的戒律有：「道學不得與父母別門異戶」、「道學不得教人與父母別門異戶」〔註150〕、「道學不得勸人不孝父母兄弟」〔註151〕、「道學當念父母養我因緣」、「道學當念七祖父母咸昇天堂」、「道學當視人父母如己父母」。〔註152〕又如《洞眞太上八素眞經修習功業妙訣》有齋法十戒，其中「五者慈孝一切，愍念悲窮，開示生道，以勸愚民。」〔註153〕這裏顯然已經超出家庭倫理的範疇，具有普遍的倫理關懷意味。而《太微靈書紫文仙忌眞記上經》則提出「勿食父母本命獸肉」〔註154〕的禁忌，極大地拓展了孝道倫理之生命關懷意識。

然而，上清派以孝入戒，其意不僅在於規範道徒的行爲，更在於藉重孝道之感恩心理，作爲修道的動力。上清派認爲入道要由慚愧著手，慚愧則心神定，心神定才能入道。「治心之要，在乎慚愧。動心舉目，轉體安身，常懷慚愧，不忘須臾，心神乃定，定則入道」。〔註155〕可見入道的程序是：慚愧——定心——定神——入道。在這裏心懷慚愧是關鍵的第一步，慚愧之心的內容無非是綱常名教。經中詳述修道者因未能報答父母、君王、師友之恩情和未能修煉入道而感到慚愧，專志於遵奉道、經、師三尊，並受《上皇民籍定眞玉錄》，則能由定心而入道。其中述父母之恩部分，更是情眞意切。經云：「當思我稟生，生由父母，父母鞠養，辛苦劬勞，而我成長，學術不深，無奇方異法，令父母延命，長生不死，同得神仙，此期未克，供養又虧，公私

〔註147〕上清洞眞智慧觀身大戒文，中華道藏（第2冊），740。
〔註148〕上清洞眞智慧觀身大戒文，中華道藏（第2冊），741。
〔註149〕上清洞眞智慧觀身大戒文，中華道藏（第2冊），741。
〔註150〕上清洞眞智慧觀身大戒文，中華道藏（第2冊），737。
〔註151〕上清洞眞智慧觀身大戒文，中華道藏（第2冊），738。
〔註152〕上清洞眞智慧觀身大戒文，中華道藏（第2冊），739。
〔註153〕洞眞太上八素眞經修習功業妙訣，中華道藏（第1冊），193。
〔註154〕太微靈書紫文仙忌眞記上經，中華道藏（第1冊），304。
〔註155〕洞眞太上上皇民籍定眞玉錄，中華道藏（第2冊），786。

衍過，父母垂憂，思慮不精，功行怠退，爲此慚愧，不離心中。」〔註156〕在這裏，上清派雖然主要是從修道的角度進行說教，卻無意中強化了道德教化效應。它以自述的手法，詳述父母養育之深恩，與自身不能盡孝之慚愧，對比懸殊，而又動之以情、曉之以理，相比起刻板的孝道倫理戒條來講，更能喚起修道者強烈的感恩孝親的道德認同心理。從當時的社會文化背景來看，「這些作品彌補著由於孝道的政治化、片面化而日益失去內在道德情感支撐的弊端，成爲促進民眾道德踐行的內在動力。」〔註157〕

　　總之，經過神仙道教「修道不違忠孝」的倫理辯護，以及神仙道教、北天師道、南天師道和上清派把踐行孝道倫理與齋醮、科戒、法術結合起來，不斷完善神靈道德監督機制和以孝入戒的教化形式，以忠孝爲原則對道教進行改革，道教孝道基本得以成熟。

〔註156〕洞眞太上上皇民籍定眞玉錄，中華道藏（第2冊），786。
〔註157〕呂錫琛，中國傳統社會促進道德理念踐行的歷史經驗〔M〕，道德與文明，2010，（1）：38。

第五章　早期淨明道的孝道

　　在葛洪等士族知識分子使道教逐步走向上層之際，在江西民間興起了一股以民間孝子許遜、吳猛爲原型，不斷神化的孝道神仙信仰，南北朝之際進一步發展成爲宗教教團崇拜，「孝道」被奉爲宗教的崇奉對象，造作了「三眞孝王」的神仙系統，形成了自己的經典、符籙、廚會制度和修煉方法，建有「孝治堂宇」等活動場所，標誌著道教孝道宗教化改造的最終完成，爲宋元淨明道的創立奠定了基礎。本文把這一時期稱之爲早期淨明道，〔註1〕並據以分析其孝道思想和實踐。

〔註 1〕 王卡先生根據《元始洞眞慈善孝子報恩成道經》、《洞玄靈寶八仙王教誡經》、《慈善孝子報恩成道經》等道經考察，發現南北朝時有尊崇分別治日中、月中、斗中的「三眞孝王」且實踐孝行的天師道孝道支派存在，認爲隋唐時期宗奉許遜的淨明道前身——「孝道」實即由此「新興天師道支派」與傳統許遜信仰結合而成。道教學者郭武把這個道派稱之爲「孝道派」，　章文煥教授從地理學上考察，認爲五斗米道的教義對許遜有直接的影響，　本文爲了和儒家曾子爲代表的「孝道派」相區別，姑且稱之爲「早期淨明道」。有關本派歷史及經典的考證可參考：(1) 王卡，隋唐孝道宗源〔M〕//陳鼓應，道家文化研究：第九輯，上海：上海古籍出版社，1996：100～121；(2) 柳存仁，許遜與蘭公〔J〕，世界宗教研究，1985，(3)：40～59；(3) 章文煥，略述天師道與淨明道派之間的深遠教誼〔M〕//張金濤，郭樹森，道教文化管窺：天師道及其他，南昌：江西人民出版社，1996：179；(4) 郭武，宋以前孝道是否有「教團」崇拜〔J〕，中國道教，2005，(3)：29～31；(5) 郭武，淨明道與傳統道派關係考述〔J〕，雲南社會科學，2005，(3)：97～106。

5.1 民間孝道神仙信仰的形成

5.1.1 孝道神仙信仰的形成過程

　　孝道神仙的信仰源自晉代的許遜和吳猛。許遜（239～374）東晉道士，字敬之，汝南（今屬河南）人。七歲失父，後又失去兄長，全靠自力躬耕以盡養母之孝道。現存最早的史料當為《藝文類聚》卷 21 收錄的《許遜別傳》〔註2〕，文中稱：「遜年七歲，無父。躬耕負薪以養母，盡孝敬之道。與寡嫂共田桑，推讓好者，自取荒者，不營榮利，母常譴之：『如此，當乞食，無處居。』遜笑母曰：『但願母老壽爾』。」此段文字以紀實的手法描述許遜的身世和事迹，而完全沒有後世傳記的神秘色彩，由此可以判斷當屬於六朝所撰。在此時，許遜還只是下層貧苦民眾踐行孝道倫理的代表，然而據信是唐以前出現的另兩則資料，顯示許遜已經被塑造成為孝道神仙的形象。第一則資料為《太平寰宇記》卷 107 所收南齊劉澄之《鄱陽記》，該文敘述信州貴溪縣馨香巖時說：「昔術士許旌陽斬蛟於此巖下，緣此名焉。」許遜斬蛟情節，應該是來源自民間傳說或文字傳記，這也進一步證明許遜事迹至少在六朝就已經傳播開來，並具有「斬蛟」等神化的迹象。另一則資料來自宋劉義慶《幽明錄》，該書從民間傳說中收集了大量六朝志怪事迹。書中稱：「許遜少孤，不識祖墓，傾心所感，忽見祖語曰：『我死三十餘年，於今得正葬，是汝孝悌之至。』因舉標榜曰：『可以此下求我。』於是迎喪。葬者曰：『此墓中當出一侯及小縣長』。」〔註3〕這則資料對許遜「少孤」、「孝悌之至」的事迹進一步神化，聲稱其孝行感動了上天，從而使其祖得以正葬，後世得以出「一侯及小縣長」。因此可以得出，至少在六朝民間，許遜已經轉化為孝道神仙的形象。

　　晉代同樣有孝道神仙之稱的還有吳猛。《晉書‧吳猛傳》載：「吳猛，豫章人也。少有孝行，夏日常手不驅蚊，懼其去己而噬親也。年四十，邑人丁義始授其神方。因還豫章，江波甚急，猛不假舟楫，以白羽劃水而渡，觀者異之。」〔註4〕吳猛因家貧買不起蚊帳，自己赤裸上身吸引蚊子，希望能以此使父親免蚊蟲叮咬。吳猛的孝行感動了上天，得授「神方」，從而有白羽劃水

〔註2〕黃小石，淨明道研究〔M〕，成都：巴蜀書社，1999：2。

〔註3〕太平御覽‧幽明錄（卷519）。

〔註4〕晉書‧吳猛傳：第 8 冊〔M〕，北京：中華書局，1959：2482～2483。

渡江之術；也感動了世人，被列入二十四孝之一，是爲《恣蚊飽血》。吳猛孝感的故事還可見《太平御覽》和《太平廣記》。《太平御覽》卷 666 所引《太平經》〔註 5〕中的一條：「行服墓次，蜀賊縱暴，焚燒邑屋，發掘墳壠，民人逬竄。猛在墓側，哀慟不去，賊爲之感愴，遂不犯。」在此，吳猛的孝行，不僅能感動上天、民眾，以能感動賊兵，使之不犯。除此之外，吳猛還擁有與許遜一樣神奇的殺蛇法術。《太平廣記》卷 456 引劉宋雷次宗《豫章記》所載：「永嘉末，豫章有大蛇，長十餘丈，斷道，經過者蛇則吸取之，吞噬已百數。道士吳猛與弟子殺蛇，猛曰：『此是蜀精，蛇死而蜀賊當平。』既而果杜弢滅也。」

值得指出的是，起源於晉代許遜與吳猛的形象，不僅表現爲民間性的孝道神仙信仰，亦有開始發展成爲宗教性的孝道神仙崇拜的迹象。據《北堂書鈔》卷 160 引《吳猛別傳》云，吳猛曾有「弟子數十人。」現代學者柳存仁經考據後發現：五世紀中葉豫章一帶即有崇孝之「孝道」流傳。〔註 6〕而有關許遜飛升之後的祭祀活動記載顯示：孝道神仙信仰已經具有宗教的意味。清光緒年間《逍遙山萬壽宮志》中《宮志》卷 7 載：「晉：許仙祠。眞君飛升後，里人與其族孫簡就其地立祠，以所遺詩一百二十首寫之竹簡，載於巨筒，令人探取以決休咎，名曰聖籤；其鍾、車、函、臼並寶藏於祠。蜀旌陽之民始從歸者，繼聞風者，競齎金帛，營磚甓來甃壇以報德，各鐫姓名於其上。」許遜飛升之後，所遺之詩篇、鍾、車、函、臼等等這些很平常的生活用品，轉變成神聖的東西，即伊利亞德所說的「顯聖物」（Hierophany）。伊利亞德稱：「神聖和世俗是這個世界上的兩種存在模式，是在歷史進程中被人類所接受的兩種存在狀況」，〔註 7〕但兩者並不是截然對立，而是能夠互相提升。許遜之生活用品向顯聖物的轉化過程，正標示著許遜信仰向宗教的轉變過程。

5.1.2　孝道神仙信仰的主要內容

（一）對孝行的信仰

「孝行」應屬於倫理道德的範圍。「倫理關係是一種基本的社會關係，但

〔註 5〕　注：此處的《太平經》是經梁陳時道教茅山派所改編過的，因爲這條吳猛的事迹應取於南北朝之前。

〔註 6〕　柳存仁，許遜與蘭公〔J〕，世界宗教研究，1985，（3）。

〔註 7〕　〔羅馬尼亞〕米爾恰·伊利亞德，神聖與世俗〔M〕，王建光譯，北京：華夏出版社，2002（12）5。

宗教倫理超越倫理關係的現實基礎，使之成爲神的旨命。」〔註8〕秦漢時期的《孝經》就已經開始對「孝」進行神化。論及「孝」之地位，《孝經》稱：「夫孝，德之本也，教之所由生也」，〔註9〕又說「夫孝，天之經也，地之義也，民之行也」〔註10〕，將「孝」視爲百行之首，人之常德，就像三辰運天而有常，五土分地而爲義一樣，人當法則天地，而以孝爲常行。論及「孝」之功效，則聲稱「明王之孝治天下……生則親安之，祭則鬼享之。是以天下和平，災害不生，禍亂不作」〔註11〕，盡孝可以使「上敬下歡，存安沒享，人用和睦，以致太平，則災害禍亂，無因而起。」〔註12〕而更爲重要的是，《孝經》聲稱盡孝可以應感神明，「昔者明王事父孝，故事天明；事母孝，故事地察；長幼順，故上下治。天地明察，神明彰矣。故雖天子，必有尊也，言有父也；必有先也，言有兄也。宗廟致敬，不忘親也；修身愼行，恐辱先也。宗廟致敬，鬼神著矣。孝悌之至，通於神明，光於四海，無所不通。《詩》云：自西自東，自南自北，無思不服。」〔註13〕此章不僅極力提高盡孝之使「上下治」功效，亦誇大其通於東西南北之教化功能，還引入了天地神明來督促人們踐履孝道，如此，盡孝就成爲神的旨命。

晉代以許遜、吳猛爲代表的孝道神仙信仰，實是把《孝經》以理論形式的神化「孝行」的做法，以具體的歷史人物爲承載，實質上仍是對「孝行」的信仰。在前所述的《許遜別傳》、《幽明錄》所載的許遜幼年事迹，以及《晉書·吳猛傳》、《太平御覽》所載的吳猛事迹，雖只是片斷，但著重表現的都是孝行神迹。從信仰角度考察，許遜、吳猛孝行在晉代還僅僅是民間性的孝道神仙信仰，還沒有形成宗教性的孝道教團崇拜：一是因爲許遜、吳猛都出身貧窮，流行於民間，不爲統治者重視；二是因爲家族力量在晉代孝道神仙崇拜最終形成中起到了決定性的作用，因而更多地打上祖先崇拜的印記。晉代許遜、吳猛同樣以孝行著稱，然而許遜最終能成爲孝道神仙的代表，在很大程度上與許氏家族推崇自己祖先的努力分不開的。〔註14〕法國學者施舟人

〔註8〕黃小石，淨明道研究〔M〕，成都：巴蜀書社，1999：5。

〔註9〕孝經·開宗明義章。

〔註10〕孝經·三才章。

〔註11〕孝經·孝治章。

〔註12〕李學勤，十三經注疏·孝經注疏〔M〕，北京：北京大學出版社，1999：27。

〔註13〕孝經·應感章。

〔註14〕注：郭武教授曾撰文指出：「許遜之所以能成爲淨明道之祖師，……不僅是許氏家族推崇自己祖先的行爲，也是唐宋時其他孝道成員乃至其他道派成員的

指出：許遜崇拜最初只是洪州西山一帶的以家族血緣爲紐帶的民間崇拜（其崇拜主體爲「孝」），且「只是一種受靈寶派影響的 local school（傳統、生活方式相同的群體），而非 sect（宗教教派）或 special ideological movement（有特殊思想體系的運動）」。〔註15〕如果我們結合南北朝時期所提出的「玄、元、始三氣」化生爲「孝道明王」、「孝道仙王」、「孝悌王」之「三眞孝王」的學說來看，晉代許遜、吳猛的孝道神仙信仰，正好構成由《孝經》理論式的「孝行」神化，到宗教性的孝道教團崇拜過渡的中間環節。

（二）對法術的信仰

從前所述孝道神仙信仰的形成過程來看，高標的孝行固然構成了孝道神仙信仰的核心和基礎，但是高超的法術亦起到極大的推動作用。「作爲宗教的信仰者，人們之所以會對某物產生出崇拜的宗教情感，乃是因爲以爲通過此物可以與『神聖』（sacred）的世界溝通。」〔註16〕許遜、吳猛之所以能受到人們崇拜，其中一個重要的原因在於他們擁有與「神聖」世界溝通的超凡能力和高超法術。在初期許遜、吳猛孝行崇拜流傳的豫章地區，對「巫術」的信仰就十分流行，黃庭堅在《江西道院賦》中說：「江漢之俗多機鬼，故其民尊巫而淫祀，雖郡異而縣大不同，其大略不外是矣。」〔註17〕對法術的信仰在許遜、吳猛崇拜中亦有反映。許遜的法術除如前已經所述的「斬蛟」、「與祖先的心靈感悟」之外，還有「預測吉凶」、「驅除邪魔」、「舉家飛升」。特別是「舉家飛升」的故事，〔註18〕實際上已經將許遜等同於「神仙」。因爲，在中國古代，飛升一般都與神仙相聯繫。「唐以前的許遜崇拜，從法術和飛升的角度看，稱得上是一種神仙崇拜。如果說與神仙崇拜有什麼不同，那就是還有對『孝道』的信仰和崇拜，這是與一般神仙崇拜的重要區別。」〔註19〕吳

共同努力」，本文據此認爲，在有晉一代，前者發揮著主要的作用。詳見：郭武，關於許遜信仰的幾個問題〔J〕，宗教學研究，2000，（4）：25。

〔註15〕 Kristofer M, Schipper. Taoist Ritual and Local Cults of the Tang Dynasty〔A〕, in M, Strickmann, ed, Tantric and Taoist Studies in Honour of R・A・Stein（v01・3）〔C〕. Brussels: Institut Beige des Hautes Etudes Chinoises.

〔註16〕 郭武，《淨明忠孝全書》研究：以宋、元社會爲背景的考察〔M〕，北京：中國社會科學出版社 2005：140。

〔註17〕 四部叢書・豫章黃先生文集第一。

〔註18〕 注：根據黃小石的考察，「唐以前就存在許遜飛升成仙的信仰是符合邏輯的」，見：黃小石，淨明道研究〔M〕，成都：巴蜀書社，1999：8。

〔註19〕 黃小石，淨明道研究〔M〕，成都：巴蜀書社，1999：8。

猛的法術有「白羽扇劃水而渡」、「以孝行卻賊兵」、「殺蛇」等。這些神異的法術故事，既表示了當時的民間巫術，也是初期許遜、吳猛神仙信仰的必要表現形式，因爲只有利用上述離奇生動的法術故事，才能使孝行的信仰深入人心。

誠然，從現代科學知識看來，這些法術純粹是虛構，但正是這些虛擬的成分推動了孝道神仙信仰的形成，構成孝道神仙信仰的重要內容。一些學者認爲，歷史上許遜、吳猛確實有其人存在，但是他們的事迹並不如後人所傳說的那麼豐富和精彩，後人爲他們編的傳記大多是虛構出來的，如「秋月觀瑛和李豐楙先生所言許遜有『實象』與『虛象』之區別，或如柳存仁先生言其事迹『固在疑似之間』」。〔註20〕學界往往側重於探尋許遜、吳猛歷史上的實際形象，注重求眞；然而，對於道教信徒而言，突出的是內心的信仰，他們並不十分關心自己所崇拜的神仙是否如世人所說的是「眞」還是「僞」，而是關心神仙有多大的神通，有多少「神迹」。正如基督徒、佛教徒不太關心上帝、菩薩在無神論眼中的「眞僞」一樣。不僅如此，「許遜之所以能被視爲『忠孝』的代表而被封爲淨明道的祖師，恰恰是因爲那些在當今學者看來是『虛構』的材料不斷問世起了促進作用，是許遜的『虛象』不斷豐富的結果。」〔註21〕因此，可以說對法術的崇拜構成了孝道神仙信仰的重要成分。

5.1.3 孝道神仙信仰的現實影響

如前所述，許遜、吳猛孝行最初只是洪州西山一帶的以家族血緣爲紐帶的民間孝道神仙信仰，因而其現實影響首先就體現在家族成員內部。早期淨明道「十二眞君」〔註22〕中就有五人爲許氏家族成員，如彭抗是許遜岳父，盱烈是許遜大姐之女，鍾離嘉是許遜二姐之子，黃仁覽是許遜女婿，而其中以孝著稱的就有三位，分別是彭抗：字武陽，舉孝廉，仕晉累遷尙書左丞；

〔註20〕 具體請參見：〔日〕秋月觀瑛，中國近世道教的形成：淨明道的基礎研究〔M〕，丁培仁譯，中國社會科學出版社，2005；李豐楙，魏晉南北朝文士與道教之關係〔D〕，臺灣，1978；〔澳〕柳存仁，唐以前許遜的形象〔J〕，東方宗教，1985（64）；〔澳〕柳存仁，許遜與蘭公〔J〕，世界宗教研究，1985：（3）。

〔註21〕 郭武，關於許遜信仰的幾個問題〔J〕，宗教學研究，2000，（4）：20。

〔註22〕 注：據黃小石的考察，「十二眞君」群體的最後形成，其上限應在南北朝，下限應在南宋，南北朝時，雖未見「十二眞君」說法，但這些人物早就存在，並頗有聲名，已收到祭祀。詳見：黃小石，淨明道研究〔M〕，成都：巴蜀書社，1999：30～31。

盱烈：少孤，事母以孝聞；黃仁覽：子紫庭，父輔字萬石，舉孝廉，仕至御史。從早期淨明道的傳授關係來看，也多是許氏家族內部的傳承。唐《孝道吳許二眞君傳》載：許遜「飛升」後，「二代侄男（許）簡承宗繼世爲道士，修持供養，博受孝道」。隋唐之際的《古鏡記》亦載：術士王積於隋大業十三年（617年）遊豫章，曾見許旌陽（許遜）七代孫許藏秘「有咒登刀履火之術」。〔註23〕由此可見，許遜孝道神仙信仰首先是一種家族崇拜。

除此之外，許遜孝道神仙信仰還以祭祀的形式，以豫章和洪州爲中心，對江西地區產生深遠影響。祭祀是宗教的一種基本形式，其意義就在於通過一些列崇拜活動來加強宗教信仰者的宗教意識，是鞏固和發展宗教信仰、宗教組織和宗教情感的重要手段，本質上是人對神靈的崇拜。《陸先生道門科略》載：「天師依託太上置二十四治，三十六靖廬」。唐末杜光庭進一步考證了三十六靖廬的地址，其中與許遜有關者就有十一處。〔註24〕「靖廬」是爲奉道之家修道祀神的地方，「民家曰靖，師家曰治」，「東晉治靜互用」。敬奉孝道神仙許遜的「這些遺迹散佈在西山或豫章，較直接有助於構成信仰圈，促成傳說流傳的動力，擴大了許眞君信仰的勢力範圍。」〔註25〕又據《敕建烏石觀碑記》載：「至寧康二年八月十五日午時，許君舉家拔宅仙去。南宋永初中，徒裔萬太元號石泉者，分寧人也，復尋故居，結廬居之，遂開緣募化十方，始構巍殿三重，塑繪許公聖像，尸位其中」，當知許遜孝道祭祀始於南朝宋永初中（420）。祭祀的形式及內容是：里人及族裔爲許遜立祠堂，或以許遜詩文寫於竹簽之上，由人抽取以斷吉凶，或是「每至升仙之日，朝拜及齋戒不斷」。〔註26〕說明此時的影響已逐漸擴大。

5.2 宗教孝道教團崇拜的建立

起源於晉代民間的許遜、吳猛孝道神仙信仰，雖有向宗教性孝道神仙崇拜發展的迹象，但是眞正作爲教團崇拜出現，是在南北朝之際的事情。所謂

〔註23〕 見：史仲文主編，中國文言小說百部經典〔M〕，北京：北京出版社，2000：3822。

〔註24〕 陳國符，道藏源流考〔M〕，北京：中華書局，1992：337。

〔註25〕 李豐楙，宋朝水神許遜傳說之研究〔M〕//李豐楙，許進與薩守堅：謨道教小說研究，臺北市：臺灣學生書局，1997：109。

〔註26〕 孝道吳、許二眞君傳。

「教團」，是指具有宗教性質的團體。「在這種團體中，人們不僅追求共同的信仰、崇拜共同的神靈，而且擁有共同的行為規範和活動場所，甚至還造作用以闡發教義的經典、訂立用以管理群體的組織制度。」〔註27〕民間孝道神仙信仰轉化為教團崇拜，從道教孝道發展史看，標誌著道教孝道宗教化的最終完成。

5.2.1 「與元並生」的孝道崇拜

對孝道的尊崇，是道教一貫的傳統。太平道提出「孝為天下第一事」，葛洪神仙道教稱：「欲求仙者，要當以忠孝仁信為本」，但是這些都只是把盡孝作為修道的一個重要基礎，只有早期淨明道上陞到宇宙起源論的高度，論證「孝」出於「道」，「與元並生」、「乘元受生」，正式把「孝道」轉化為宗教崇奉的對象。道經中說：

> 道生一，一生二，二生三，三生萬物。萬物得道則昌，失道則亡。精微柔弱，忍辱雌孝。進修中道，心無懈倦。以孝自牧，上報元恩。玄父玄母二親大恩。二親大恩，故名行孝，行孝道也。〔註28〕

> 孝道至大，與元並生，治於三光，照曜幽夜，有生之類，恃賴元窮。〔註29〕

> 大道幽虛。寂寥無名。孝出於無，乘元受生。生形法孝，無名曰道。處於無上，玄應無下。名行高遠，利益弘大，神通無礙，不終不始，故名孝道。〔註30〕

在上述經文中，孝，一是生於道，因此一切有生之物皆須行孝尊道，不但要報生身父母，還要報玄天父母；二是「出於無，乘元受生」，與宇宙並生；三是「生形法孝，無名曰道」，賦予了形體和名字；四是「神通無礙，不終不始」，具有無邊的神力。歸結到一點，就是孝已經具有「道之子」的「人格神」的意義，獲得了宇宙起源論的根據。

正因為「孝」是「道」之子，所以具有無限的神力和奉行的必要性。「有形之類，非道不生，非孝不成。故大道生元氣，元氣生太極，太極生天地，

〔註27〕郭武，宋以前孝道是否有「教團」崇拜〔J〕，中國道教，2005，（3）：29。
〔註28〕洞玄靈寶道要經，中華道藏（第31冊），389。
〔註29〕元始洞真慈善孝子報恩成道經，中華道藏（第31冊），384。
〔註30〕洞玄靈寶道要經，中華道藏（第31冊），389。

天地生萬物。萬物之類，人居其長。萬靈之中，大道最尊。仁孝尊道，故名孝道。」〔註31〕人作爲萬物之靈，理應「仁孝尊道」，盡「孝道」倫理義務。「道不修人，人須修道。道本自然，不修人道。人非自然，故應精進。修自然道，三萬六千道要，要以孝道爲宗。未有不慈不孝，反逆父母，毅害君主，而得成道。不忠不孝，名十惡人，生犯王法，死入地獄，生死受考，無有出期，得惡鬼道」。〔註32〕不孝之人要遭受「下地獄，生死受考」的災難；相反盡孝的人具有降魔、退兵的神力。

　　修道的最高境界即是修「孝道」。「至孝修道，修孝道也。道在至孝，不孝非道也。何以故？孝能慈悲，孝能忍辱，孝能精進，孝能勤苦，孝能堅正。孝能降伏一切魔事，財色酒肉、名聞榮位、傾奪爭競、交兵殺害。至孝之士泯然無心，守一不勤，一切魔事自然消伏。孝堅金關，閉揵死道，是諸魔奸津梁斷絕。內外寂靜，專行孝道。內無交兵，外無伏賊。」〔註33〕不僅如此，孝還有整治宇宙秩序的功效。「孝治天下，不勞法令。孝治其身，志性堅正。孝治百病，天爲醫之。孝治萬物，眾毒不害。孝治山川，草木不枯。孝營生業，田蠶萬倍。孝至於天，風雨以時。孝至於地，萬類安靜。」〔註34〕顯然，這裏的「孝道」已非倫理道德觀念，而是宗教的修煉對象。

　　早期淨明道不僅提出修道的最高境界就是修「孝道」，在具體的修煉步驟上，亦主張先當行孝。「未有不慈不孝，反逆父母、殺害君主，而得成道。不忠不孝，名十惡人。生犯王法，死入地獄。生死受考，無有出期。得餓鬼道。」〔註35〕不盡孝道，將直接導致早死，更何談得道成仙。因此「奉吾道者，先當行孝，而後行道，故名孝道。」〔註36〕爲了讓道眾相信這一點，經中運用對比的手法進行舉例說明：「往昔有一人，先行道而後行孝，及年六十，伏屍冢間。積經三年，形神不散。靈禽翼覆，猛獸衛護。」引得「太一天尊俯而愍之。……遣一仙使，賫持瓊丹，下而救之」，「西宮八王，給其颷輪。上陞天府，號曰孝仙」，「於今壽九萬大劫，形如金玉，氣色似雲。」〔註37〕此人

〔註31〕洞玄靈寶道要經，中華道藏（第31冊），389。
〔註32〕洞玄靈寶道要經，中華道藏（第31冊），391。
〔註33〕洞玄靈寶道要經，中華道藏（第31冊），391。
〔註34〕洞玄靈寶八仙王教誡經，中華道藏（第31冊），387。
〔註35〕洞玄靈寶八仙王教誡經，中華道藏（第31冊），391。
〔註36〕洞玄靈寶道要經，中華道藏（第31冊），390。
〔註37〕洞玄靈寶道要經，中華道藏（第31冊），390。

「先行道而後行孝」，年六十而死，幸虧有神靈相助，才得以成仙。與之相反，另外一人，先行至孝，父母俱壽一百三十七歲，爲子仍能「善明方藥，常餌丹光」，服彩衣，歌舞作樂，使得父母安詳而終，又結塋舉殯，引得「鳥獸雲集，助其衛土」，「天地父母，感其精志，賜其交梨，升入西宮，錫號金光孝子明玉眞童。老而成道，於今反嬰。」〔註38〕早期淨明道把「修孝道」稱之爲一切修道行爲中的最上乘道法，體現出所有宗教都以自己爲「正宗」的共同特點。

5.2.2 「三眞孝王」的神仙體系

如前所述，在南北朝之前，社會上已廣泛流傳許遜、徐猛盡孝致仙的傳說。早期淨明道對民間許、吳信仰加以改造，進一步將「孝道」轉化爲神靈，提出「三眞孝王」神仙系統。

《洞玄靈寶八仙王教誡品》開篇即講述「三眞孝王」降世化生的神話：

> 道言：左右中眞結形之始，分磚元始無上大道德應化之氣，孕靈瓊胎九萬大劫，幽閒寂寥。九萬劫後法當應世，結形理氣，出於瓊胎。出胎之時，九天雷震，九地開裂；舉步之初，登天寶花，身出金光，猶如初日。二晨挾照。晶彩耀晔，背有斗星，心前日像，綠髮騈齒，紫氣連霄……爾時，三眞化作嬰童，託附眞母，已漸長大，隨世成立。無上大道元始天尊，授此三眞號曰至孝眞玉。治化中國，傍攝四夷，有生之類咸來受事，教其慈孝，敬天順地，守一寶形，憐憫萬物。……是時三眞孝王，一治日中，二治月中，三治斗中。上持三辰，晶耀幽夜，玄治三氣，冥適空有。應變倏忽，不待呼召。如形出影，不由憶想。〔註39〕

經中稱：孝道的化身「三眞孝王」，乃是上天三氣（玄、元、始氣）所化，受元始天尊之命，分治於日中，月中、斗中，神力無邊。

> 上持三辰，晶曜幽夜，玄治三氣，冥適空有。應變倏忽，不待呼召。如形出影，不由憶想。雖處上界，道適下土，無上無下，無邊無際。隨方設教，拔諸異類，與其同好，心無疑誤。孝心高遠，神力無比，迴天轉地，制御陰陽。賒促運度，驅役千靈，感動祥瑞，

〔註38〕洞玄靈寶道要經，中華道藏（第31冊），390。
〔註39〕洞玄靈寶八仙王教誡經，中華道藏（第31冊），389。

無翼而飛。瞬息九萬，屈伸之頃，已周萬天，皆由至孝。〔註40〕

「三眞孝王」的主要職能就是勸世人盡孝，在《洞玄靈寶道要經》中，又稱之爲「眞王」、「高明眞王」、「仙王」、「孝仙」，錄有很多勸孝的事例。茲舉一例：

「高明眞王」針對世人「不行孝道，見善不從，聞道不信」的狀況，首先勸喻稱：「勿言孝不眞，勿言道不神」，並以不孝之子在「天堂寂不歡，地獄多寒沍」的悲慘遭遇作爲驗證；然後再解釋「由何失孝道，財色受殃媒。強壯不行道，臨終始欲回。聞孝翻詳笑，湯火長悲哀」；最後是「眞王」現神力，「放心孝光，洞朗天下，光變成燈，照耀十八大地積夜之獄。眞王慈氣，化成仙雲五色，偏覆十方無極世界。是諸罪鬼，一時放赦。洗沐玄津，陞於鳳階。」〔註41〕通觀全經，「孝王」的勸諭往往先是進行勸說，然後再現神力加以威懼，具有很強的實效性。

對孝道的神化，自然就會滋生很多孝道神話故事。如北京故宮藏敦煌本《慈善孝子報恩成道經序品第一》〔註42〕就錄有一個慈善孝子滅逆子的故事。經云大慈天尊下游神州之西，時有戎俗首領生逆子，三歲齧斷母乳而致母死，七歲執刀刺父眼，年二十則聚眾作惡，逆弒其父，爲亂西戎。中州長老恐受其害，乃求助於大慈天尊。天尊有一弟子姓姬名順義，素行慈孝，乃遣其爲助。國王拜順義爲「慈勇安國大將軍」，選孝子一千三百六十八人，出征西戎。安國大將軍以慈力得天助，不戰而勝，收服逆賊，凱旋而歸。經文末段還附有另一則孝感靈應故事。人們之所以相信這些故事是眞實的，是因爲堅信三孝眞王的存在，並會在暗中幫助忠孝之人。

早期淨明道不僅造作了「三眞孝王」（或稱明王、仙王）神仙系統，而且建有專門的經典、符籙、以及教團組織，以維持對「三眞孝王」的敬奉。《洞玄靈寶八仙王教誡經》中就有這樣一段神化早期淨明道經書的文字：

無上大道說此教誡，爲下世明王孝治天下，爲諸孝子報父母恩。軌則家國，使天下太平，八表歸一，咸尊至孝。有得之者晨夕誦持，不揀男女，無論貴賤，皆令習誦，以答二親元元大恩。……人人供

〔註40〕洞玄靈寶八仙王教誡經，中華道藏（第31冊），386。

〔註41〕洞玄靈寶道要經，中華道藏（第31冊），389。

〔註42〕詳細請參看：鄭阿財，北京故宮藏敦煌本《慈善孝子報恩成道經》考〔J〕，敦煌學：第25輯，2004，（7）：543～558。

養是經，思其義趣，奉行其事，傍勸未聞。有用之者，應精紙筆，
疏潔澡沐，焚香抄寫百卷千卷，流通供養，香燈不絕，心無懈倦，
必得成道不可思議。〔註43〕

經中叫人「晨夕誦持」、供其經、思其義、行其事、勸未聞、勤抄寫，「流
通供養，香燈不絕，心無懈倦」，必定會使人成道，有助「明王孝治天下，爲
諸孝子報父母恩」的神奇功效。該經還對早期淨明道的活動有所記載：

道言：孝治堂宇莊嚴精舍，無令穿敗。流俗士女，卑賤薰臭、
瘡疣垢穢、酒色喪產、食啖魚肉、食葷腥者，永絕攸往，勿相親近，
勿理齋廚。〔註44〕

道言：後有十惡五逆不孝陰賊，誹謗毀訾，破敗善道，嫉妒嬌
慢，貪淫嗜酒，好啖魚肉，田獵捕殺，偷盜劫賊，遵奉邪道，心無
慈孝，志不平等，捨貧親富，喜好嘲調，情愛戰鬥，習畜器仗，無
忍辱心，利己傷物，孝道所忌，人畜所畏，不合聞道。應須遠避，
勿相親近。〔註45〕

從這兩條教誡中，可以看出早期淨明道已經有類似早期天師道二十四治
的教團組織及活動場所，即「孝治堂宇」。而且該派還舉辦廚會，並規定其教
徒不得信奉邪道、殺生血食、好勇鬥狠、貪淫偷盜，且須奉守慈孝、潔淨、
平等、忍辱精進、勤苦利物等善行。

此外，在大約隋唐時出現的《赤松子章曆》第四卷中有一篇《三五雜錄
言功章》，是早期天師道士在三會日所上章表，其中提到「臣所佩受三五上靈
官一將軍籙、三五靈官十將軍籙……孝道仙王一十八階徼山神將籙」云云。
其中的「孝道仙王山神將籙」應該是早期淨明道的符籙。

5.2.3 「利色雙除」的修道方法

早期淨明道對修「孝道」的方法也有具體的闡述，總的來說，其修道綱
領就是「利色雙除」。《洞玄靈寶道要經》稱：

由何失孝道，財色受殃媒。〔註46〕

〔註43〕洞玄靈寶八仙王教誡經，中華道藏（第31冊），388。
〔註44〕洞玄靈寶八仙王教誡經，中華道藏（第31冊），387。
〔註45〕洞玄靈寶八仙王教誡經，中華道藏（第31冊），388。
〔註46〕洞玄靈寶道要經，中華道藏（第31冊），389。

　　　　來生男女，欲求孝道。莫爲利求，莫爲色求。利生癡貪，癡貪
　　　非道。色生嫉妒，一切苦緣，因色滋長。嫉妒非德，苦緣非道。色
　　　心求道，道不可得。〔註47〕

　　這段經文提出，外在的功利和美色是求「孝道」時應該竭力避免的。「功利」滋生「貪欲」，「美色」容易導致「嫉妒」，這是人世一切苦惡的根源，因此以對外在功利和美色的貪競之心來求「孝道」，是不可能實現的。當然，「功利之心」對孝道行爲的影響是顯而易見，然而，對「美色」的追求與「孝道」有何關係，卻比較難以理解。事實上，早期淨明道只是以「功利」和「美色」來指代一切物質欲望，其所稱的「孝道」也已經遠遠不是對父母的愛敬，而是一種心靈寂靜的宗教狀態。對此，經文中有多處描述：

　　　　食肉飲酒，非孝道也。男女穢慢，非孝道也。胎產屍敗，非孝道
　　　也。偷劫竊盜，非孝道也。好習不善，講論惡事，非孝道也。〔註48〕

　　　　有人問「下世生人不幸早喪二親，孝心何申？」《洞玄靈寶八仙
　　　王教誡經》答曰：「敬天順地，朝禮三光，如孝父母，無有異也。」
　　　〔註49〕

　　　　至孝之士，泯然無心。守一不動，一切魔事自然消伏。孝堅金
　　　關，閉捷死道，是諸魔奸津梁斷絕。內外寂靜，專行孝道。內無交
　　　兵，外無伏賊。〔註50〕

　　上述經文中，第一條的解釋基本與儒家一致；第二條提出「敬天順地，朝禮三光」也是「孝」，已具有宗教的意味；第三條則揭示出「至孝」是一種「心靈寂靜」的狀態，達到這種狀態就可以卻邪魔，不爲世事所紛擾。而要達到這種狀態，首要地就是清除內心中的物質欲望，「虛心」以待「孝道」來臨。《洞玄靈寶道要經》稱：

　　　　心出於虛，道入於無。虛無相感，不動而應。應則道成，成孝
　　　道也。故虛心以待物，物亦虛心以待之。彼此相待，然後神交。先
　　　通其神，後通其身。身神俱通，則孝道成矣。〔註51〕

〔註47〕洞玄靈寶道要經，中華道藏（第31冊），391。
〔註48〕洞玄靈寶八仙王教誡經，中華道藏（第31冊），386。
〔註49〕洞玄靈寶八仙王教誡經，中華道藏（第31冊），387。
〔註50〕洞玄靈寶道要經，中華道藏（第31冊），391。
〔註51〕洞玄靈寶道要經，中華道藏（第31冊），389。

欲奉孝道。勤誦經誡，諦觀身心，斷諸貪著。既斷貪著，即無煩惱。煩惱因緣，因貪慾生。若斷貪欲，生死攀緣。永絕無餘，身心快樂。道心弘廣，七祖介福，何但一身而成道耶。〔註52〕

道非祭祀，不可以酒肉。求道本清潔，不可以穢慢。求孝道無心，不可以智慧。求大道無形，不可以色相求。夫求道者，應以無得心求。亦不前心求，亦不後心求。應以不起不滅心求，應以秘密心求，應以廣大心求，應以質直心求，應以忍辱精進心求，應以寂靜柔弱心求，應以慈悲至孝心求。略舉道要，以類推之，久自明矣。〔註53〕

由此可見，早期淨明道倡導的「利色雙除」的修道方法，實際上就是通過磨心煉性的修持，使得修道者一心澄澈明淨，進而與道體相合；而要做到這一點，只要盡孝就可以了。如此，「孝道」就既是早期淨明道的崇奉對象，也是修道的方法，還是修道的最高境界，不僅如此，還構建了「三眞孝王」的神靈系統，完成了經典的神化、符籙的造作、廚會活動制度的制定，形成了獨特的修煉方法，建有「孝治堂宇」等活動場所，可以稱得上是一個經典的教團崇拜，標示著自魏晉以來孝道宗教化的最終完成。

〔註52〕洞玄靈寶道要經，中華道藏（第31冊），390。
〔註53〕洞玄靈寶道要經，中華道藏（第31冊），391。

第六章 漢魏兩晉南北朝道教孝道的特徵

　　漢魏兩晉南北朝道教的孝道，是在「長生成仙」信仰的基礎上，以儒家孝道爲主體，兼容並蓄道家自然主義道德觀、墨家孝道觀和神道設教思想、古代祖先崇拜觀念等文化元素的結果。這種一體多元的建構路徑，賦予了道教孝道獨特的目標取向、精神內涵、踐履方式、教化形式，以及理論形態。本章以要素分析法和類型分析法相結合，從與儒、佛對比的角度分析這一時期道教孝道的特徵。

6.1　盡孝與長生成仙信仰相結合

　　道教思想的根本，是「以『道』作爲最高信仰，以長生成仙作爲它所追求的最高目標。」〔註1〕道教的教理教義正是以此爲核心建立起來的，同樣是宣傳盡孝，在儒家看是「尊尊」，在佛教看是「報恩」，而道教則有更高層次的要求，是爲達至「成仙」，這是道教孝道獨特的價值取向，是區別於儒家、佛教孝道的最大特色所在。

　　在儒家看來，盡孝的根源在於「親親」的血緣感情，其效用在於「尊尊」的等級秩序。《禮記・大傳》曰：「人道親親也，親親故尊祖，尊祖故敬宗，

〔註 1〕卿希泰，詹石窗，中國道教思想史：第一卷〔M〕，北京：人民出版社，2009：
　　　　8。

敬宗故收族，收族故宗廟嚴，宗廟嚴故重社稷，重社稷故愛百姓，愛百姓故刑罰中，刑罰中故庶民安，庶民安故財用足，財用足故百志成」。儒家孝道既是家庭、家族倫理，更是一種社會、政治倫理，其踐行在於實現「尊祖」、「敬宗」、「重社稷」等一系列的政治目的。此即是「人人親其親，長其長，而天下平。」〔註2〕相比之下，佛教並沒有賦予孝道這麼多的政治、社會意義。在佛教看來，盡孝就是「報恩」，即父母恩、眾生恩、國王恩、三寶恩，這是印度佛教一再強調的思想。佛教認為，父母養育子女之恩，廣大無邊，若背恩而不孝順父母，將來即墮入地獄、餓鬼、畜生三惡道中；若孝順父母，將得到諸天護持，福樂無盡。至於眾生恩、國王恩、三寶恩的說法，則源於佛教特有的「一切男子皆是我父，一切女子皆是我母」的輪迴觀念。「在佛教看來，以孝子之心而知父母恩，也就能理解以佛子之心而知佛恩，而獲究竟解脫之道。」〔註3〕這裏的「解脫」不只是「自度」，還包括「度他」，利益人天。由此看來，佛教孝道之直接根源在於「報恩」，而終極目的在於求得「解脫」，這是由佛教的最高修養目標所決定的。

道教作為一種宗教，也是從其最高信仰出發來構建其倫理體系的。道教也承認盡孝之「報恩」的心理學根據，「尊尊」的社會學意義，但就其終極目標而言，是維繫於其「長生成仙」的信仰。就漢魏兩晉南北朝這一時期來看，具體情況可以分為以下五類：其一，盡孝的目的在於獲得神的祐助，以實現長生成仙理想。在道教看來，人的壽命雖然取決於稟賦的先天命籍，但同時深受後天諸因素的影響，也就是說某人的實際年命乃是天君依據人之行為的善惡而予以增減的。「天愛子可為己得增算於天，司命易子籍矣。」〔註4〕「為惡則促，為善則延」〔註5〕，而「行孝」即為「善之善」、「大善」。太平道、神仙道教重視孝道，主要是以此為據。其二，盡孝是仙道修煉的一種方式。南天師道陸修靜稱：「能忠孝……然後乃可修齋靜思，反聽內視，還念形中，口不妄言，身不妄動。」〔註6〕上清派指出「行孝」具有「治心」之功效，把孝道倫理與修道戒律結合起來；早期淨明道則把「盡孝」直接稱之為「修道」，

〔註2〕孟子·梁惠王。
〔註3〕劉立夫，儒佛孝道倫理思想的會通〔M〕// 劉立夫，佛教與中國倫理文化的衝突與融合，北京：中國社會科學出版社，2009：130。
〔註4〕王明，太平經合校〔M〕，北京：中華書局，1960：34。
〔註5〕王明，太平經合校〔M〕，北京：中華書局，1960：4。
〔註6〕太上洞玄靈寶法燭經，中華道藏（第4冊），416。

修道即是「修孝道」。〔註7〕其三、盡孝是成仙的資質所在。上清派陶弘景宣稱：「夫至忠至孝之人，既終，皆受書爲地下主者，一百四十年乃得受下仙之教，授以大道，從此漸進，得補仙官，一百四十年聽一試進也。」〔註8〕只有具有至大的孝行，死後才有成仙的可能。與此相對應的是，魏晉民間流傳著因孝行卓著而飛升的神話。其四，盡孝是「道法自然」的本質體現。五斗米派提出「道用時，家家慈孝」，認爲「孝慈」從根本上應該符合「道法自然」原則，是歸於「道」的統攝之下，是由「道」而帶出來的，「知道意賤死貴仙，競行忠孝質樸。」〔註9〕修道即要「體道」、「行道」，自然包含盡孝。其五，至孝在於修道。《太平經》認爲上善之孝在於「愁思父母而病痛，竭財殫力使入道，告慰家鬼莫牽念，孝聞四方成典範」〔註10〕。葛洪認爲至孝在於「得仙道，長生久視，天地相畢」。〔註11〕東晉道書《太極左仙公請問經》云：修道使「七世父母，上生天堂，下生人中侯王之家，此大孝之道，洞經之旨矣。」〔註12〕《太極眞人敷靈寶齋戒威儀諸經要訣》則稱：「學道之上法，七祖離苦毒，上陞福堂，此可謂至孝之道也。」〔註13〕

然而，道教以「長生成仙」作爲踐行孝道的終極目標，並沒有因此放棄孝道義務，而是一再強調「修道當不忘盡孝」、「修道即爲大孝」。《太平經》宣稱：「天下之事，孝忠誠信爲大，」〔註14〕其中「孝爲上第一」。〔註15〕「天地與聖明所務，當推行而大得者，壽孝爲急。」〔註16〕葛洪主張「欲求仙者，要當以忠孝和順仁信爲本。」〔註17〕把盡孝道義務與修煉方術並列爲長生的前提條件。寇謙之所造作的《太上經戒》中，「第一戒者，不得違戾父母、師長，反逆不孝。」〔註18〕陸修靜認爲「修齋當感念父母養育之恩」，並首創了黃籙齋專門用於超度九祖亡靈，規定了出家人應於四時或月朔省問雙親的禮

〔註7〕洞玄靈寶道要經，中華道藏（第31冊），391。
〔註8〕眞誥，中華道藏（第2冊），218。
〔註9〕老子道德經想爾注，中華道藏（第9冊），175。
〔註10〕楊寄林，太平經今注今譯〔M〕，石家莊：河北人民出版社，2002：299。
〔註11〕抱朴子內篇・對俗。
〔註12〕太極左仙公請問經，中華道藏（第4冊），125。
〔註13〕太極眞人敷靈寶齋戒威儀諸經要訣，中華道藏（第4冊），110。
〔註14〕王明，太平經合校〔M〕，北京：中華書局，1960：543。
〔註15〕王明，太平經合校〔M〕，北京：中華書局，1960：593。
〔註16〕王明，太平經合校〔M〕，北京：中華書局，1960：310。
〔註17〕抱朴子內篇・對俗。
〔註18〕太上經戒，中華道藏（第8冊），587。

制。陶弘景聲稱，只有具有至大的孝行，死後才有成仙的可能，因此存思術不但要度己，亦要度七祖父母。由此可見，「盡孝與修道兼顧」實是漢末至南北朝道教一直堅持的基本教義。與此形成對應的是佛教的孝道觀念存在很大區別。佛教以遠離塵囂，高尚其迹相標榜，視世俗的家庭和社會爲修煉的累贅。儘管佛典中不乏勸孝的說教，但孝道畢竟不是其思想的主流。而且佛教的孝道，並不是對一家親人的孝，而是對一切人的孝，甚至是一切眾生的孝，在擴大孝的對象的同時，消解了對父母的孝敬之意。

　　把盡孝與長生成仙信仰相結合，體現出道教處理宗教之「出世追求」與「世俗倫理義務」問題的獨到智慧。從理論上講，解決出家與行孝之間衝突的方法有三：一是取消行孝，只講出家；二是取消出家，只講行孝；三是使出家與行孝統一起來。〔註19〕儒家採取的無疑是第二種方法，而魏晉時期佛教採取的是第一種方法。《牟子理惑論》記載，佛教由於主張剃頭、不娶，披赤布、見人不行跪拜之禮，被儒家人士斥責爲不孝。對此牟子辯解稱：佛教的孝爲「大孝」，著重於實質與效果，不似儒家死守孝的教條那樣注重表面的行爲；沙門「修道德以易遊世之樂，反淑賢以貸妻子之歡」〔註20〕，是捨棄世間的快樂而追求更高的目標；「至於成佛，父母兄弟皆得度世。是不爲孝，是不爲仁，孰爲仁孝哉！」〔註21〕牟子以所謂的「大孝」來取代儒家「小孝」，用王岱輿的話說，是試圖走一條「替代性的道路」，〔註22〕從而影響到民眾的認同，也爲統治階級的廢佛留下口實；〔註23〕而道教則試圖走出一條「互惠的共建」之路，它從一開始就把

〔註19〕趙衛東，丘處機全眞道倫理思想述論〔C〕//中國道教協會道教文化研究所，湖南省道教協會，中南大學應用倫理學研究中心主編，道教與倫理道德建設，中國言實出版社，2005。

〔註20〕弘明集（卷1），大正藏（第52卷），3。

〔註21〕弘明集（卷1），大正藏（第52卷），4，注：就「成佛是謂大孝」的論證而言，似與上述道教的說法相似，然而道教在此之外，還以戒律、齋醮等宗教儀軌融彙孝道倫理，因而道教實際上是以宗教的形式踐行孝道倫理，而佛教只是停留在口頭上的狡辯。

〔註22〕轉引自：〔美〕杜維明，儒家傳統與文明對話〔M〕，彭國翔，編譯，北京：人民出版社，2010：156。

〔註23〕注：值得指出的是，引發廢佛的原因不只是「孝道」的問題那麼簡單，在當時主要是因爲：佛教的日益盛行，已經造成了嚴重的社會弊病；寺院經濟膨脹，使國家喪失大量生產、服役、納稅的人口；宗教組織成員數量過多，在政治上成爲一種潛在的對抗勢力等等。但廢佛的藉口則主要是「佛教無孝」，這也從另一方面說明孝道問題不僅關乎道德倫理，更是關乎政權穩定。如北周武帝發動的中國歷史上第二次滅佛運用就是在「用崇孝治」的旗號下進行的。

孝道倫理整合到長生成仙的信仰之下，在不改變核心信仰的前提下，既體現了對世俗社會道德準則的認同和遵循，從而使道教贏得了民眾及官方的普遍認可；又體現了通過道教信仰提升人類道德精神境界的願望。道教的這一智慧，對於當前社會處理多元文化的衝突具有很強的現實借鑒意義。

6.2　強烈的終極關懷意味

「終極關懷」（ultimate concern）作爲一個學術概念，最早是由德裔美國哲學家、神學家保羅·蒂里希（Paul Tillich）提出的。何謂終極關懷？蒂里希認爲，就是人對自身的生存狀態及其意義的關切。「人最終關切的是自己的存在及意義。『存在，還是不存在』這個問題，在這個意義上是一個終極的、無條件的、整體的和無限的關切的問題。」〔註24〕而這個問題，總是與人的生死問題聯繫在一起。「死乃人生之大限。就人作爲一個孤立的生命體而言，死不僅意味著生命的消失，同時也劃定了人生之價值與意義的極限。」〔註25〕如何超越有限的生命存在，追尋無限的生命意義，是所有「終極關懷」理論必須予以重點關注和認眞回應的問題；就中國人而言，孝「構成了中國人寄託其終極關懷的一種重要方式」，〔註26〕特別是道教的孝道以生命的存在與提升爲著力點，具有一種更爲強烈的終極關懷意味。

首先，道教孝道之終極關懷立足於「長生成仙」之基本需要，相比於儒家和佛教更具有終極性。如前所述，同樣是宣傳盡孝，儒家強調的是「尊尊」精神，以及由此帶來的尊祖、敬宗、平天下的政治社會意義；佛教突出的是「報恩」，宣稱盡孝將「得到諸天護持」，獲解脫之道，如此方能「自度度他」、「利益人天」；而道教則認爲盡孝是「長生成仙」的前提，「不孝而爲道者，乃無一人得上天者也」。〔註27〕根據馬斯洛的需要層次理論，追求生命健康安全是人的較低層次的需要，也是最先產生的需要，是任何人都具有的；而追求尊祖敬宗、平天下、自度度他、利益人天等則屬於「歸屬需要」、「自尊需要」、「自我實現需要」等中、高層次的需要，這是要在生命安全得以保障的

〔註24〕Paul Tillieh：Systematie Theofogy： Volume 1〔M〕，The University of Chicago Press, 1951：14。

〔註25〕李翔海，孝：中國人的安身立命之道〔J〕，學術月刊，2010，（4）：32。

〔註26〕李翔海，孝：中國人的安身立命之道〔J〕，學術月刊，2010，（4）：36。

〔註27〕王明，太平經合校〔M〕，北京：中華書局，1960：656。

前提下才能產生。特別是在兩漢之際，在經歷了長期的戰亂和苛政的痛苦之後，人們對於神靈與不死的渴望勝過了以往任何時代。「長生成仙」已然成爲宗教信仰，被上至帝王，下至宮廷貴族、士大夫、普通老百姓廣泛地信奉和實踐著，即使是那些在統治者看來毫無忠孝觀念可言，頻頻進犯的周邊少數民族部落和領國民眾，也一樣有著長生成仙的追求。在這樣的歷史背景下，道教孝道以人之生命夭壽爲關懷切入點，正是立足於人之最基本的需要，因而更能獲得群眾的認同，更具有普適性。道教稱只要踐履忠孝倫理，就能提高生命的內在質量，延長生命的外在時間，最終達致神仙的理想生命境界，這種說教比起儒家的「四書五經」更具有影響力。

其次，道教孝道關懷的對象涉及宇宙間的一切有生命體和無生命體，比儒家、佛教更具有無條件性。儒家孝道講究「老吾老以及人之老」，總的來說是以我之父祖爲中心，根據與父祖關係的遠近給予不同程度的生命關懷。而佛教孝道關懷的對象遠較儒家廣泛，佛教的孝從本質上講「不是一家之孝，而是對一切人的孝，甚至是一切眾生的孝」。〔註28〕佛教主張「眾生平等」，「一切眾生皆有佛性」而皆能成佛，而在僧團內部，都是以平等爲序列，唯以出家的先後定位次。所以，佛教所張揚的孝親意識，更多的是一種宇宙間的自然親情，認爲一切有情識的生物都可以成爲行孝的主體，都應該成爲盡孝的對象。然而，在道教看來，這仍然是一種狹隘的觀念，道教孝道關懷不僅涉及到有生命體，還包括無生命體。這是由道教的生命起源觀和修道思想所決定的。道教認爲萬物都是由「道」化生而來，是「道」的造物，由此推之，萬物眾生皆有平等的生存權利。而人作爲萬物之靈長，有責任報本反始。「萬物之類，人居其長。萬靈之中，大道最尊。仁孝尊道，故名孝道。……以孝自牧，上報元恩。玄父玄母，二親大恩。」〔註29〕在道教看來，「人生的根本目的和意義，是對生命源泉的復歸和回報。通過性命修養和道德實踐（行孝），追求生道合一，報答『玄父玄母』和生身父母，並且實現自身的長存和達到精神圓滿的境界。」〔註30〕就是在這種生命起源觀和報本反始觀的影響下，道教把宇宙間的一切有

〔註28〕 劉立夫，儒佛孝道倫理思想的會通〔M〕// 劉立夫，佛教與中國倫理文化的衝突與融合，北京：中國社會科學出版社，2009：132。

〔註29〕 洞玄靈寶道要經，中華道藏，（第31冊），389。

〔註30〕 王卡，生命的源泉與歸宿〔M〕//郭武，道教教義與現代社會，上海：上海古籍出版社，2003：330，注：道教稱天地賦予人以形體結構和心性魂靈，是生命的源泉和真正的父母，是爲「玄父玄母」。

生命體和無生命體納入孝道的關懷視域之內。「天地，人之父母也……子者，受命於父，恩養於母。為子乃敬事父而愛其母。」〔註31〕人應該像尊重自己的親生父母一樣尊重天地父母，遵循自然規律，愛護天地萬物，不管是有生命體，還是諸如土地、山石等無生命物質，都不得隨意破壞。

再次，道教孝道關懷的內容兼顧父母與子女、生與死，物質與精神等多重維度，比儒家、佛教更具有徹底性。儒家孝道倫理關懷大致可以分為三個方面：「祭祀祖先是對生命的追思意識，孝養父母是對生命的愛敬意識，生兒育女以期傳宗接代是對生命的延伸意識」，〔註32〕然而比較起來，對於祖先、父母生命的追思與愛敬又甚於對自我、子女生命的關懷，在歷史上屢屢發生的捨身殉父、刲骨療疾、奉母埋兒的事例說明了這一價值序列，並由此造成厚葬久喪的社會風俗。佛教的孝道則強調「修性」，以「德」報恩。佛教雖然承認在家之孝的合理性，但稱之為「小孝」、「中孝」，而認為唯有出家修行，證得解脫的佛果，幫助父母及無數的眾生從輪迴的苦海中解脫，這樣的「孝」才是「大孝」。強調精神救度乃是佛教孝道的根本。儒家、佛教各有側重，且都失之偏頗，漢魏兩晉南北朝時期的道教孝道在兼顧所有這些方面的同時，又注意平衡。其一，在父母與子女的關係上，道教提出「父母子三人同心，共成一家」的觀念，要求在子女盡孝的同時，父母也要關愛子女的生命，批評殘害子女的行為是「絕地統」、「滅人類」；其二，在生與死的關係上，道教提出「事死不得過生」的原則，認為祭祀只要「心至而已」〔註33〕，更為重要的是生前的照顧，以及天地神統、父母生命的延續，還有就是子女對自己身體的愛護，勤於修道以達致「長生久視，天地相畢」的境界。其三，在物質與精神的關係上，道教主張盡孝不只是在物質的奉養，還當修道使父母長生、家門平安，為父母尋不死之術使之長生入道，道教還創立了齋醮、禱祝等形式，「通過超度在地獄中受苦的祖先而發揮治療死者的效果。」〔註34〕如此看來，道教綜合考慮了孝道所涉及的父母與子女、生與死，物質與精神等多重維度的關係，相比起儒家、佛教更具有徹底性和合理性。

〔註31〕 王明，太平經合校〔M〕，北京：中華書局，1960：113～114。
〔註32〕 張淼，論儒家孝道思想的生命意識〔J〕，學術論壇，2006，（2）：12。
〔註33〕 王明，太平經合校〔M〕，北京：中華書局，1960：51。
〔註34〕 Michel Strickmann, Therapeutische Rituale und das Problem des Bösen im Frühen Taoismu〔M〕//G, Naundorf, K, H, Pohl, H, H, Schmidt eds, Religion und Philosophie in Ostasien, Würzburg：Königshausen & Neumann, 1985: 185～200。

6.3 合孝道踐行與仙道修持於一體

　　從孝道的踐行來看，儒家主要是把盡孝與日常行爲規範結合起來，強調「生，事之以禮；死，葬之以禮，祭之以禮」，此外還包括一些立身、事君、處世的衍生規範；〔註35〕而佛教則把盡孝與修行結合起來，認爲念佛求道本身就是孝，並通過爲父母吃素、修行念經，以及爲父母拜佛消災、爲祖宗超度等形式表達孝思；道教則綜合了兩者的做法，合孝道踐行與仙道修持於一體，不僅把孝道倫理滲透於日常行爲規範即「戒律」和「日常禮儀」中，亦貫注於齋醮科儀、存思術、守一術、道符、避鬼術、投龍簡和神仙塑造之中。「從倫理學角度而言，整個道教，在其修行意義上就是一個倫理大載體。」〔註36〕

　　（一）孝與戒律。戒律是道教約束道士思想言行，防止「噁心邪欲」、「乖言戾行」的條規，其中「戒」是戒條，主要以防範爲目的；「律」是律文，主要以懲罰爲手段。道教戒律的功能不僅在於防行，也在於戒心，使人心向善。在道教看來，人心爲善惡之源，世人做惡「皆由無大戒以攝其心神」，〔註37〕因此學道的一個重要內容就是持戒修身，而戒律又以忠孝爲本。《太平經》有「不孝不可久生誡」〔註38〕，稱不僅要孝於「一己之父母」，還要孝於「天地君父師」，「慈心於物，恕已及人，仁逮昆蟲」。〔註39〕從這個方面而言，道教經籍中有很多戒律，也許並沒有包含「孝」的字眼，但從「仁及萬物」的角度而言，也可稱之爲孝道倫理戒律。葛洪稱「欲求仙者，要當以忠孝和順仁信爲本。」〔註40〕寇謙之進而把「道戒」說成是天命的體現，並造作了大量的孝道戒條。如《太上經戒》中「十戒」之「第一戒者，不得違戾父母、師長，反逆不孝。」〔註41〕《女青鬼律》列示的二十二條道律中，就有七條涉及到孝道倫理。而最爲典型的莫過於道教戒律中規模最大、內容較全、流傳較廣的上清派「觀身三百大戒」，該「戒文」不僅錄有眾多的孝道戒律，還以一種條分縷析、善惡分明的形式來表現，賦予孝道倫理踐行強烈的可操作性。

〔註35〕具體分析請參見：蕭群忠，孝與中國文化〔M〕，北京：人民出版社，2001：261～275。

〔註36〕姜生，漢魏兩晉南北朝道教倫理論稿〔M〕，成都：四川大學出版社，1995：6。

〔註37〕上清洞眞智慧觀身大戒文，中華道藏（第2冊），740。

〔註38〕王明，太平經合校〔M〕，北京：中華書局，1960，597。

〔註39〕抱朴子內篇・微旨。

〔註40〕抱朴子內篇・對俗。

〔註41〕太上經戒，中華道藏（第8冊），587。

此外，還有北天師道，把違反某條戒律所要「奪算」的多少明確的標示出來，其中不孝諸條之中，最嚴厲者「天奪算萬三千，死殃流七世」，〔註42〕從而使信徒明確違犯該條將會在最後「算計」總結中的分量，決定著來世禍福命運，迫使人們在現世生活中謹遵神的誡命。

　　（二）孝與日常禮儀。道教不僅注意在修道生活中踐行孝道倫理，還在日常生活禮儀中貫注孝道倫理精神。道教告誡修道者當知「持戒發慧，安神煉心，無惑酒惡」，犯者「不孝師尊、外眾父母」，為師尊和父母所遺棄〔註43〕；與「長德師尊」言語交對當「和聲下氣，奉聽長德師尊之言。若未如意，道理不明，待上辭盡，然後徐徐決定。」〔註44〕要求道士雖居山修道，遠離世俗，但當不忘父母撫育之恩，「若在遠，隨四時省問；若在近，隨月朔省問；在寒在熱，在涼在暄……若逢病患，孝友之心，自須辛苦，勤力醫藥，朝夕愛護，不得於所生父母有所吝惜。」〔註45〕若在家兄弟經濟窘迫，無可資養父母，出家之人還當量財以盡孝。而一旦父母仙逝，出家人還當為父母盡喪葬之禮。《洞玄靈寶道學科儀・父母制服品》對道士、女冠著喪服、接受弔唁、居喪守孝就有著明確的規定。此外，道教還規定道教徒出外行遊，當「勸助禮敬三寶，供養法師，令人世為君子，賢孝高才」，〔註46〕如見人「不孝父母，不順兄弟」，須「歸觀香湯洗浴，入靜思微」以自省。〔註47〕

　　（三）孝與齋醮科儀。齋醮是道教舉行祭禱的一種重要宗教儀式，其中齋以潔淨為主，醮以祭神為義。科儀是指建齋設醮的各種行為規則。齋醮科儀源於古代祭祀文化，道教通過吸取其中的孝道倫理精神，並滲入佛教六道輪迴說，實現了孝道倫理與道教齋醮科儀的深度融合，具體體現在以下幾個方面：其一，以忠孝作為齋戒的前提。陸修靜稱：「能忠孝……乃可修齋靜思，反聽內視，還念形中，口不妄言，身不妄動。」〔註48〕其二，以感念父母養育之恩作為修齋的動力。陸修靜主張修齋要有「五感之心」，其中主要就是感念父母「生我育我，鞠我養我」〔註49〕之恩，把孝慈化為克己求道的精神動力。其三，

〔註42〕女青鬼律，中華道藏（第 8 冊），604～605。
〔註43〕洞玄靈寶道學科儀，中華道藏（第 42 冊），43～44。
〔註44〕洞玄靈寶道學科儀，中華道藏（第 42 冊），43。
〔註45〕洞玄靈寶道學科儀，中華道藏（第 42 冊），54。
〔註46〕太上洞玄靈寶上品經，中華道藏（第 42 冊），114。
〔註47〕洞玄靈寶千眞科，中華道藏（第 42 冊），62。
〔註48〕太上洞玄靈寶法燭經，中華道藏（第 4 冊），416。
〔註49〕洞玄靈寶五感文，中華道藏（第 8 冊），560。

把齋戒與懺悔不孝之罪結合起來。道教認為世人從宿世以至今生，所犯過惡多端，不可勝數，致使家不能吉，國不能太平，身不能長生。因此，人惟悔罪改過，令天知至誠，地神申信，身中之神即為之上除過錯。具體的方式就是建齋，並請高功法師代誦首悔之文五篇，令齋主自搏伏地叩頭，懺悔不孝等罪行。其四，以拔度九祖父母上陞福堂作為修齋之目的。道教吸取了佛教六道輪迴觀念，認為人生「因緣輪轉，罪福相對，……其苦無量」〔註50〕，因此，·盡孝當設齋醮解救亡父母於長夜、地獄，使其永居天堂。為此，寇謙之制定了為父母燒香求願法、為亡人設廚會的具體儀式；陸修靜特別造作了黃籙齋專門用於超度九祖亡靈。

（四）孝與法術。漢魏兩晉南北朝道教孝道不僅在戒律、齋醮科儀中全面滲透，亦在存思術、守一術、道符、避鬼術、投龍簡等法術中有所體現。「存思術」即是想像體內外諸神歸位人身中，以祛除災禍的方法。道教徒認為人體內各部分皆有神居，神在身體康健，神去凶病降生，所以必須使神常居於該居之宮。早期存思術主要存思體內諸神，是一種自度式的個人修煉；上清派陶弘景認為僅此是不夠的，還要存思上界諸神，以度父母，甚至七世祖，使七祖升化，飛騰上清。「守一術」是指靜功修煉中，在身心安靜的情況下，把意念集中在體內某一部位，然而《太平經》賦予其道德意味。經云：「守一之法，外則行仁慧施之功，不望其報。忠孝亦同。」〔註51〕「如學可為孝子，中學可為忠臣，終老學之，不中止不懈，皆可得度世。」〔註52〕正因為「守一」不只是意念的集中運作，還包括「仁慧」的德行實踐，因此從小時候開始學用它，就可以成為孝子；到成年後還學用它，就可以成為忠臣；一輩子學用它而不懈，就能夠超凡成仙。《老子想爾注》則直接說：「守誡不違，即為守一矣」，〔註53〕這裏的「誡」自然包括孝道倫理。「道符」是為道法的重要手段之一，被認為是能代表玉帝、神仙權力和神通的信物，「在其終極意義上乃是神靈之德能的化身，是修道者得之於神靈上界的一種強大的神秘護助力量的載體與符號。」〔註54〕符的法力大小，乃依乎畫符、持符者之德性和信仰的程度。漢魏兩晉南

〔註50〕太上洞玄靈寶智慧本願大戒上品經，中華道藏（第4冊），111。
〔註51〕王明，太平經合校〔M〕，北京：中華書局，1960，743。
〔註52〕王明，太平經合校〔M〕，北京：中華書局，1960，408。
〔註53〕老子想爾注，中華道藏（第9冊），172。
〔註54〕姜生，漢魏兩晉南北朝道教倫理論稿〔M〕，成都：四川大學出版社，1985：
　　　　169。

北朝的道教把孝道倫理融入「道符」之中，廣泛使用「道符」於煉度、九幽等超度父祖亡靈的法事。〔註55〕《上清大洞眞經》中載有很多據稱能「使三眞固魂，九靈制魄，萬神總歸，安鎮室宅，七祖解散，名言仙籍」〔註56〕的符圖和訣語。「避鬼術」爲道教避鬼伏魔之法，然其法力依乎行術者之德性和信仰的程度。《女青鬼律》載有一「忠孝避鬼術」，言「天下散民中有孝順忠信者，可書六十日鬼名，著烏囊貯之，常以正月一日日中時以身詣師家受之，繫著左右臂，以此行來，鬼不敢干。」〔註57〕「投龍簡」是指在法事中，以金龍和符簡置於山、埋於土及投於水，以傳達自己意願，祈求於神明。道教「投龍簡」往往與祈求滅父母罪根相結合，如《太上洞玄靈寶眾簡文》載投簡之後的頌咒文曰：「請投玉簡，乞削罪名。千曾萬祖，九族種親。罪相連染，及得臣身。普蒙削除，絕滅種根。……七祖父母，去離人難。上登九天，衣食自然。罪皆釋散，萬神咸聞。」〔註58〕由此可見，道教法術雖說是由巫術演化而來，但其忠孝等倫理意義遠超過巫術的意義，「實質上是道徒在道德和信仰上的自我肯定，自我堅振的手段，其所劾禁的實是自身行爲中可能出現的惡。」〔註59〕

（五）孝與神仙。神仙是道教信仰的集中體現；從倫理學角度看，「神話中所體現的神仙超越思想，憑藉著神話所具有的入世的、切入凡俗生活的形式，引導人們崇尚和追求一種『更高尚』的倫理理想，從而具有一種倫理載體的社會功能。」〔註60〕在漢魏兩晉南北朝道教發展中，就出現了眾多的孝道神仙，如晉代以許遜、吳猛爲代表的孝道神仙群，和南北朝之際出現的「三眞孝王」神仙系統。許遜，本是東晉時的一名道士，七歲失父，後又失去兄長，「躬耕負薪以養母，盡孝敬之道」〔註61〕。就是這樣一個孝子的典型，後來被不斷賦予「斬蛟」、「通靈」、「預測吉凶」、「驅除邪魔」之法術，特別是最後的「舉家飛升」故事，實際上已經將許遜等同於「神仙」。吳猛，豫章人

〔註55〕道符分爲「陰符」、「陽符」兩大類，其中「陽符」用於爲活人舉行的延壽、祈嗣等法事；「陰符」用於煉度、九幽等超度父祖亡靈的法事。

〔註56〕上清大洞眞經，中華道藏（第 1 冊），30。

〔註57〕女青鬼律，中華道藏（第 8 冊），601。

〔註58〕太上洞玄靈寶眾簡文，中華道藏（第 4 冊），384。

〔註59〕姜生，漢魏兩晉南北朝道教倫理論稿〔M〕，成都：四川大學出版社，1985：269。

〔註60〕姜生，漢魏兩晉南北朝道教倫理論稿〔M〕，成都：四川大學出版社，1995：46。

〔註61〕許遜別傳，見：藝文類聚（卷 21）。

也。少有孝行，因家貧買不起蚊帳，自己竟赤裸上身，讓蚊子咬吸自己的血，希望蚊子喝飽了血就不再叮咬父親。民間傳說吳猛的孝行感動了上天，得授「神方」，從而有白羽劃水渡江之術。魏晉許遜與吳猛的形象，不僅表現為民間性的孝道神仙信仰，亦已發展成為宗教性的孝道神仙崇拜，並形成了一個號稱「十二真君」的孝道派神仙系統，其中以孝著稱的就有三位。南北朝之際，孝道派對民間許、吳信仰加以改造，提出「三真孝王」神仙系統。稱「三真孝王」乃是上天三氣（玄、元、始氣）所化，受元始天尊之命，分治於日中，月中、斗中，教化世人奉行孝道。

6.4　借助神靈的威力進行道德賞罰

漢魏兩晉南北朝道教孝道倫理在教化方面最為顯著的特點，就是借助神靈的威力進行道德賞罰。在道教看來，儒家所主導的世俗道德賞罰機制有其不可克服的弊端。一是公正性的缺失，為善不能得福，行惡未有惡報，甚至還出現「或有力行善，反常得惡，或有力行惡，反得善」〔註62〕的怪異現象。二是普遍性的缺乏，很難深入行為動機層面進行監察，而上層統治者和貴族往往能運用手中權力，規避道德賞罰。三是容易異化，由於過於注重物質性獎懲，造成「矯情造作、沽名釣譽的表演盛行於世。有守墓數十年的『至孝』卻在墓廬中納妾生子的，有受徵召十餘次而不就、以博清高之名，而私下走『權門請託』、『以位命賢』之路的，不一而足。」〔註63〕可以說，世俗社會道德賞罰機制的這些弊端，集中反映出當時道德賞罰權威的喪失、機制的紊亂與目標的異化，進而影響到孝道的踐履，對此，道教繼承和發展了古代以神祐鬼懲的方式進行道德教化的方法，吸收了佛教的六道輪迴觀念，以神道設教的力量推行孝道。「這是道教孝道觀制約民眾心理與行為的有力手段，是道教孝道觀對孝道文化及其傳播的主要貢獻。」〔註64〕

措施之一，在世俗社會之上構建以神靈為主體的道德監察體系，增強道德賞罰的權威性。《太平經》稱：人身中有「身神」，對人的言行與動機瞭如指掌，並隨時報告天地「司過之神」，「司過之神」再根據人所犯輕重，增減

〔註62〕王明，太平經合校〔M〕，北京：中華書局，1960：22。
〔註63〕秦暉，傳統十論〔M〕，上海：復旦大學出版社，2003：188～189。
〔註64〕蕭群忠，孝與中國文化〔M〕，北京：人民出版社，2001：240。

人壽命。不但做了惡事要奪紀，即使沒有做惡事，只有惡意，也要奪算。葛洪繼承了這一思想，並進一步以「三尸」神替換「身神」，外加「灶神」充實道德賞罰監督隊伍。「月晦之夜，灶神亦上天白人罪狀」〔註65〕。至此實施監督之責的就有天地「司過之神」、身中「三尸神」和家中「灶神」，它們的監管幾乎囊括了古人生活的各個領域。「天地司過之神」從外部普遍地實施監管；「三尸神」從內部督察每一個具體行為和思想動機；灶神在家庭生活的範圍，監督著人的一舉一動。這樣，就使人的任何思想和行為，時時刻刻處於道德審視的眼睛之下。葛洪還稱天地萬物均是精氣所化，皆具有賞善罰惡的神力，從而使整個宇宙都成為道德監督的主體。寇謙之在此基礎上，又造作了「東南西北四帝」以「主煞天下逆惡不孝」。「東方青帝無名煞鬼，姓元名谷玄。南方赤帝，姓變名乳。西方白帝，姓□名顏。北方黑帝，姓遐名明。」〔註66〕道教神靈監督體系，因其結構超越現實、功能直抵內心的特點，從而比任何世俗監督機制更能廣泛而深刻地制約社會成員的思想和行為，使之自覺地服從社會倫理的約束。

　　措施之二，通過創立「承負說」和吸取佛教六道輪迴思想，以改造傳統的善惡報應觀，完善道德賞罰機制。善惡因果報應是中國人古已有之的觀念。「從倫理學的角度來看，就是一種道德賞罰機制，通過承諾行為善惡與福禍之間本質的聯繫和必然的趨勢，以確立人們遵守道德的信念。」〔註67〕針對現實生活中，常出現的「行善反得惡；行惡反得善」現象，《太平經》提出「承負說」以改造傳統的善惡報應觀，試圖完善道德賞罰機制，認為人為善行惡，不僅應在自身，而且影響後代，「力行善反得惡者，是承負先人之過，以此來傷害此人也。其行惡反得善者，是先人深得積蓄大功，來福祐及此人也」。〔註68〕當然，若後代能行善立功，則可免受祖輩之承負。如此不僅有效地解釋了社會上的不合理現象，亦賦予善惡報應一種必然性，同時還極大地增強了個體盡孝的責任。根據「承負論」所提供的解釋框架，個體是否盡孝，關係到自己能否得到子孫的孝敬，關係到子孫的幸福，關係到能否有效化解由祖先的惡行所帶來承負，因而是每一個家庭成員義不容辭的道德

〔註65〕抱朴子內篇・微旨。
〔註66〕女青鬼律，中華道藏（第八冊），600。
〔註67〕呂錫琛、周山東，論《太平經》對兩漢孝道的改造及其意義〔J〕，倫理學研究，2012，（1）：36。
〔註68〕王明，太平經合校〔M〕，北京：中華書局，1960：22。

責任。然而，「承負論」的缺陷就是前人的過惡要由無辜的後人來承負，有違代際公正。因為「我之命運，並非由我的行為所致」〔註 69〕，所以無需對不孝行為承擔道德責任。對此，南北朝之際的道教學者吸取了佛教的業報輪迴說，並進行「一番巧妙的脫胎換骨」〔註 70〕式的轉換，認為人的禍福命運是由自己的前生、今世的行為所決定的，今生修善積德，來生可至人、天界；今生造惡作孽，來生墮入地獄，強化了個體行為與道德責任的內在聯繫。

措施之三，把道德賞罰的內容由世俗的物質與精神獎懲，轉換為宗教的壽夭福禍，防止短期化的功利性孝道行為。在道教看來，世俗的道德獎賞不僅無助於促進孝行，反而有可能使孝行異化成為「求功名」、「詐為仁義」的工具。「今王政強賞之，民不復歸天，見人可欺，便詐為仁義，欲求祿賞。旁人雖知其邪，交見得官祿，便復慕之，詐為仁義，終不相及也。」〔註 71〕阿爾伯特的「社會學習理論」告訴我們：人們的大部分行為是通過觀察旁人行為習得的。當一個人看到社會上眾多的「反德行者活動『成功』，付出較少甚至不付德行成本反而獲得可觀收益時，強烈的示範效應就會帶動他加入無德、缺德者的行列」〔註 72〕。正是從此出發，道教提醒世俗社會的統治者「勿得強賞」，「天自賞之」。因為個人的孝道行為只有出自高度自覺的道德責任，發自內在良知的要求，才是一種真正體現著「人類精神的自律」的道德行為。但是，「作為社會或群體，卻應該對這種不求回報的善行進行獎賞，惟其如此，才能讓上述道德精神和道德行為更具有感召力量和示範意義，促進其他社會成員向善棄惡。」〔註 73〕道教為了克服世俗道德賞罰機制的缺陷，把道德賞罰權力歸之於天，認為道德高尚之人終究會得到上天的賞賜。人們如「能親安和，邑邑無有二言，各自有業，各成其功，是大善之行也，天必令壽，神鬼祐之」〔註 74〕，相反，「不孝不可久生」〔註 75〕，「天地憎之，鬼神害之，人共惡之，死尚有餘責於地下」〔註 76〕。在這裏，道教並沒有否定孝道行為

〔註 69〕姜生，漢魏兩晉南北朝道教倫理論稿〔M〕，成都：四川大學出版社，1995：213。
〔註 70〕〔日〕福井康順等監修，道教：第 1 卷〔M〕，朱越利譯，上海：上海古籍出版社，1990：43。
〔註 71〕老子道德經想爾注，中華道藏（第 9 冊），176。
〔註 72〕莊三舵，論道德回報〔J〕，雲南社會科學，2005（6）：53。
〔註 73〕呂錫琛，道家道教與中國古代政治〔M〕，長沙：湖南人民出版社，2002：132。
〔註 74〕王明，太平經合校〔M〕，北京：中華書局，1960：626。
〔註 75〕王明，太平經合校〔M〕，北京：中華書局，1960：597。
〔註 76〕王明，太平經合校〔M〕，北京：中華書局，1960：405～406。

的功利目的，而是試圖以「長期的、終極的壽夭福禍」取代「短期的、暫時的世俗利益」，一方面有助於消除道德生活中急功近利、等價交換的浮躁心態，緩解民眾中因惡者得福、善者遭禍等社會現實而導致的不平衡心理；另一方面通過把道德行為同個人的長生不死聯結在一起，把道德律令轉換成為主體內在需要之衝動，把道德動機轉換為生存動機，極大地促進孝道行為由神威的他律向人自身的自律轉變。

6.5　貫穿信念倫理、規範倫理和美德倫理

　　信念倫理、規範倫理和美德倫理是著名倫理學者萬俊人先生所提出的倫理學類型分析框架。〔註77〕這是一種新的分析方法。相比於本章之前在分析道教孝道的目標取向、精神內涵、現實踐履、教化方式時所使用的要素分析法，類型學分析「把歷史生活的特定關係和事件集合為一個複合體，而關係和事件是具有內在一致性的體系，從而顯示出這一複合體的『典型性』」。〔註78〕從類型學角度來看，漢魏兩晉南北朝道教孝道倫理既是一種信念倫理，也是規範倫理和美德倫理，是一種綜合性的倫理學理論形態。

6.5.1　信念倫理維度的審查

　　信念倫理所關注的是行動者內心信念的「善」。德國當代著名社會學家馬克斯・韋伯把信念倫理與責任倫理對比起來，認為「這兩種準則從根本上互異，同時又有著不可消解的衝突。兩種行動考慮的基點，一個在於『信念』，一個在於『責任』，這不意味著信念倫理就不負責任，也不是說責任倫理就無視心情和信念。不過，一個人是按照信念倫理的準則——在宗教上的說法，就是『基督徒的行為是正當的，後果則委諸上帝』，或者是按照責任倫理的準則行動——行動者對自己行動『可預見』的後果負有責任，其間有著深刻的對立。」〔註79〕也就說：「在信念倫理看來，一個行為的倫理價值在於行動者主觀心理動機即心情、意向、信念等因素的價值，它使行動者有理

〔註77〕詳細請見：萬俊人，尋求普世倫理〔M〕，北京：北京大學出版社，2009：31～93。

〔註78〕任劍濤，儒家倫理理論的類型學分析〔J〕，廣東社會科學，1996（6）。

〔註79〕轉引自：蘇國勳，理性化及其限制：韋伯思想引論〔M〕，上海：上海人民出版社，1988：74。

由拒絕對後果負責，而將責任推諉於某種未知的神秘力量或該力量所容許的邪惡。」〔註80〕五斗米道的孝道倫理，即是如此。五斗米道認為：真正的「孝慈」應該是符合「道法自然」精神的，只要「臣忠子孝，出自然至心」〔註81〕，有「至誠」的心意即可。「不欲令君父知，自嘿而行」，「不欲見功」，〔註82〕因而要求人們「虛去心中兇惡」，〔註83〕要求統治階級「勿得強賞」，〔註84〕「天自賞之」。〔註85〕由此可見，五斗米道所注重和竭力維護的是「孝」之價值合理性，即與「道法自然」精神相契合。這正是信念倫理的本質特徵所在，「信念倫理考慮的是行為動機的純正性，它問鼎的是價值合理性，信念越純粹、越堅執，價值合理性就越突出越強烈。」〔註86〕

韋伯的信念倫理，顯然是從與「責任倫理」相對立的角度提出的；然而萬俊人先生說：「以一種寬泛的方式論之，各種宗教都可以被看做是一種特殊的倫理，我將之視為信念倫理。」〔註87〕因為宗教倫理往往表現為與宗教信仰、信念相結合，體現出一種純粹理想或終極目的層面的道德精神。從這種意義來看，漢魏兩晉南北朝道教把盡孝與長壽成仙的信仰相結合，與佛教堅信盡孝可以度脫今生今世的父母及生生世世的父母一樣，是為典型的信念倫理。太平道提出「壽孝說」，堅信盡孝能夠獲得神靈的祐助從而實現長壽成仙的理想。魏晉葛洪進一步強化這一信念，提出「欲求仙者，要當以忠孝和順仁信為本」，〔註88〕「人欲地仙，當立三百善；欲天仙，立千二百善。若有千一百九十九善，而忽復中行一惡，則盡失前善，乃當復更起善數耳。」〔註89〕南天師道把感念父母養育之恩作為維持克己求道、苦修齋戒信念的動力；上清派陶弘景宣稱踐行孝道倫理乃是成仙的資質所在。而早期淨明道則直接塑造了「盡孝」即可「成仙」的神仙故事，並構建了踐行忠孝即可「成道」的理論體系和「三真孝王」的神

〔註80〕蔣先福、易向紅，信念倫理向責任倫理轉化及其社會條件〔J〕，求索，2005（11）：141。
〔註81〕老子道德經想爾注，中華道藏（第9冊），183。
〔註82〕老子道德經想爾注，中華道藏（第9冊），175。
〔註83〕老子道德經想爾注，中華道藏（第9冊），169。
〔註84〕老子道德經想爾注，中華道藏（第9冊），176。
〔註85〕老子道德經想爾注，中華道藏（第9冊），176。
〔註86〕王澤應，韋伯的新教倫理與儒教倫理比論〔J〕，蘇州鐵道師範學院學報：社會科學版，2002（9）：35。
〔註87〕萬俊人，尋求普世倫理〔M〕，北京：北京大學出版社，2009：37。
〔註88〕抱朴子內篇‧對俗。
〔註89〕抱朴子內篇‧對俗。

仙體系。可以說，這些觀念實際上是信仰的結果而不是理性的結果。

漢魏兩晉南北朝道教孝道作為一種信念倫理，還體現在承負報應、六道輪迴、神祐鬼懲的信念。道教認為個體的善惡行為，不僅應在自身，而且影響到子孫後代，同時自身也要承負祖宗善惡的報應。如果能行大功，就可避免祖先的餘殃，並為子孫後代造福。南北朝之際，道教吸收了佛教六道輪迴觀念，把報應的體現由先輩、自我和後代，集中到一個人的前生、現世與來生上，聲稱人們現世的善惡作業，決定了來生的善惡果報；現世的遭遇處境是由前世的善惡修行所決定的。今生盡孝和勸人盡孝，就可以「世世不墮地獄，即昇天堂」〔註 90〕，不孝將墜入地獄。道教之所以如此確信善惡報應，是與其「神祐鬼懲說」分不開的，體現出對天道公正的絕對信念。道徒相信：上天所擁有的神靈監督系統廣泛分佈於天地、人身和家中，既能監督人的行為，又能探測人的思想動機，因而比世俗的道德賞罰更為公正；相信為善盡孝者方能避鬼，將被選為「種民」，而「不孝不可久生」〔註 91〕。可以說，道教孝道的這些信念在歷史上影響極其深遠。「在漫長的封建社會中，除了極少數『高級知識分子』（士大夫）是通過研讀四書五經，接受並實踐儒家倫理外，絕大多數芸芸眾生都是感於長生增壽，減算夭折之說，懾於因果報應、生死輪迴之教而行于忠孝節義，實踐道德要求的」。〔註 92〕

6.5.2 規範倫理維度的審查

「所謂規範倫理，是依憑規範的倫理，是以原則、準則、制度等規範形式為行為嚮導並視其為道德價值之根源的倫理。」〔註 93〕從道德實踐來說，規範倫理的要求表現為最基本的社會正義和最起碼的個人義務，表現為某種齊一化的普遍性社會道德要求和外在約束，著力於道德原則的制度化。最為典型的規範倫理，當為近現代倫理學史上功利主義（後果論）和義務論。漢魏兩晉南北朝的道教基於「長壽成仙」的功利目的，把孝道倫理用戒律的形式加以體現，進行理論化、系統化、制度化，也是一種規範倫理。

〔註90〕太上經戒，中華道藏（第 8 冊），591。
〔註91〕王明，太平經合校〔M〕，北京：中華書局，1960，597。
〔註92〕呂大吉，中國傳統宗教與傳統道德的歷史關聯//中國道教協會道教文化研究所，湖南省道教協會，中南大學應用倫理學研究中心主編，道教與倫理道德建設，北京：中國言實出版社，2005。
〔註93〕呂耀懷，規範倫理、德性倫理及其關聯〔J〕，哲學動態，2009（5）：29。

　　漢魏兩晉南北朝時期，道教孝道戒律的理論化、系統化與制度化，經歷了一個逐步發展的過程。如果說，五斗米道主張「臣忠子孝，出自然至心」，要有「至誠」的心意，因而反對外在規範，包括戒律的限制；那麼在太平道那裏，則明顯可以看到孝道倫理戒律建構的努力。太平道把盡孝和「長壽成仙」目標結合起來，把盡孝的對象由父母擴及「天地君父師」，提出「不孝不可久生誠」、「天咎四人辱道誠」等一系列的孝道倫理戒律，使道教孝道倫理初具規範倫理的雛形。魏晉時期，葛洪提出「欲求仙者，要當以忠孝和順仁信為本」，進一步確證和深化了盡孝的「得道成仙」功利目的。南北朝之際，道教把孝道倫理戒律與修道制度結合起來，完成了孝道規範倫理的理論建構。北天師道明確提出：「父不慈愛，子無孝心」，乃是「禍起貪欲財利者，忿怒相加」，因此當以戒律來抑制「喜怒、惡言、丑聲、邪色與貪欲」，使「室家合和，父慈子孝，天垂福慶。」〔註94〕寇謙之專以禮度為首改革天師道，其中一個重要的方面就是孝道倫理戒律融入到道徒的修道生活制度之中，如前文所述的《太上經戒》、《太上老君經律》、《女青鬼律》、《玄都律文》都有體現。上清派也認為：人心為善惡之源，因此當設戒律以懲戒，「有經而無戒，猶欲涉海而無舟揖，猶有口而無舌，何緣度兆身耶？」〔註95〕正是從「戒攝心神」的角度，上清派在《上清洞真智慧觀身大戒文》、《洞真太上八素真經修習功業妙訣》等道書提出眾多的孝道倫理戒律。南朝陸修靜更是把孝道倫理戒律與道徒世俗生活制度相結合，要求出家人應於四時或月朔省問雙親，對其特殊方式做了詳細規定。

　　重視行為規範的構建，是道教孝道與儒家孝道共同的特點，且遠遠早於佛教。儒家有關孝道的行為規範非常豐富，在此不再贅述。而佛教在傳入中國之後，受到儒家、道教「不孝」的攻擊，也開始逐漸把孝與佛教的行為規範戒律結合起來。據稱是南北朝時中國僧人所編撰的《梵剛經》第一次把孝與戒溝通起來，提出「孝順至道之法，孝名為戒，亦名製止」〔註96〕的觀點，但沒有作具體的解釋，直至唐代高僧賢首大師法藏，才進一步從理論根據上對「孝名為戒」進行發掘。由此可見，佛教融孝入戒的做法可能受到儒家、道教的影響。但值得指出的是，在實際的道德生活中，道教孝道戒律並沒有

〔註94〕正一法文天師教戒科經，中華道藏（第8冊），317。
〔註95〕上清洞真智慧觀身大戒文，中華道藏（第2冊），741。
〔註96〕《梵剛經》（卷下），《大正藏》（第24卷），1004a。

被很好地踐行。總的來說，在整個魏晉時期，甚至到南北朝初期天師道教徒都十分濫雜，戒行都極不謹嚴，越科破禁是普遍的現象。至寇謙之、陸修靜起而力矯其弊之後，這種狀況方有所改變。特別是隨著「道館」制度的確立，爲教徒的正常宗教生活和教團組織的規範化發展提供了有力的保障，使道教孝道規範倫理得以在更大的範圍內踐行。〔註97〕

6.5.3　美德倫理維度的審查

美德倫理（the ethics of virtues）「是指以個人內在德性完成或完善爲基本價值（善與惡、正當與不當）尺度或評價標準的道德觀念體系」〔註98〕，有時又稱之爲德性倫理。美德倫理是對規範倫理的提升，誠如阿拉斯戴爾・麥金太爾（Alasdair Maeintyre）所說：「規範倫理不僅要有其合理性的理論基礎，也必須有其主體人格的德性基礎。……第一，沒有德性倫理支撐的規範倫理是一種缺乏內在主體基礎的空洞說教或教條；第二，對人類道德基本價值的解釋不應是自由個人主義（liberal individualism）的，而應當是道德共同體主義（moral eommunitarianism）的。」〔註99〕呂耀懷教授從與規範倫理相比較的角度，提出美德倫理具有「內在性」、「自律性」和「超越性」三個基本特徵，本文據此分析，認爲漢魏兩晉南北朝道教孝道也是一種美德倫理。

首先，道教認爲眞正的孝不只是合於外在孝道戒律的行爲，更是出於內在德性或者說品質的行爲。「在德性和法則之間還有另一種關鍵性的聯繫，因爲只有對於擁有正義等德性的人而言，才可能理解如何去運用法則。」〔註100〕五斗米道強調的就是一種「至誠」的德性，認爲只要依照「自然」、「至誠」的心意去侍奉父母，就是孝，斥責世俗社會那種表面上符合「忠孝」道德規範，實則「皆欲以買君父求功名」的行爲，爲「外是內非」之行。在以後道教的發展中，雖然對「孝」的理解逐步偏離了「道法自然」這一價值取向，但卻繼承了儒家孝道「謹身愼行」的精神，把一切善的行爲都認定爲「孝道」。如此，道教孝道就突破了單純的道德規範，具備一種美德倫理內涵。道經稱：

〔註97〕詳細分析請見：伍成泉，漢魏兩晉南北朝道教戒律規範研究〔M〕，成都：巴蜀書社，2006：329～351。
〔註98〕萬俊人，尋求普世倫理〔M〕，北京：北京大學出版社，2009：78。
〔註99〕萬俊人，「德性倫理」與「規範倫理」之間和之外〔J〕，神州學人，1995（12）：32。
〔註100〕麥金太爾著，誰之正義？何種合理性〔M〕，萬俊人譯，北京：當代中國出版社，1996：9。

「至孝慈順二親，憐愍一切動植之類。孝道慈悲，好生惡殺。食肉飲酒，非孝道也。男女穢慢，非孝道也。胎產屍敗，非孝道也。偷劫竊盜，非孝道也。好習不善，講論惡事，非孝道也。」〔註101〕能夠做到全然不違犯上述戒條的，只能是出於行為者良好的道德品質。

其次，道教認為孝德的養成不只是外在規範約束和權威逼迫的結果，更是行為者的自律。道教宣稱孝道倫理戒律來自神的權力，「表面上似乎全然以神為中心，神成為人類道德行為的裁定者，但實際上並不單單依賴於神的權威，是把依神的權威而來的他律原理同人自身的自律原理相結合，雙向並舉，規範人的道德行為，強調孝道。」〔註102〕有時候，道教更強調人的自律的一面，強調發揮人的道德主體能動性去自覺推行孝道。黑格爾曾說：「當中國人如此重視的義務得到實踐時，這種義務的實踐只是形式的，不是自由的內心的情感，不是主觀的自由。」〔註103〕這或許指的是那些假道學家的所謂道德倫常演變出來的形式主義花架子。道教恰恰是要把行善去惡和推行孝道變為一種「自由的內心的情感」，使之出於「主觀的自由」，而不僅僅是被外在壓力所逼迫。道教之所以要在世俗社會之上，設置一個以神靈為主體的法庭，意在借助神靈直逼人心的力量，迫使人們發自內心自願行孝，強調行為主體的自覺性。事實上，在道教信徒那裏，盡孝已經和長生成仙信仰緊密聯繫在一起，是為一種主動的追求。

再次，道教認為踐行孝道不是對戒條的簡單遵從，更是超越死亡之主體精神的體現。道德規範、制度具有確定性和穩定性，其優勢就在於操作性強，缺點是容易僵化，適應新行為、新行為域的能力差。道教對道德戒律僵化性的克服，就是在孝道戒律的踐行中貫注一種超越死亡的精神，認為盡孝可以延長生命的長度，提升生命的質量，實現生命的價值。道教宣稱：善則長生成仙，惡則與仙無緣。行善的根本出發點就是「孝」字當頭，先培養起孝順之心，以善行報答父母之恩，再向外擴充於社會，使社會風氣充滿孝敬的生機，自我生命乃至家族的生命也就得到拯救。《太平經》稱：「天下之事，孝為上第一」，「天稟其命，令使孝善，子孫相傳」，「孝者還報，不忘其恩，是之善者也」。天見

〔註101〕洞玄靈寶八仙王教誡經，中華道藏（第31冊）386。
〔註102〕李剛，道教生命倫理學之孝道〔M〕//萬本根，陳德達，中華孝道文化，成都：巴蜀書社，2001：299。
〔註103〕黑格爾，哲學史講演錄：卷1〔M〕，北京：商務印書館，1959：125。

某人有孝心，「心中乃喜欣」，常遣善神保護，使之「得長生度世」，「其壽無極，精光日增」，「子孫承之，可竟無極之世」，「後生敬之，可無禍患，各以壽終，無中夭者」，「天定其錄籍，使在不死中，是孝之家也」，這些都是「孝所致也。」〔註104〕這樣一來，生命存在的長度、質量便與孝道踐行相關聯。盡孝不僅可以使人「得長生度世」，還可以使人產生快樂幸福，是對自己生存能力的一種體驗，體驗到自己的能力不僅足以保證自我生命的存在，而且有能力回報父母之恩。有學者指出：「道教生命倫理學正是以至善為生命之美，而至善的第一要素就是孝道，孝道使生命更為圓滿自在。」〔註105〕

總之，從類型學層面分析，漢魏兩晉南北朝時期的道教孝道，就既是一種信念倫理，也是一種規範倫理，還是一種美德倫理。相比較而言，當時的儒家孝道主要是在規範倫理和美德倫理層面上構建，而佛教孝道還主要是一種信念倫理和美德倫理，直到唐代高僧賢首大師法藏才開始孝道戒律的構建，由此可以看出，漢魏兩晉南北朝時期道教的孝道，就已經發展成為比儒家孝道、佛教孝道更具綜合性的理論形態。

〔註104〕王明，太平經合校〔M〕，北京：中華書局，1960，591～594。
〔註105〕李剛，道教生命倫理學之孝道〔M〕//萬本根，陳德達，中華孝道文化，成都：巴蜀書社，2001：299。

第七章　漢魏兩晉南北朝道教孝道的歷史作用

漢魏兩晉南北朝道教孝道的形成，是道教配合漢代以來的孝治實踐，自覺適應宗法社會的結果。在歷史上，不僅有效促使道教贏得統治階級的認同，配合儒家維護社會核心價值觀「孝」，還奠定了道教孝道發展的基礎，極大地豐富了中華孝道文化。

7.1　促進統治階級對道教的認同

漢魏之際，「太平道在慘遭鎮壓後，銷聲匿迹，五斗米道也在後來的被迫遷徙肢解過程中，苟延殘喘；加之外來佛教文化的衝擊，早期道教已顯得十分蕭條，並被嚴重的『邊緣化』了。」〔註1〕面對這種困境，道教要取得發展空間，一個重要的前提就是要獲取統治階級的信任，認同主流意識形態所倡導的核心價值觀。

這一點，既是基於道教自身的歷史教訓，也是對佛教初傳中國時遭遇強勁阻力的歷史借鑒。魏晉之際，巴蜀地區五斗米道的後繼者陳瑞就是以「不孝罪」被誅殺和焚燒道治。雖說陳瑞被殺，實際原因是他領導的徒眾力量越來越強大，有危及西晉政權之嫌，但統治者打出的旗號是「不孝罪」，因為陳瑞規定祭酒若父母、妻子去世，不得撫殯入弔，也不能問候病、乳者，違背了封建社會的核心價值「孝」。佛教初傳中國時也有類似的遭遇。據稱漢末就

〔註1〕 宇汝松，六朝道教上清派研究〔M〕，濟南：山東文藝出版社，2009：16。

有儒家人士對佛教提出批評。〔註2〕當時的批評主要是從沙門剃頭、不娶妻、見人無跪拜之禮等行爲有違封建道德的層面，而佛教卻一再以「苟有大德，不拘於小」〔註3〕的方式進行自我辯護。到了東晉成帝之後，爭論上陞到政治層面，一些堅持儒家禮教的執政者，提出要沙門致敬王者。如庾冰提出「論治則當重國典」，〔註4〕典章制度的核心內涵講究的是「禮儀」與敬重君王的精神，所謂「禮重矣，敬大矣，爲治之綱盡於此矣」，〔註5〕沙門亦不能例外；佛教則辨稱其「五戒之禁，實助王化」，而拒絕禮拜王者。於是爭論仍在繼續，直至慧遠提出把佛教信徒分爲「處俗弘教」的在家居士和「出家修道」的沙門，並要求前者「奉上之禮、尊親之敬、忠孝之義」〔註6〕，才稍有平息。繼而南齊道士顧歡拋出《夷夏論》，從文化層面重燃爭論。顧歡稱：儒、佛雖然在道理上相符相契，但由於所產生的社會、人文環境不同，因此佛教文化在根本上是不能適應華夏。顧歡還直指佛教對中華孝道的違逆：「下棄妻孥，上廢宗祀。嗜欲之物，皆以禮伸；孝敬之典，獨以法屈。悖禮犯順，曾莫之覺。弱喪忘歸，孰識其舊？」〔註7〕佛教對一切鳥獸蟲蟻皆慈悲爲懷，不忍傷害，然獨對父母不存孝敬之心。這種宗教怎能讓它在中國存在下去。南北朝時期，佛教就曾慘遭兩次被滅佛的厄運。

從上述道、佛發展史可以看出，一種宗教要贏得統治階級的認可，就「必須屈服於主流政治意識形態和主流倫理道德秩序」〔註8〕，必須認同「忠」、「孝」等核心價值觀，而「孝」無疑是更爲基本的要求。這是因爲，「在儒教倫理中，絕對義務是作爲紀律之母的孝」，〔註9〕「在一個世襲制國家，有了孝就經受了考驗，就能保證履行官僚體制中最重要的等級義務，履行了無條件的義務。」〔註10〕「道教發展到葛洪的時代，如果要想生存和發展，也必須拋棄早期道

〔註2〕 具體見《牟子理惑論》。
〔註3〕 弘明集（卷1），大正藏（第52卷），2～3。
〔註4〕 弘明集（卷12），大正藏（第52卷），79。
〔註5〕 弘明集（卷12），大正藏（第52卷），80。
〔註6〕 弘明集（卷12），大正藏（第52卷），83。
〔註7〕 南齊書：卷54，顧歡傳，931～932。
〔註8〕 葛兆光，屈服史及其他——六朝隋唐道教的思想史研究〔M〕，北京：三聯書店，2003：53。
〔註9〕 〔德〕馬克斯·韋伯，儒教與道教〔M〕，張登泰，張恩富編譯，北京：人民日報出版社，2007：127。
〔註10〕〔德〕馬克斯·韋伯，儒教與道教〔M〕，張登泰、張恩富編譯，北京：人民日報出版社，2007：121。

教中的反抗意識，重新確立與宗法系統相適應的新教旨。」〔註11〕葛洪把道教引向神仙道教的發展路向，從某一個方面而言，正是向統治者表達其放棄世俗權利爭奪的立場。但是如此並不能完全打消統治階級的警覺和戒備，因為，即使走向山林也可能是不滿朝廷統治的表現，或者可能是積聚力量以備將來反抗朝廷統治的權宜之計。面對「學仙之士，不肯進宦，人皆修道，誰復佐政事哉」〔註12〕的質問，葛洪一再聲稱學仙與出仕忠君並不矛盾。學仙的人畢竟是少數，況且一個朝代有歸隱學仙的人正說明這個朝代的人才太多，體現了皇帝是「有道之主」，社會是「太平之世」，學仙之人反襯了君王的英明，因而是最大的忠。而即使是學仙，也當以忠孝為本，不能放棄世俗的倫理義務。葛洪在《抱朴子》中竭力鼓吹君權至上，激烈批判無君無父的思想，強調君臣之禮。他認為「君臣之大，次於天地」，作臣的應該做到「唯忠是與」，即使皇帝昏庸也應惋言進諫，不能擅權，更不能廢立。葛洪把忠孝積善思想引入他的神仙世界，從某種意義上講，正是向統治階級示好，以獲得統治者的支持，吸引更多的入加人到修道成仙的隊伍中來。

　　魏晉時期，葛洪以忠孝作為修道之本的改革，主要還是一種觀念的先導；而真正深入到制度改革層面，貫徹孝道倫理精神的，乃是南北朝之際道教的「自我清整」運動。這種運動乃是一種「專以禮度為首」〔註13〕的道教內部的自我批判和改革，其目的是「使民內修慈孝，外行敬讓，佐時理化，助國扶命」〔註14〕，從而使道教徹底淪為統治者進行「三綱五常」等社會教化，維護封建社會秩序的工具。主要體現在以下三個方面：

　　一是在日常生活制度中貫徹孝道倫理，主要體現為融孝入戒，以規範道教徒的日常行為。如新天師道要求道教徒：「不得違戾父母、師長，反逆不孝」、「不得說人父母本末善惡」、「不得輕疏他人之尊」、「不得慢老人」、「不得一父子則居，室家離散」、「不得逃遁父母，遊行四方」、「不得妄為不孝父母師主者上章」等。上清派明令道學「當念父母養我因緣」、「當念七祖父母咸昇天堂」、「當視人父母如己父母」、「不得與父母別門異戶」、「不得教人與父母別門異戶」、「不得勸人不孝父母兄弟」、「勿食父母本命獸肉」。靈寶派要求出

〔註11〕徐儀明，冷天吉，人仙之間：《抱朴子》與中國文化〔M〕，開封：河南大學出版社，1998：35。

〔註12〕抱朴子內篇‧釋滯。

〔註13〕〔北齊〕魏收，魏書：第八冊，卷一一四，釋老志，3051。

〔註14〕陸先生道門科略，中華道藏（第8冊）556。

家人應於四時或月朔省問雙親；在家兄弟如果無力奉養雙親，出家人應盡財物以供之；若逢父母病患，當勤力醫藥，朝夕愛護。

二是在仙道修行制度中貫徹孝道倫理，主要體現爲在齋醮、存思、道符等法術中融會孝道倫理精神。如靈寶派把忠孝作爲齋戒靜心的前提，把齋戒與懺悔不孝之罪結合起來，以感念父母養育之恩作爲修齋的動力，以拔度九祖父母上陞福堂作爲修齋之目的。上清派要求「存思術」除存思體內諸神之外，還當存思上界諸神，以超度父母甚至七世祖，使七祖升化，飛騰上清；運用「道符」於煉度、九幽等超度父祖亡靈的法事。北天師道以孝行作爲施行「避鬼術」的道德資質。

三是在教團組織制度中貫徹孝道倫理，把以地域（治）或軍隊（方）劃分教徒的形式，改成以道觀爲中心接納信仰者的形式。早期的道教不僅是宗教組織，還是軍事組織，他們以「治」或「方」爲據點〔註15〕「領民化戶」，把信仰者當做子民來管理，「編戶著籍」，收取「租米錢稅」。「這種方式很容易導致宗教權力對世俗政權有『出位之思』而『越俎代庖』，而這類組織、稱號與權力象徵物，更常常會刺激宗教權力的膨脹和政治力量的猜疑，這在古代中國這種一個世俗政治權力佔有絕對控制力量的社會中，這是很容易使宗教遭受滅頂之災的。」〔註16〕道教要想贏得上層人士的青睞，就必須「自我清整」其軍事性，以實際行動表示其對朝廷的忠孝之心。於是就有了北魏寇謙之和南朝陸修靜，他們「始竊道士之號，私易祭酒之名」，並把以地域（治）或軍隊（方）劃分教徒的形式，改成爲由道觀爲中心接納信仰者的形式，使這種容易引起與政權矛盾的組織形式轉化爲純粹的宗教修行的組織形式。

可以說，漢魏兩晉南北朝道教在融攝忠孝倫理以改變其「叛逆」形象，獲取統治階級認同方面的改革是非常成功的。歷代許多道教的領袖人物，不僅管理道教事務，而且還直接參與政權，在政治上和軍事上起著極爲重要的作用。在北魏，經過寇謙之改革之後的新天師道得到了魏太武帝的尊崇。《魏書·釋老志》說：太武帝「崇奉天師，顯揚新法，宣佈天下，道業大行」，〔註17〕並在魏都平城之東南部特建天師道場，供寇謙之及其弟子作宗教活動之用。太

〔註15〕 注：傳説中的張陵建二十四治，「置以土壇，戴以草屋」，張角置三十六方，「大方萬餘人，小方六七千，各立渠帥。」

〔註16〕 葛兆光，屈服史及其他：六朝隋唐道教的思想史研究〔M〕，北京：三聯書店，2003：23。

〔註17〕 魏書〔M〕，北京：中華書局，1974：3052～3053。

延六年（公元 440），太武帝在寇謙之的建議下，改元太平眞君元年。太平眞君三年，又聽從寇謙之奏請，親至道壇受籙，將之確定爲皇帝即位時必須的儀禮。「此時北魏皇帝受符籙，表示他是治理廣漢廣土即中國的皇帝。太上老君通過牧土宮主李譜文，保證他的正統地位。因此道教就這樣確立了北魏國教的地位。」〔註18〕在北齊，高洋建國之初也崇信道士，「又有張遠遊者，顯祖（即高洋）時令與諸術士合轉九丹。及成，顯祖置之玉匣，云：『我貪世間作樂，不能即飛上天，待臨死時取服。』」〔註19〕在北周，北魏太武帝建立的皇帝即位須到道壇受籙的制度得到了繼承，道教也在北周統治者的支持下，取得了很大發展。最爲典型的是這一時期興起的道派——樓觀道，從北周開始進入了它的鼎盛期。在南朝，陶弘景成爲梁武帝的座上賓，有「山中宰相」之稱。梁武帝蕭衍、簡文帝蕭綱（公元550～551在位）、元帝蕭繹（公元552～554在位）、陳武帝陳霸先（公元557～559在位）、宣帝陳頊（公元569～582在位）等帝王皆奉道，至於公卿大臣中奉道的人就更多了。

　　值得指出的是，道教在吸收孝道，以獲取統治階級的認同和道教的發展空間等方面取得了很大的成功，但在另一方面，卻日漸喪失了初創時期與現實政權保持著的遠距離和冷豔旁觀的批判態度，失去了「揭露文明社會所出現的爭奪、禍亂、欺詐、罪惡，以及種種違反人性的異化現象」〔註20〕的鋒芒，而變得唯統治者馬首自瞻，甘爲現實政權所驅使。誠如葛兆光教授所說的：「道教，從一個非主流的，一個本來可能與皇權發生激烈衝突的、試圖政教合一的宗教，變成皇權認可的主流意識形態和倫理觀念的一部分，本身就是在『權力』之下形成的新的合理性『知識』。」〔註21〕這是一段「屈服史」，其中一個最爲顯著的變化就是半軍事化、半行政化的「治」、「方」等組織形式在六朝時期漸漸消失了，慢慢轉變成爲以道觀爲中心組織教團的形式，除了接受香火，爲社會承擔祈禳儀式外，已不再就有「領戶化民」的功能。而早期道教孝道中的一些精華思想觀念——如「孝出自然至心」、「延及天地」、「事死不得過生」——也逐漸被湮沒。

〔註18〕〔日〕福井康順等監修，道教：第1卷〔M〕，朱越利譯，上海：上海古籍出版社，1990：38。

〔註19〕北齊書，674。

〔註20〕蕭萐父，吹沙二集〔M〕，成都：巴蜀書社，1998：188～189。

〔註21〕葛兆光，屈服史及其他：六朝隋唐道教的思想史研究〔M〕，北京：三聯書店，2003：7。

7.2　配合儒家維護傳統社會核心價值觀「孝」

由上所述，道教之所以贏得統治階級的認同，其中一種重要方面就是認同了傳統社會核心價值觀「孝」；不僅如此，道教還在彌補與提升儒家孝道的內在缺陷，強化孝道教化力量，應對佛教對孝道的衝擊等方面作出了獨到的貢獻。難怪乎牟鍾鑒先生說：「道教道德是中國傳統社會主流道德儒家道德的輔翼力量」。〔註22〕

秦漢以來，孝道逐漸陷入危機之中，突出表現在「責權失衡」而難以持久、「名實相分」而信仰動搖、「家族至上」而觀念狹隘、「厚葬久喪」而勞民傷財。針對孝道的這些缺陷，道教從弘揚傳統孝道對生命的敬重意識出發，把生命關懷的對象不僅投射於父母，也投射於己身與後代，使自我、子女與父母的生命獲得同等的價值。〔註23〕「天地媾精，陰陽布化，萬物以生。承其宿業，分靈道一。父母和合，人受其生。」〔註24〕人的生命從其最終根源來講，是「天地媾精，陰陽布化」的結果，因偶然遇合的關係而假託於生身父母。道教講「修道」，從某個方面而言，正是由報答生身父母開始，直至天地父母，以達致「與道合一」的境界。正是在這種生命起源論和報本返始觀的影響下，道教強調子女既要關愛父母的生命，父母也要關愛子女的生命，因為子女生命從其終極根源來講，是天地神統的體現。在喪祭方面，提出「事陰不過陽」、「事死不過生」的原則，「人生，象天屬天也。人死，象地屬地也。天，父也。地，母也。事母不得過父。生人，陽也。死人，陰也。事陰不過陽。」〔註25〕這裏以天地、陰陽理論，對關愛子女生命、關切現實生活進行論證，實是對秦漢孝道之輕忽性命、勞民傷財缺陷的糾正。

不僅如此，道教還試圖把孝道之生命關懷精神與道教的超越精神、貴生精神結合在一起，體現出提升人類道德境界的願望。這種努力主要體現在兩個方面：一是生命關懷範圍的拓展。道教認為，既然天地萬物都是「道」的化生，因此人除了關愛自己父母、天地父母之外，還當關愛天地之間的萬事萬物，包括一切有生命體和無生命體。二是生命關懷層次的提升。在道教看

〔註22〕張志剛，宗教研究指要〔M〕，北京：北京大學出版社，2005：66。

〔註23〕注：值得指出的是：道教孝道倫理的平等性始終是比較弱的，並不足以抵消孝道倫理的等級性，特別在實踐中更是如此。

〔註24〕太上老君內觀經，中華道藏（第6冊），79。

〔註25〕王明，太平經合校〔M〕，北京：中華書局，1960：49。

來，踐行孝道不只是在於保全身體、奉養父母，更要修長生之道，使父母之遺體永存、靈魂轉世。「蓋聞身體不傷，謂之終孝，況得仙道，長生久視，天地相畢，過於受全歸完，不亦遠乎？」〔註26〕若個人能修道長生，祖先必以我為榮耀，也必能因我之法力而超脫於六道輪迴，這豈是「受全歸完」所能比擬的。正是通過這一系列的手段，有效地彌補了孝道倫理生活的不平等性與狹隘性，使孝道倫理重新獲得人們的認同。值得指出的是，這種彌補作用主要體現在五斗米道、太平道等道教初創期，在之後似乎不那麼強調「父母子三人同心」、「事死不過生」、「孝出自然至心」等觀念，相反卻對孝道之「尊尊」的觀念多有吸收，豐富了喪葬儀式，而對厚葬風俗多有推動作用。

　　道教對傳統社會核心價值「孝」的維護，還體現在運用宗教信仰的力量推行孝道教化，以促使人們把對孝道倫理的認同轉化為切實的行動，克服知行脫節、名實相分現象，主要體現在以下三個方面：

　　其一，以宗教的神靈力量與世俗的人間權威相配合，建立起賞善罰惡的外在激勵機制。在道教看來，世俗社會賞罰機制之上，另有一個以神靈為主體的道德法庭。這一法庭由天上「司過之神」，身中「三尸神」，家中「灶神」等神靈組成，時刻監督人的思想與言行，並定期上天報告人之過失，「凡人有過，大則奪紀，小則奪算」。這種充滿神秘色彩的教化方式，雖然時常被人批評為荒誕愚昧，但古代社會卻是促進道德踐行的重要因素，這種道德約束力量覆蓋了傳統社會的各個階層，即使至高無上的君主亦概莫能外，對於克服世俗社會賞罰機制的公正性缺失、普遍性缺乏和功利化取向具有強有力的效應。

　　其二，通過揭示盡孝與長壽的相互聯繫，與世俗社會盡孝以獲取功名利祿的說教相配合強化道德行為的內在驅動力。《太平經》聲稱：「不孝不可久生」，〔註27〕「天地與聖明所務，當推行而大得者，壽孝為急。」〔註28〕在這裏，雖然還沒有正確認識到「道德—精神——健康」的內在聯繫，但把「壽」與「孝」並列起來，其實就是把孝道規範和理想的宣化，同人們好生惡死、祈福避禍、得道成仙的普遍心理需求結合在一起，「將道德培養建立在健體強身的內在需求之上，這是中國傳統社會促進道德踐行的更為內在而深刻的強

〔註26〕抱朴子內篇・對俗。
〔註27〕王明，太平經合校〔M〕，北京：中華書局，1960：597。
〔註28〕王明，太平經合校〔M〕，北京：中華書局，1960：310。

大動力。」〔註29〕

其三，在實施道德教育過程中既注重樹立孝道神仙形象以提供垂範，又注意在宗教修持中滲透孝道行為規範，形成了多維立體的德育體系，有助於將道德理念轉化為精神信仰。根據社會學理論，崇尚與服從權威乃是一般民眾的心理傾向，而處在封建專制統治下的中國民眾，更是有著對權威的頂禮膜拜和服從的心理。道教因應於民眾的這一心理動態，通過創立孝道神仙以強化孝道倫理的權威，同時在戒律、齋醮科儀、存思術、守一術、道符、避鬼術、投龍簡、日常禮儀貫注孝道倫理精神，從而使孝道倫理規範貫穿於道教徒修道生活的全過程。

由此可見，道教實是把孝道倫理轉化為宗教信仰的構成要素，成為信仰者得神力之祐助，成就仙道之前提，是為一種內向化的自我控制方式。「即通過神靈對人類自身終極利益（如生死與今生和來世命運等等）的控制，來引導人們自覺接受和履行特定的社會倫理規範，從而實現社會控制向自我控制的轉變。」〔註30〕然而，「任何帶權威性的核心價值系統及依之而制定的倫範規律，對於它所在的社會文化，既有穩定作用又有拘束作用。」〔註31〕道教對孝道的強化控制，「從一方面來看，它使民眾的思想觀念和行為規範化，社會倫理秩序井然，至少在表層意義上，道德的價值得到維護，而實質上則往往導致長期一貫、不適時代條件的道德律令加於民眾，使社會行為操作系統與社會發展狀況不符，起到阻滯社會發展的作用。」〔註32〕

漢魏兩晉南北朝時期，道教對傳統社會核心價值「孝」的維護，還體現在與儒家聯手應對佛教的衝擊。「儘管佛典中不乏勸孝的說教，但孝道畢竟不是其思想的主流，佛教的教義、儀軌和戒律制度多不符合中國固有的倫理傳統，尤其是佛僧的削髮毀形、離親棄家等出世主義的思想和行為，與主張入世的儒家孝道倫理多有隔閡。」〔註33〕加之佛教傳入中國之際，正值漢代統

〔註29〕呂錫琛，中國傳統社會促進道德理念踐行的經驗〔J〕，道德與文明，2010（1）：39。

〔註30〕姜生，宗教與人類自我控制：中國道教倫理研究〔M〕，成都：巴蜀書社，1996：5。

〔註31〕殷海光，中國文化的展望〔M〕，上海：三聯書店，2009：109。

〔註32〕姜生，郭武，明清道教倫理及其歷史流變〔M〕，成都：四川人民出版社，1999：297～298。

〔註33〕劉立夫，佛教與中國倫理文化的衝突與融合〔M〕，北京：中國社會科學出版社，2009：122～123。

治者推行以孝治天下的國策,「於是,從維護漢人的正統觀念和維護漢民族的傳統倫理道德與文化思想出發,儒家與道教頗為自然地結成聯盟,以排斥外來的佛教。」〔註34〕這在漢代于吉的《太平經》、託名牟融的《牟子理惑論》、晉孫綽的《喻道論》、梁武帝時的荀濟上書、南齊道士顧歡的《夷夏論》,以及託張融之名撰作的《三破論》中都有反應,尤其是後兩部書批評最為嚴厲。顧歡雖未直斥佛教為不孝,卻認為佛教產生的社會、人文環境與華夏迥異,佛教「下棄妻孥,上廢宗祀。嗜欲之物,皆以禮伸;孝敬之典,獨以法屈。悖禮犯順,曾莫之覺。弱喪忘歸,孰識其舊?」〔註35〕即是說,佛教對一切鳥獸蟲蟻,皆慈悲為懷,不忍傷害,然獨對父母不存孝敬之心。這種宗教豈能在華夏傳播?而《三破論》的攻擊更為激烈,稱佛教出家有五大過失:「一有毀傷之疾,二有髡頭之苦,三有不孝之逆,四有絕種之罪,五有亡體從誡」,其後果就是「入身而破身、入家而破家、入國而破國」,〔註36〕此即是「五逆不孝」,罪大惡極。

　　道教聯手儒家營造了強大的文化攻勢,他們對佛教不孝的衝擊,在客觀上促進了儒、道、釋之間的文化對話與融合。從佛教方面來看,正是由於儒家、道教的責難,使得佛教從傳入中國伊始,就注重對含有孝的觀念和內容的佛典的翻譯和注疏,甚至撰述「疑偽經」來宣揚孝道,並在後來的鬥爭中,不斷協調佛教孝道與道教、儒家之間的關係,最終構建起具有中國特色的孝道倫理思想體系。〔註37〕從道教方面來看,亦在與佛教的鬥爭中,認識到自身孝道觀念中的不足,進而吸收了佛教的一些思想文化元素,如因果報應、五道輪迴、地獄天堂觀念以及戒律的形式等等,促進了道教孝道的完善。從儒家方面來看,正因為有道教、佛教的加入,使孝道獲得了信仰的力量,進一步強化了社會教化的功能。不僅如此,道教、佛教提出的一些孝道觀念亦對於儒家有救弊作用,如道教主張超越狹隘血緣觀念,突出生命關懷意識;佛教主張判斷孝或不孝,應當看事情的本質,而不是表面和形式。儒道佛在孝道問題上的對話、衝突與融合,進一步鞏固了「孝」的核心價值觀地位。

〔註34〕卿希泰,中國道教思想史:第 1 卷〔M〕,北京:人民出版社,2009:535～536。

〔註35〕顧歡,夷夏論〔M〕//南齊書,卷 54,顧歡傳,北京:中華書局,1972:931～932。

〔註36〕〔梁〕僧祐,編撰,弘明集〔M〕,劉立夫、胡勇譯注,北京:中華書局,2011:274～279。

〔註37〕詳細分析請參見:劉立夫,儒佛孝道倫理思想的會通〔M〕//劉立夫,佛教與中國倫理文化的衝突與融合,北京:中國社會科學出版社,2009:122～134。

7.3　奠定了道教孝道發展的基礎

在道教孝道發展中，一個至爲重要的問題就是盡孝與修道相衝突的問題。眾所週知，道教以修道成仙爲終極理想，但就每一個道教信徒而言，都是現實社會中活生生的人，都不可能真正與世隔絕，都必須解決盡孝道等現實生活中的責任與義務問題，如此，就造成了道教修道成仙理想與世俗孝道倫理義務的內在矛盾。在這個問題上，早期道教的總體解決方案是把世俗的孝道倫理整合到宗教的「修道成仙」信仰中去，從而爲道教孝道的證成搭建了基本模式；然而「修道成仙」的理想又是不斷發展變化的，如此就形成與歷史上已經存在的「孝道倫理」之內在張力，促進道教思想家不斷進行改造、建構，從而爲道教孝道倫理的發展提供不竭的內在動力。從這個方面而言，修道成仙理想與世俗孝道倫理義務的內在矛盾及解決，正好構成道教孝道發展的基本模式、邏輯與內在動力。

從前述幾章的分析來看，這一理論發展模式在漢魏兩晉南北朝時期即已經奠定。面對修道成仙理想與世俗孝道倫理義務的衝突，當時的道教思想家大多主張居家修煉，以便在修道之餘盡孝道倫理義務。《太平經》認爲「究竟其學，終成仙道，不是通過入名山、訪高仙來實現的，更不是像佛教徒那樣通過出家，終身不娶和四處化緣來修持的。」〔註38〕而應該「求之於閒室，無遠父母而去妻子」。〔註39〕即使是倡導神仙道教的葛洪，亦聲稱「何必修於山林，盡廢生民之事」。〔註40〕正是這種修道不忘盡孝的理念，促進道教思想家「從歷史上已經存在的思想體系之中尋求資源，並根據自身的信仰原則以及社會需要來進行建設。」〔註41〕體現在漢魏兩晉南北朝時期，就是把「孝道倫理」組合進道教「長生成仙」〔註42〕理想之中，以「長生成仙」作爲最高目標，由此開啓對孝道倫理的批判、改造、融攝與提昇，形成了道教孝道獨特的發展邏輯。

這即是，道教對於孝道的證成始終與其確立「長壽成仙」的方式有著緊密的聯繫，如五斗米道認爲求「長生成仙」之道，必須「樂質樸、辭無餘」、

〔註38〕楊寄林，太平經今注今譯〔M〕，石家莊：河北人民出版社，2002：102。

〔註39〕王明，太平經合校〔M〕，北京：中華書局，1960：666。

〔註40〕抱朴子內篇・對俗。

〔註41〕卿希泰、詹石窗，中國道教思想史：第 1 卷〔M〕，北京：人民出版社，2009：36。

〔註42〕漢魏兩晉南北朝時期，道教所追求的主要是通過服食以達到長生成仙、肉體飛升的目標。

要「信道行善，無惡迹」，所以主張「孝出自然至心」，「勿得強賞」，強調盡孝是神的旨意，違者「天福不至」。太平道認為要想成就仙道，前提是必須有足夠長的壽命，除了精修守一、食氣等法術之外，還當積善積功，以獲得神靈的祐助，所以提出「壽孝並立」的核心價值觀，強調盡孝要符合「天心地意」，延及「天君父師」，如此神靈才會「移其命籍，著長壽之曹。」天師道認為求「長生成仙」之道，不僅要修道術以延年，勤積德以感天，還當修心養性以合於道，所以在繼續強調盡忠孝以感神明之外，特別突出忠孝倫理踐履的心性修煉價值，於是就有了引孝入齋醮、科戒和存思術的大量實踐。而早期淨明道認為，只要踐行忠孝即可成仙，所以有了直接依託民間孝子造作「拔宅飛升」神話故事的道德說教，有了「孝」出於「道」，化為「三真」的孝道崇拜。經過漢魏至南北朝道教思想家的努力，道教建立了盡孝與成仙的緊密聯繫；並把孝道倫理實踐和戒律、齋醮科儀、存思術、守一術、道符、避鬼術、投龍簡、日常禮儀、神仙塑造結合起來，使其轉換為「長生成仙」的修行實踐；同時通過獨創承負說、身神論，以及吸收佛教的六道輪迴思想，構建道德賞罰體系，以內化「盡孝成仙」的道德決定論，奠定了後世道教孝道的發展基礎。然而道教對「長壽成仙」的理解又是不斷變化的，由此帶動對孝道的改造與重構，形成道教孝道發展的內在動力。

隋唐五代北宋時期，由於傳統的長生不死、肉體飛升的理念不僅一直未能實現，唐代以來許多帝王還因服用道教丹藥而中毒致死，直接導致了人們對「肉體成仙」信仰的懷疑，造成對道教的強烈衝擊。對此，唐代以來的道教思想家們以「重玄學」理論試圖改革道教，其中一個重要的方面就是對「道性論」的探討。正如有學者所說：「道教對道性論的探討，不只是停留於對於道性本質的研究，而是要進一步從中推演出修道論、教化論以及道德規範。」〔註43〕

當時的道教思想家們普遍以「自然」作為「道」的本質規定，從某種角度而言，是為道教孝道倫理建設提供了一個新的現實批判和理論建設的價值支點。他們聲稱「一切眾生皆稟自然正性」〔註44〕，因此理想的道德境界應該是人的自然本性率性而動，真正的「孝」應該是人之本性的自然流露。「夫孝子事親，盡於愛敬。此之性命，出自天然，中心率由。」〔註45〕然而這種

〔註43〕樂愛國，中國道教倫理思想史稿〔M〕，濟南：齊魯書社，2010：548。
〔註44〕成玄英，南華真經注疏，中華道藏（第13冊），220。
〔註45〕成玄英，南華真經注疏，中華道藏（第13冊），138。

自然的本性，易為後天所污染和外在物質利益所誘惑。「父子之道，天性也。率天之性，薰然大和，父子相親，孰知慈孝？及為外物所誘，性化為情，情生而物或間之，則有離其天性者矣。」〔註46〕於是始有父子不和。因而，要回復到自然的孝慈狀態，必須「絕偏尚之仁，棄執迷之義，人皆率性，無復矜矯，孝出天理，慈任自然，反於淳古。」〔註47〕

也正是從對道性自然的這一認識出發，思想家們對世俗社會流行的孝道觀念及其實踐的偏頗進行了批判。如成玄英批評世俗之人只知尊崇喪祭之繁文縟節，而「淚不滂沱，心不悲戚，聲不哀慟」〔註48〕，實乃不孝之子；陳景元揭示了孝道教化功利化的危害，「仁義之弊在乎親譽，親譽既行，則跂尚奔競之心生，而性命之和失矣。性命之和失，則孝慈之行何由而有。」〔註49〕杜光庭更是直指儒家尊尊、親親之孝道倫理是「偏孝偏慈，濡沫之謂爾」，主張以「魚相濡沫不如相忘於江湖，人相仁愛不如相忘於道術」的精神來提升儒家的孝道倫理觀念。〔註50〕

南宋金元至明代中葉，「修道成仙」進一步發展成為「精神成仙」，道教遂從「精神成仙」的旗幟下融攝儒家孝道倫理，突顯孝道倫理踐履的精神提升價值，促使道教孝道倫理走向成熟。這一時期，尤其具有代表性的是淨明道和全真道的孝道倫理思想。

淨明道是宋元時期在江西南昌西山興起的道教流派，其雖係承東晉許遜飛升信仰而來，然已完全放棄「肉體成仙」理念，而追求一種精神上的永恆。如劉玉在對淨明道祖師許遜「舉形升虛」一事的解釋中稱：「非謂血肉之軀、廚宅雞犬高入九霄也，蓋得道之士煉之又煉，內煉既精，陰滓消盡，通體純陽，聚則成形，散則成氣，飄然上徵，輕清者歸於天，無可疑者。」〔註51〕在淨明道看來，修道的最高境界不是肉體的長生，而是心性修煉上的「淨明」。「淨」就是不染物，「明」就是不觸物，「淨明只是正心誠意」，〔註52〕具體的修煉路徑就是「始于忠孝立本、中於去欲正心，終於直至淨明。」〔註53〕可

〔註46〕陸希聲，道德真經傳，中華道藏（第9冊），508。
〔註47〕成玄英，老子道德經開題序義疏，中華道藏（第9冊），247。
〔註48〕成玄英，南華真經注疏，中華道藏（第13冊），187。
〔註49〕陳景元，道德真藏室纂微篇，中華道藏（第10冊），426。
〔註50〕杜光庭，道德真經廣聖義，中華道藏（第9冊），650。
〔註51〕淨明忠孝全書，中華道藏（第31冊），589。
〔註52〕淨明忠孝全書，中華道藏（第31冊），582。
〔註53〕淨明忠孝全書，中華道藏（第31冊），596。

見，淨明道的所謂「去欲正心」其實是將內在的「淨明」之心轉化爲外在的「眞忠眞孝」之行，是一種以外在的「忠孝」來推動內在的心性，使其達到一種不受任何污染的「淨明」之境界。如此，淨明道就把孝道納入心性修煉的範疇，由過去成仙的基礎與前提，上陞爲得道成仙的決定因素。

淨明道從心性修煉這一目標出發，把儒家孝道以血緣親疏爲基礎、有差等的倫理原則，改造爲「大孝者，一體皆愛」〔註 54〕的無差等的道德關懷，強調道徒要在思想上、內心上涵養此觀念，以至於達到純潔淨明的、絕對的眞忠眞孝之淨明道的最高境界。與此同時，淨明道還通過簡化齋醮符籙來強化孝道倫理的心性修煉功能。〔註 55〕在淨明道看來，齋醮科儀的作用是「心誠格天」，符籙的精義乃在於助人「心定神慧」，如果過於繁瑣的話，只會導致人誠意懈怠，「古者忠臣孝子只是一念精誠，感而遂通。近代行法之士，多不修己以求感動，只靠燒化文字，所以往往不應。」〔註 56〕因此在形式上當儘量簡化，而在內容上灌注孝道倫理精神。「有能忠孝立本方寸淨明者，自己心天與上天黃中道義血脈貫通，此感彼應，應與道合眞。」〔註 57〕總的說來，淨明道是從整理心地上強調孝道倫理的價值，然而同樣是信仰「精神成仙」，全眞道則是從救濟蒼生的角度弘揚孝道倫理。

全眞道誕生於金、元之際，創始人爲王重陽。全眞道之「全」是爲完整與保全的意思，「眞」既是指成仙，又是指保留眞性情，還是指眞踐實履。「全眞教『全眞而仙』的宗教理想，已不再是簡單的追求肉體的長生不死，而是追求眞性永存、精神超越、與道合一。」〔註 58〕全眞道主張修行不能只在心地上作功夫，而要在主觀性的內在修煉之後，必須走向社會實踐，拯救蒼生，只有這樣才能成仙。「在本質上，注重『眞行』是全眞教注重孝行的根本原因。」〔註 59〕不僅如此，「全眞教道士承認出家修行就是最高的孝」〔註 60〕，所謂至

〔註 54〕淨明忠孝全書，中華道藏（第 31 冊），582。

〔註 55〕具體論述請見：劉全芬，南宋金元新道教孝道倫理研究〔D〕，山東大學，2009：45～50。

〔註 56〕淨明忠孝全書，中華道藏（第 31 冊），587。

〔註 57〕淨明忠孝全書，中華道藏（第 31 冊），585。

〔註 58〕陳明，從道德到精神健康：全眞道德心性修煉研究〔D〕，中南大學，2009：18。

〔註 59〕劉全芬，南宋金元新道教孝道倫理研究〔D〕，山東大學，2009：59。

〔註 60〕金勝惠，道教全眞教《早晚功課經》研究〔M〕//陳鼓應，道教文化研究，北京：三聯書店，2007：584。

孝就是以道謝師恩，令自己得道成仙，拯救蒼生。

爲此，全眞道在《重陽立教十五論》、《丹神神光燦》、《重陽眞人金關玉鎖訣》、《重陽教化集》，以及《全眞清規》等道書中創製了眾多的孝道清規戒律。這些清規戒律通過把「自律和他律相結合、許諾與威懾相統一、持戒與修心相統一」〔註61〕，強有力地確保了全眞教道徒的孝行。全眞教是這樣規定的，全眞教的高道大德也是這樣實踐的。全眞七子均爲至孝之人，「崇眞道，敬眞聖，明眞理，了眞修，侍二尊，至孝周全」〔註62〕是他們的修道格言。而最能體現全眞道孝道典型的莫過於丘處機勸成吉思汗少殺戮、行孝道的故事。元太祖十五年（公元1220年）正月，丘處機以73歲高齡，歷時兩年多，行經萬餘里，面見成吉思汗，爲的不是勸他修道，而是以「慈孝之說」勸其「少殺戮、減嗜欲。」皇帝「問以長生藥，師但舉衛生之經以對。」〔註63〕丘處機初見成吉思汗時，正值十二月末，大雪覆路，牛馬凍死甚多，中夜橋崩、震雷，成吉思汗問何以會有震雷？丘處機趁機勸以孝道。他說：「山野聞國人，夏不浴河，不浣衣，不造氈，野有菌，則禁其採者，畏天威也，此非奉天道也。常聞三千罪，莫大於不孝者，天故以是警之。今聞國俗多不孝父母，帝乘威德，可戒其眾。」〔註64〕在丘處機這裏，修道成仙、拯救蒼生與勸世盡孝，形成一個內在的邏輯聯繫。

總之，從兩漢到明清，道教孝道始終是隨著其「修道」觀念而不斷發展的，而這一邏輯聯繫，在漢魏兩晉南北朝之際即已定型。

7.4　豐富了中華孝道文化

道教孝道倫理歷史作用的第四個方面，體現在把儒家孝道倫理從關注人與人之間關係的社會倫理，拓展到人與自然關係的生態倫理、人與神關係的神學倫理，從而極大地豐富中華孝道文化，構成後世民眾孝道踐行的重要內容。

（一）社會倫理維度的發展

社會倫理（social ethics）是一個總體性的概念，是「以社會倫理關係爲研究對象，以權利——義務關係爲核心，以人（mankind, person）的自由爲目的，

〔註61〕劉全芬，南宋金元新道教孝道倫理研究〔D〕，山東大學，2009：77。

〔註62〕仙樂集，道藏（第25冊），441。

〔註63〕甘水仙源錄，道藏（第19冊），725。

〔註64〕長春眞人西遊記，道藏（第34冊），493。

是關於社會和諧秩序及其實現條件的社會公正的理論。」〔註65〕道教信徒是現實社會中活生生的人，因此，任何信徒都不可能眞正逃脫社會倫理之網，也需要盡孝道倫理義務。道教通過吸取儒家孝道，結合自身信仰提出新的要求，發展了孝道之社會倫理維度。

　　儒家孝道以善事父母爲核心，也包括立身、事君、處世等方面的行爲規範。從善事父母的層面而言，儒家講的盡孝不只是「養」，還包括「敬」，要求兒女在日常生活中做到早晚請示，侍奉湯藥，無微不至地照料父母的衣食住行。道教孝道對善事父母也有相關要求。《太平經》認爲父母患病，子女子女當盡心侍奉，竭盡全力爲父母請最好的醫生，抓最好的藥；不僅如此，還當以自謝罪於天的方式，企求父母平安。「常垂涕而言，謝過於天，自搏求哀，叩頭於地，不避瓦石泥塗之中，輒得令父母平安……是孝子所宜行也。」〔註66〕如北魏太武帝的左光祿大夫、著名儒學家崔浩，「父疾篤，浩乃剪爪截髮，夜在庭中仰禱斗極，爲父請命，求以身代，叩頭流血，歲餘不息。」〔註67〕由於修煉往往需要居山或居道觀，道教因此要求修行者應定期歸家省視父母，「出家之人，若道士、女官，身心依道，俗化全隔，然於鞠養，有殊常俗。若在遠，隨四時省問；若在近，隨月朔省問；在寒在熱，在涼在暄，定省之時……若逢病患，孝友之心，自須辛苦，勤力醫藥，朝夕愛護，不得於所生父母有所吝惜。」〔註68〕儒家孝道強調繼嗣，從確保「養親」、「尊親」後繼有人出發，提出「不孝有三，無後爲大」；〔註69〕道教則從繼承和保護天地神統的角度出發，提出男當「施生」，女當「受化」，不可殘害子女生命。儒家認爲大孝在於「諫親」，「事父母幾諫，見志不從，又敬不違，勞而不怨。」〔註70〕道教認爲眞正的孝是對於君父師未曾聽到過的言論不隱瞞，誠實地告訴他們異聞，並非不管君父師所言對錯，一味贊同，「未嘗見之說以上其師，是上善順弟子也」。〔註71〕此外，善事父母除包括父母生時的盡心奉養，還包含「事死」的要求。儒家孝道要求子女須爲年老父母準備送終之事，以及死後要按

〔註65〕宋希仁主編，社會倫理學〔M〕，太原：山西教育出版社，2007：1。
〔註66〕王明，太平經合校〔M〕，北京：中華書局，1960：591。
〔註67〕魏書，列傳第二十三崔浩。
〔註68〕洞玄靈寶道學科儀，中華道藏（第42冊），54。
〔註69〕孟子・離婁上。
〔註70〕論語・里仁。
〔註71〕王明，太平經合校〔M〕，北京：中華書局，1960：514。

時祭祀。同樣，道教認為若父母壽終時無錢物辦喪亦為不孝。「父母之年，不可豫知。為作儲待，減省小費，歲歲有餘……父母年盡，無以餉送，復為不竟孝之意。」〔註72〕父母死後，當請道士作齋醮以超度父母亡靈。在道教看來，這些都是最為基本的孝行，而更為上等的孝行乃在於敬奉長生不老之術，使父母入道。「道教這種養親榮親的方式固留有儒家善事父母，光宗耀祖的痕迹，但從深層次看，它體現了道教對生命超越與昇華的追求。」〔註73〕由此可見，道教在「養」與「敬」，「繼嗣」和「諫諍」，「奉生」與「事死」等方面都有著與儒家孝道相對應的規定，只是在具體的要求上有所不同。

從立身、事君、處世的泛化規範而言，儒家孝道倫理強調要全身、移孝作忠和顯親揚名，道教也有類似的規定。道教聲稱修長生成仙之道，不但可以與天地同壽，還可以使父母、先祖位列仙界，享受神仙自由自在的至樂，這才是更高程度的孝。除此之外，道教還借鑒儒家「移孝作忠」的做法，把生命的源泉追溯到君主和師長，強調要孝於師君。在道教看來，父母是人生命的血緣性根源，而君主和師長則是人生命的社會性根源，因此「人生之時，為子當孝，為臣當忠，為弟子當順，孝忠順不離其身。」〔註74〕道教認為一人盡孝可以推廣至天下人皆行孝，進而實現天下和諧。這種類似於「孝治天下」的要求被道教視為大孝且為天所嘉許、庇祐，故而能夠風調雨順、民安物阜。在師徒關係上，道教認為師父指導徒弟度己度人、修道成仙，其重要性和父母不相上下，從某種意義上說，師比父母甚至更為重要：「夫人生先受精神於天地，後稟氣血於父母，然不得明師，告之以度世之道，則無由免死，鑿石有餘焰，年命已凋頹矣。由此論之，明師之恩，誠為過於天地，重於父母多矣。」〔註75〕徒弟對師父應真誠尊重，對於師父所傳之道更是應仔細聆聽、認真領會。弟子對師父的孝便是盡力修師道，除此之外，「每獨居一處，念君父師將老，無有可以復之者，常思行為師得殊方異文，可以報功者。」〔註76〕

（二）生態倫理維度的延伸

一般認為，道德倫理的主題旨在人類德行和倫理關係，而並不包括「非

〔註72〕王明，太平經合校〔M〕，北京：中華書局，1960：592。

〔註73〕鄭長青，詹石窗，道教孝道觀芻議〔J〕，宗教學研究，2011，（1）：220。

〔註74〕王明，太平經合校〔M〕，北京：中華書局，1960：408。

〔註75〕抱朴子·勤求卷。

〔註76〕王明，太平經合校〔M〕，北京：中華書局，1960：136。

人類的」或自然的事態或關係。然而，當我們「將其主題定位於人類整體的價值生存關係時，它所需要考量的倫理問題就不只是人類自身所存在的文化間、民族間和地區間的價值關係問題，而且還有人類整體生存和發展的環境與可能性條件的普遍意義問題，其中極爲重要的一個方面便是人類與自然界之間的意義關係問題。」〔註77〕對這一關係的理論思考，由此形成生態倫理學。現代生態倫理學認爲：（1）人類並非自然界的主人、統治者，而是自然界中極普通的一員；（2）必須樹立生態整體思想，只追求經濟利益而不關心生態平衡的做法是極端錯誤的；（3）要把權利這一概念從人類延伸到自然界的一切實體和過程，花草樹木、飛禽走獸都有生存繁殖的權利，人類無權踐踏他們的這些權利。〔註78〕以這些觀點來看漢魏兩晉南北朝道教的孝道，會發現其中有較爲成熟的生態倫理思想。

　　道教不僅把生命的源泉追溯到父母、師傅和君主，還進一步把生命歸屬於天地。道教認爲，從世俗層面來說，人秉氣血於父母，受教化於師父。但在終極層面上，「人亦天地之子也」〔註79〕。正如 16 世紀儒學思想家王艮坦言：如果我們是「形生」，那麼，我們的父母就是我們的天地；如果我們是「化生」，那麼，天地就是我們的父母。〔註80〕世界萬事萬物亦是以天地爲母，於是天地萬物就取得了與人類同等的生命權利。這一點很重要，因爲既然天地是人之生命的終極根源，那麼人就應該如孝敬父母、師傅和君主一樣，孝敬天地父母，這是孝道倫理「報本反始」的必然要求。然而，天地又是一個抽象的概念，於是對天地父母賜予生命之恩的回報，就轉化爲對同樣是天地之子的萬事萬物的珍重。這樣一來，人與自然的關係就被納入孝道倫理的範疇，孝道倫理因此被延伸到生態倫理領域。在道教看來，對天地父母盡孝，就如

〔註77〕萬俊人，尋求普世倫理〔M〕，北京：北京大學出版社，2009：142。
〔註78〕參見：李春秋，李春花主編，生態倫理學〔M〕，北京：科學出版社，1994：7～8。
〔註79〕注：這裏的「亦」應該做「也」、「一樣是」解，是從人與萬物的關係角度，聲稱「人與萬物一樣是天地的兒子」；而不能作「還」解，不能解釋爲「人除了是父母、君師的兒子，還是天地的兒子」。這一點可以結合該文出現的語境來解，原文爲：「天地乃是四時五行之父母也，四時五行不盡力供養天地所欲生，爲不孝之子，其歲少善物，爲凶年。人亦天地之子也，子不慎力養天地所爲，名爲不孝之子也。」具體請參見：王明，太平經合校〔M〕，北京：中華書局，1960：406。
〔註80〕杜維明，儒家傳統與文明對話〔M〕，彭國翔，編譯，北京：人民出版社，2010：168。

對生身父母盡孝一樣，要愛護他們的身體，遵循自然規律，不有意破壞天地自然。《太平經》中列舉了很多事例來說明，如「穿鑿地，大興土功，其深者下及黃泉，淺者數丈」。〔註81〕這種行為是「大不謹孝，地母常苦忿忿悁悒，而無從得通其言」。人長期殘害地母而不知，地母也「愁困其子不能制，乃上訴與父」。積久而天父生怒，天父生怒的直接後果就是災異突起，地母不養萬物。〔註82〕「父母俱怒，其子安得無災乎？」〔註83〕這是天地父母施加於人類的懲罰。道教把人為的鑿地、挖井等大興土木，不尊重自然，導致災變的行為都看做是「不孝大逆」的行為，實是對父母「敬順」觀念的延伸。

道教孝道倫理之所以能發展成為生態倫理，與道教的生命起源觀，以及由此決定的倫理思維有很大聯繫。早期道經《河上公章句》在注解《道德經》四十二章「道生一，一生二，二生三，三生萬物」的宇宙生成論時，就闡述了生命起源問題。「道生一：道始所生者，一也。一生二：一生陰與陽。二生三：陰陽生和氣、清、濁三氣，分為天、地、人也。三生萬物：天地人共生萬物也；天施，地化，人長養之。」〔註84〕在道教這裏，「道」既是萬物之宗，又是萬物之始，更是萬象之源，「它把天地人等宇宙萬物都連貫成為一個整體，這就突破了古代哲學以政治倫理為軸心的局限，把思考的範圍擴展到整個宇宙，樹立了樸素的整體觀念，並由此出發來審視人世間的各種事務和各種問題」，〔註85〕形成了道教獨特的生態性倫理思維。〔註86〕它包括兩個方面的特徵：一方面，它是一種整體有機性的系統思維，而不是主體、對象二分的思維。這種倫理思維要求把一切自然存在物納入到「我」的視野，進行道德思考，也即把生命聯合體的利益作為道德的終極目標；另一方面，它是一種包括人、我、自然存在在內的多元互補性價值取向的思維，而不是以「我」

〔註81〕王明，太平經校〔M〕，北京：中華書局，1960：114。

〔註82〕王明，太平經校〔M〕，北京：中華書局，1960：114。

〔註83〕王明，太平經校〔M〕，北京：中華書局，1960：115～116。

〔註84〕道德真經注・河上公章句，中華道藏（第9冊），149。

〔註85〕卿希泰，道教生態倫理思想及其現實意義〔C〕//郭武，道教教義與現代社會國際學術研討會論文集，上海：上海古籍出版社，2003：227。

〔註86〕注：王文東博士把道教倫理思維的特點概括為自我性思維、人本性思維和生態性思維三個方面，並認為其由此折射出道教抗命逆修、抱樸守真、清靜恬淡、慈愛和同、度人濟世、性命雙修、順應自然和力行不止的主體精神。詳細論述見：王文東略論道教倫理思維的特點〔J〕，宗教學研究，2004，（3）：72～76。

或「人—我」爲中心的單向功利型價值取向思維。既承認自然存在相對於人的「工具性價值」，又承認其作爲物種對維護生態平衡所具有的「生態價值」，要求人類從整體出發，順其自然，維護整體有機的一致性。「這一致思取向，使道教始終對宇宙萬物時時報以仁慈的愛心，倡導並力行尊重自然界萬物的屬性，讓宇宙萬物自足其性，自然得到發展，而不橫加干涉。」〔註87〕

　　相比較而言，儒家孝道也包含一定的生態倫理色彩，但由於儒家遵循的倫理思維與道教倫理思維的迥異，而使生態倫理色彩未能發展起來。孔子曾說：「伐一木，殺一獸，不以其時，非孝也。」曾子引述了孔子這一句話，進一步提出：「草木以時伐焉，禽獸以時殺焉」。〔註88〕在這裏，孔子和曾子堅持的都是一種「推己及人」的倫理思維，即把我與物，主體與對象截然二分，以我爲主體，因爲尊重人的生命，所以才由此延伸爲對萬物生命的尊重。萬物，包括「草木、禽獸」，因爲可以滿足人之需要才具有存在的價值，也正因爲滿足人類更爲長遠的需要，所以才「草木以時伐焉，禽獸以時殺焉」。總之，一句話，這是一種「自我中心主義」，或者充其量只能說是一種「人類中心主義」的倫理思維，萬物不可能取得與人類同等的地位，這是與道教「人亦天地之子也」〔註89〕觀念的截然區別。正是由於這個原因，使得儒家孝道不可能發展成爲生態倫理。

（三）神學倫理的構建

　　神學倫理是宗教用以處理「人—神」關係的道德要求。在宗教看來，神不僅是宇宙和人世的創造者和支配者，而且也是眞善美的最高典範和唯一源泉，人類的一切善念和善行都來源於神。因此，信仰神、服從神成爲人對神的倫理義務。然而，「神是人塑造的，神性是人性的異化，人—神宗教關係不能不是人—人社會關係的幻想表現和天國形式。」〔註90〕漢魏兩晉南北朝的

〔註87〕王文東，略論道教倫理思維的特點〔J〕，宗教學研究，2004，（3）：75。

〔註88〕大戴禮記・曾子大孝。

〔註89〕注：這裏的「亦」應該做「也」、「一樣是」解，是從人與萬物的關係角度，聲稱「人與萬物一樣是天地的兒子」；而不能作「還」解，不能解釋爲「人除了是父母、君師的兒子，還是天地的兒子」。這一點可以結合該文出現的語境來解，原文爲：「天地乃是四時五行之父母也，四時五行不盡力供養天地所欲生，爲不孝之子，其歲少善物，爲凶年。人亦天地之子也，子不愼力養天地所爲，名爲不孝之子也。」具體請參見：王明，太平經合校〔M〕，北京：中華書局，1960：406。

〔註90〕呂大吉，人道與神道：宗教倫理學導論〔M〕，上海：上海人民出版社，1991：103。

道教，把世俗的人－人之間的孝道倫理轉換爲宗教的人－神的宗教倫理，主要體現在以下幾個方面：

首先，援引孝道之等級精神來建立神仙秩序。道教的神靈包羅萬象，新神與舊神雜陳，天神、地祇、人鬼和仙眞彙聚。爲使道教神仙系統化、條理化，陶弘景造就《眞靈位業圖》，編製了一個龐大的神仙體系。該書把道教信仰的天神、地祇、人鬼和仙眞聖眾等龐大的神仙群，用七個等級進行排序，每個等級都有一位居中的主神，其他分列左位、右位、散仙位、女仙位，從而構成一個等級分明的神仙譜系。如果把這一等級體系與古代家族的組織體系加以比照的話，可以看出陶弘景用以編織神階的模型，實際上就是中國古代以孝道倫理組織的宗法制度。宗法，是指一種以血緣關係爲基礎，標榜尊崇共同祖先，維繫親情，而在宗族內部區分尊卑長幼，並規定繼承秩序以及不同地位的宗族成員各自不同的權力和義務的法則。這與道教每一位階神仙有一個共同敬奉的主神，不同位階神仙又存在等級序列的組織模式是一樣的，這不是歷史的巧合，而是陶弘景有意爲之。陶弘景在《眞靈位業圖》的序言中說：「搜訪人綱，究朝班之品序；研綜天經，測眞靈之位業」，〔註 91〕即是講「神仙世界」是根據人倫之綱來排列的，「眞靈位業」實爲「人間位業」的對應，神仙譜系乃是根據忠孝之倫理精神建構的。

其次，把孝道規範轉化爲人－神交通行爲規範。在道教看來，人與神之間顯然是存在著「行爲——反饋」的關係，然而道教更多地是注重人對於神所應持的態度和行爲。也就是說，「注重的是人怎樣服從神的權威，通過履行愛戴、敬奉、祈求等『義務』以求從神靈處獲得幫助和利益。而神靈對人的『責任』則是對那些奉道行善的人予以獎賞，或對犯戒者予以懲罰。」〔註 92〕在人－神交通中，人幾乎失去了他的權利，所剩下的只有義務，而神靈則能高高在上，主宰一切。就這一點而言，道教「人與神」的關係實是現實社會中「子與父」關係的投射。道教把現實社會中「子與父」之間道德權利與道德義務極端不平衡的現象，引申到宗教的人神領域，滲透到齋戒、科儀、法術等強操作性的、程序化的儀軌典制，加以強調和奉行，從而轉換成爲人－神交通行爲規範。

〔註 91〕洞玄靈寶眞靈位業圖，道藏（第 3 冊），272。
〔註 92〕姜生，郭武，明清道教倫理及其歷史流變〔M〕，成都：四川人民出版社，1999：64。

　　齋戒是人─神交通的一個重要途徑，是「通過以神靈爲理想參照、以自我控制爲途徑的內在修行，滌除自我存在中一切不純潔的現象和意識，達到從肉體到靈魂的徹底淨化，於是通過『潔其宮』的過程，爲『神』這個自我存在的理想及其守護者之來入我身，準備一個聖潔的殿堂。」〔註93〕道經云：「夫爲學道，莫先乎齋。外則不染塵垢，內則五藏清虛，降直致神，與道合居。能修長齋者，則合道眞，不犯禁戒也。」〔註94〕道教把孝道引入到「人─神」交通規範中，聲稱：「要當能忍辱，能柔弱，能慈愛，能仁施，能陰德，能忠孝，能至誠，能謹信，能戒愼，能肅敬。備此十能，然後乃可修齋靜思，反聽內視，還念形中，口不妄言，身不妄動。」〔註95〕道教還以感念父母之恩，作爲激勵修道者刻苦持齋，實現「人─神」交通的內在動力。「在這裏，持齋奉戒與堅振道德，這兩種──神學的與倫理的──目的，在同一個宗教活動形式中，互爲詮證、互爲依託，密切結合，得到了充分的體現。」〔註96〕也就在這種過程中，世俗的孝道倫理轉換爲宗教的「人─神」倫理。

　　科儀是「以表現道教教義思想爲內容的道教徒的一種行爲系統，是道教徒寄託信仰、傾訴宗教感情的行爲形式，」〔註97〕是溝通神人的儀式，反映著道徒同神的關係。道教科儀中的孝道倫理主要體現在三個儀式單元：一是「祝文」，是行儀道士替信眾宣示的願望和信念，其中就包括：「拔度九祖父母，九幽玉匱長夜之府，死魂惡對、宿身罪根，功德開度，建齋燒香，請謝十方，願爲九祖父母拔出幽苦，上陞天堂」。〔註98〕二是「懺悔」，是行儀道士代替信眾爲自己或者亡祖言行過錯，向天界神祇表示懺悔之意，以祈福消災，或者是超度幽魂。三是「謝神」，在祈告天界神祇之後，再行謝五嶽神、水官、三寶等神靈的科儀，述說齋主九祖生前觸犯諸神，以致亡魂遭受罪考，祈請赦免所行罪負，最終使齋主得道，進入與神靈合眞的境界。道教在整個科儀過程中，反覆祈請諸神原赦亡祖罪過，或者自身不孝之罪，使亡祖幽魂得以上陞天堂，自

〔註93〕姜生，漢魏兩晉南北朝道教倫理論稿〔M〕，成都：四川大學出版社，1995：164。

〔註94〕三天內解經，中華道藏（第8冊），548。

〔註95〕太上洞玄靈寶法燭經，中華道藏（第4冊），416。

〔註96〕姜生，漢魏兩晉南北朝道教倫理論稿〔M〕，成都：四川大學出版社，1995：168。

〔註97〕陳耀庭，論道教儀式的結構──要素及其組合中〔M〕//陳鼓應，道家文化研究：第1輯，上海：上海古籍出版社，1992：293。

〔註98〕無上秘要，中華道藏（第28冊），204。

我能修道合眞，於是踐行孝道倫理成爲獲得神祐的基本前提。

　　法術，是道教藉以感通尊神、役使諸神的重要手段。道教認爲「道乃法之體，法乃道之用」，〔註99〕道與法是體與用，本源與功能的關係，倘若離開大道，僅憑符咒等手段，便不能得其究竟，所以各派道法都強調行法者要修身會道，行法時做到心誠炁衝。從某種程度而言，法力的大小，乃依乎行法者之德性和信仰的程度。道教把世俗的孝道倫理引入到法術之中，作爲確保法力的重要舉措。兩漢道教就把「守一術」和孝道倫理相結合，認爲「守一之法」和忠孝一樣，都是「外則行仁慧施之功，不望其報。」〔註100〕《老子想爾注》則直接說：「守誡不違，即爲守一矣」，〔註101〕這裏的「誠」自然包括孝道倫理。北天師道寇謙之把踐行忠孝作爲施行避鬼術的德性前提。上清派把孝道倫理融入「道符」之中，廣泛使用「道符」於煉度、九幽等超度父祖亡靈的法事。〔註102〕《上清大洞眞經》中載有很多據稱能「使三眞固魂，九靈制魄，萬神總歸，安鎮室宅，七祖解散，名言仙籍」〔註103〕的符圖和訣語。而特別值得一提的是上清派的存思存神術。存思存神術的作用在於「打通神人之間的溝通障礙，通過存想、外化達到神與人的同在與交融。」〔註104〕在上清派看來，存思術不僅要自度，而且要度父母甚至七世祖。「度七祖父母」乃是修道者「免於不死」的前提，是獲取神人溝通的基本條件。

〔註99〕道法會元（卷1）。

〔註100〕王明，太平經合校〔M〕，北京：中華書局，1960：743。

〔註101〕老子想爾注，中華道藏（第9冊），172。

〔註102〕道符分爲「陰符」、「陽符」兩大類，其中「陽符」用於爲活人舉行的延壽、祈嗣等法事；「陰符」用於煉度、九幽等超度父祖亡靈的法事。

〔註103〕上清大洞眞經，中華道藏（第1冊），30。

〔註104〕何文倩，道教存思存神術中的天入思想〔J〕，科教導刊，2009（14）：119。

第八章　漢魏兩晉南北朝道教孝道的現代價值

　　漢魏兩晉南北朝時期，道教對孝道的吸收與重構是一個歷史上實然存在的事件。雖然已經成為過去，但歷史總是以某種方式與現實發生聯繫，或是因為類似的時代背景，或是因為共同的主題，或是沉澱為民眾思想、價值觀念的底色。正是由於這些聯繫的存在，決定了現代人與道教孝道傳統文化對話的可能性與必要性。以當前構建和諧社會的重大問題為切入點，重溫道教孝道的歷史與文化，可以使我們超越現有視域的限制，以更廣闊的思想空間去創造有適切性和理想的文化價值和自我觀。

8.1　為當前核心價值體系建設提供策略借鑒

　　建設社會主義核心價值體系是十六屆六中全會提出的重大戰略任務，十七大報告進一步指出：「社會主義核心價值體系是社會主義意識形態的本質體現」。〔註 1〕如何在多元文化背景下建設社會主義核心價值體系，是關係到和諧社會建設的共同基礎問題。對此，有學者注意到「必然從儒家核心價值對封建社會思潮的有效引領中吸取營養」；〔註 2〕除此之外，道教的歷史經驗也不可忽視。特別是漢魏兩晉南北朝時期，在儒家孝道內陷危機，外受佛教文

〔註 1〕 胡錦濤・高舉中國特色社會主義偉大旗幟，為奪取全面建設小康社會新勝利而奮鬥〔M〕，北京：人民出版社，2007：34。

〔註 2〕 李建華・和諧社會之魂：社會主義核心價值體系〔M〕，長沙：湖南人民出版社，2007：69。

化強烈衝擊的情勢下，道教自覺響應主流意識形態要求，採取了一系列策略，不僅在歷史上有效地維護了傳統社會核心價值「孝」，對於當前的核心價值體系建設亦具有一定的啓示意義。

8.1.1 形上立道策略

　　道教實現對傳統社會核心價值「孝」有效維護的前提條件，就是對「孝」的合法性進行論證與說明，在這一過程中使用的策略我們稱之爲「形上立道策略」。這裏的「形上」，是指合法性論證與說明的方式；「道」是指當時社會的核心價值「孝」。漢魏兩晉南北朝實施「以孝治天下」國策，「孝」的核心價值地位已然確立，但其合法性有待論證。因爲，以孔子爲代表的儒家把「孝」建立在「仁」之上的合法性論證，並不具有普遍的效力。

　　春秋以來，由於理性精神的崛起，人們對天命的敬畏心理日漸喪失，建立在此基礎上的「孝」的合法性說明與論證，很快就因爲其形而上層面的薄弱而幾近崩潰。在這種情況下，以孔子爲代表的儒家，試圖以人心之「仁」來重新說明孝道的合法性。「樊遲問仁。子曰：『愛人』」。〔註3〕「孝悌也者，其爲仁之本與。」〔註4〕曾子循此進一步提出：「忠者，其孝之本與」，強調孝道行爲是建立在人之皆有的對父母的忠愛之心上，「著心於此，濟其志也。」〔註5〕而在孟子看來，這就是天賦而來的愛親本性。「孩提之童，無不知愛其親者」，〔註6〕人類的孝行皆本於天然的愛親之心，是人性的必然發展。儒家以「仁」爲基礎的論證，「找到了孝道得以產生的人性基礎，而且使他將周代作爲一種貴族道德的孝轉化爲一種更有普遍性的民眾道德」。〔註7〕儒家的論證是建立在「應然」的性善論基礎之上，我們不能否定人性「善」對於人之爲人的價值意義，也同樣不能否認人性的弱點或人性惡是實然存在，此外還有很多非善非惡的因素。所以人的道德行爲是複雜的，特別是在外在利益的誘惑之下。誠如王符所批評的：「養生順志，所以爲孝也。今多違志儉養，約

〔註3〕李學勤主編，十三經注疏·論語注疏〔M〕，北京：北京大學出版社，1999：168。

〔註4〕李學勤主編，十三經注疏·論語注疏〔M〕，北京：北京大學出版社，1999：3。

〔註5〕王聘珍，大戴禮記〔M〕，北京：中華書局，1983：81。

〔註6〕李學勤主編，十三經注疏·孟子注疏〔M〕，北京：北京大學出版社，1999：359。

〔註7〕蕭群忠，孝與中國文化〔M〕，北京：人民出版社，2001：38～39。

生以待終，終沒之後，乃崇餚喪紀以言孝，盛饗賓旅以求名。誣善之徒，從而稱之。」〔註8〕這說明，儒家以應然性的「仁」作爲孝道的基礎，並不具有普遍性。特別是對於道德能力低下的人，就只能以虛假的孝名來應付社會主流意識形態的倡導，造成名實相分的現象。因此，道教要維護社會核心價值「孝」，就必須對其進行重新論證。

道教的策略是把盡孝的根據建立在「長壽成仙」深層需要之上，以擴大孝道踐行的社會基礎。根據馬斯洛的需要層次理論，人的需求可以分爲生理需要、安全需要、歸屬與愛的需要、尊重需要和自我實現需要五個層次，只有在較低層次的需要得到滿足之後，較高層次的需要才會有足夠的驅動力。儒家把「孝」建立在人心之「仁」的基礎上，實是立基于歸屬與愛的需要；道教把「孝」與「長壽成仙」結合起來，卻是立基於更深層次的生理需要和安全需要。這是每一個人都具有的，特別是在動蕩不安的漢魏兩晉南北朝時期更爲強烈。在當時，「長壽成仙」已然成爲上至帝王，下至宮廷貴族和士大夫之流共同的信仰與追求，儼然發展成爲一種社會風尚，甚至連東漢時期頻頻進犯的周邊少數民族部落和領國首領，都有著同樣的渴望生存、長壽乃至不死的普遍心理。因此，把「孝」建立在「長壽成仙」基礎上的合法性論證，具有更爲廣泛的適切性。

但是合法性論證，絕不是把「孝」與「長壽成仙」進行簡單的連接就可以了，必須結合當時人們的認識能力進行合理性說明。在漢末，《太平經》聲稱盡孝可以獲得神的祐助，從而幫助實現長壽成仙理想。「天愛子，可爲己得增算於天，司命易子籍矣。」〔註9〕「爲惡則促，爲善則延」，〔註10〕而「行孝」爲「善之善」、「大善」。《太平經》之所以藉重神的威信來說明，是因爲在當時，隨著天人合一觀和感應說的普及與傳播，「神靈成爲漢代中期以後民間信仰的新對象。」〔註11〕在魏晉，葛洪稱「欲求仙者，要當以忠孝和順仁信爲本。若德行不修，而但務方術，皆不得長生也」。〔註12〕葛洪除了繼續援用神明賞罰來說明問題之外，還從忠孝對於心性修煉的價值來進行說明。從

〔註8〕王符，潛夫論〔M〕，上海：上海古籍出版社出版，1978：20。
〔註9〕王明，太平經合校〔M〕，北京：中華書局，1960：34。
〔註10〕王明，太平經合校〔M〕，北京：中華書局，1960：4。
〔註11〕李秋香，儒家倫理影響下的漢代民間信仰新變化〔J〕，中南大學學報（社會科學版），2011，（6）：116。
〔註12〕王明，抱朴子內篇校釋〔M〕，北京：中華書局，1980：47。

某一個方面而言，這是順應民眾認識能力提升的結果。在南北朝，除了繼續保留神靈的威懾力量之外，更多地立足於孝道踐行對於道教修煉的價值。如陸修靜強調盡孝對於修齋的靜心去欲、謹言慎行的價值；陶弘景聲稱忠孝能通神感靈，使臟腑安和，形神相守，消災卻病，延年升仙。由此可見，對孝道的合理性論證，絕不是一勞永逸的，必須隨著人們的認識能力和社會心理的變化而變化，才能使這種論證為人們所服膺。南北朝之後，隨著道教「長壽成仙」信仰內涵的變化，「孝」與「長壽成仙」的關係就有待重新論證。

道教從自身「長壽成仙」信仰出發對於「孝」的合法性論證策略，為當前社會核心價值體系建設提供了很好的歷史借鑒。它啟示我們，在當前核心價值體系的合理性論證上，必須立足於人之最基本的需要，必須具有足夠的普適性，必須與民眾的社會心理和認識能力相吻合，而不能僅僅停留在「應然性」的倡導，或者是意識形態的宣傳上。正如有學者說的：「只有走『以道理服人』、『以攻心為上』的心智發展之路，用傳統或習慣服人，用信仰服人，用事實和道理服人，讓民眾相信它，才能轉化為人們的自覺追求。」〔註13〕

8.1.2　一核多元策略

在論證了核心價值體系的合法性之後，接下來要解決的問題就是核心價值體系的生成問題。儘管漢魏至南北朝，歷代統治者運用政治的力量確立了「孝」的核心價值地位，但不能掩蓋當時孝道觀念存在的嚴重缺陷，集中表現在：一、權責失衡而難以持久，為了履行絕對的孝道義務，甚至要捨棄子孫的生命；二、家族至上而觀念狹隘，為了維護家族的利益，不惜損公肥私、親親相隱、血親復仇，造成社會動盪；三、厚葬久喪而勞民傷財，影響社會的穩定與發展。在這種歷史背景下，要維護民眾對傳統社會核心價值「孝」的認同，就必須對其進行重構，盡力彌補缺陷，提升合理性。對此，道教採取的策略是：在堅持自身「長壽成仙」信仰的前提下，改造和提升儒家孝道觀念，借鑒吸收佛教思想元素，以形成道教孝道價值體系，概括來講，就是「一核多元」。「一核」，就是明確以「長壽成仙」信仰為基礎的孝道的核心、主流地位，只有這樣才不至於被同化、被湮滅；「多元」，是指在同一時空裡保留有多種文化的存在，為道教重建核心價值「孝」提供豐富的思想資源。《鄭

〔註13〕楊永庚、錢耕耘，心智發展思路：建立社會主義核心價值體系的路徑選擇〔J〕，唐都學刊，2010，（7）：61。

語・國語》中說的：「和實生物，同則不繼。以它平它謂之和，故能豐長而物歸之」。〔註14〕「一核多元」即是「吸收其他流派的文化資源，爲主流的核心價值借鑒與吸收，最終形成核心價值體系。」〔註15〕

　　道教以「長壽成仙」信仰統領核心價值「孝」的建設，其中一個重要的方面就是對不符合「長生成仙」信仰的觀念進行刪改。如對於殘害女嬰的社會風氣，道教直斥爲是「絕地統」、「滅人類。」「夫人者，乃天地之神統也；滅者，名爲斷絕天地神統，有可傷敗於天地之體。」〔註16〕又如針對厚葬久喪的社會風俗，道教提出「事死不得過生」〔註17〕的原則。「死亡，天下大凶事也」；〔註18〕斥責那種「事死過生」的做法純屬敬陰欺陽，興陰壓陽，其結果將造成鬼神邪物「晝行」崇人，賊殺人、病害人，導致邪氣日多，怪變紛紛，治失政反；宣稱祭祀之事只要「心至而已。」〔註19〕就是對於舊天師道傳統的「父死子繼」的制度，寇謙之也主張廢除，體現的正是對「長生成仙」信仰的維護。其次，對符合「長生成仙」信仰的孝道觀念進行提升，如原始孝道觀念中的源於祖先崇拜的生命關懷精神。道教把生命的本源由祖先延伸到「天、君、父、師」，直至「道」；把回報生命之源的對象，由父母、祖先，擴展到自我、子孫、師長、君主直至天地萬物；把生命關懷的內容由「生則養，沒則喪，喪畢則祭」〔註20〕拓展到勸父母入道、超度亡靈等等。《太平經》認爲，最爲上等的孝行，不是「居常善養」，而是「念其父母且老去也，獨居閒處念思之，常疾下也，於何得不死之術……使入道也。」〔註21〕在認同儒家孝道基本理念的基礎上進行提升，這是道教孝道在確立自身主導地位上的又一倫理智慧。

　　然而，道教在堅持自己對孝道理解的主導地位的同時，並沒有對其他孝道

〔註14〕　上海師範大學古籍整理組校點，國語〔M〕，上海：上海古籍出版社，1978：
　　　　　515。
〔註15〕　陳力祥，儒家核心價值觀對封建社會思潮的有效引領之策略探析〔J〕，天府
　　　　　新論，2009，（4）：22。
〔註16〕　王明，太平經合校〔M〕，北京：中華書局，1960：80。
〔註17〕　王明，太平經合校〔M〕，北京：中華書局，1960：48。
〔註18〕　王明，太平經合校〔M〕，北京：中華書局，1960：279。
〔註19〕　王明，太平經合校〔M〕，北京：中華書局，1960，51。
〔註20〕　李學勤主編，十三經注疏・禮記正義〔M〕，北京：北京大學出版社，1999：
　　　　　1346。
〔註21〕　王明，太平經合校〔M〕，北京：中華書局，1960：279。

文化，特別是異質的孝道文化觀念一概採取拒斥的態度。當然，在漢魏兩晉南北朝之際，道教也曾跟隨儒家一起指責佛教的不孝，但是在表面衝突的背後，是暗地的吸收。這即是許抗生教授所稱的「逆向的互救。」許教授在分析儒道互補時，曾提出有兩種形態：「一是儒道兩家思想之間的互相滲透、互相吸收、以豐富完善各自的思想；一是儒道兩家各自以救弊的形式出現，相互揭露和批評對方的弊端，克服對方的偏頗……前者可以稱作兩者思想的融合，後者則是兩種思想的逆向的互救。」〔註22〕許教授的這個分析同樣可以適用於漢魏兩晉南北朝道教與儒家、佛教的關係。道教與儒家在孝道方面，更像是第一種形態，這方面的事實非常明顯，就不再贅述；道教與佛教的關係則應該屬於第二種。從道教的角度而言，佛教的存在和批評非常重要，「使得與其競爭的宗教不得不與其較量或者採用他們」。〔註23〕道教孝道正是以佛教的批評作為鏡子，反觀自身的不足，進而吸收更為先進的思想元素，如佛教的因果報應、五道輪迴、地獄天堂觀念以及戒律的形式等等。但是道教吸收佛教思想並不是簡單的拿來主義，而是「試圖在自身理論基礎上有機地融合佛教思想。」〔註24〕以輪迴報應觀念為例。道教講輪迴報應，雖主張吉凶禍福是自作自受，但仍保留了眾神在冥冥之中的監察、管理與裁決地位；認為個人的善惡行為決定其自身的果報，卻又聲稱能對七世祖先和子孫後代造成影響。

　　漢魏兩晉南北朝時期，道教重構傳統社會核心價值「孝」的過程中所運用的一核多元策略，提醒我們在當前的核心價值體系建設中，首先就要確立核心價值體系在意識形態中的主導地位，凡是與之相適應的就加以弘揚、宣傳與提升，與之相反的就要盡力消除其消極影響，但絕不是消滅。保留異質文化的存在，就是為主流意識形態文化提供對話的對象，為核心價值體系建設提供擴展視野、深化自我反思以及開拓文化意識的機會。這即是日本的池田大作先生和美國的杜維明先生所一致倡導的。池田大作先生說：「不是把對方看做是應當說服的存在，而是要當做應當學習的存在，加以尊敬和尊重」。杜維明先生非常贊同這一觀點，提出「真正的『文明之間的對話』，必須是能讓對方的文明在自己的文明中共存，由此來開拓自己的文明的地平

〔註22〕許抗生，簡論中國傳統文化的儒道思想的互補〔J〕，北京大學百年國學文萃（哲學卷），北京大學出版社，1998：393。

〔註23〕〔法〕索安著，呂鵬志譯，西方道教研究編年史〔M〕，北京：中華書局，2002：99。

〔註24〕卿希泰主編，中國道教思想史：第一卷〔M〕，北京：人民出版社，2009：592。

面。」〔註25〕相反，如果以單一文化構築核心價值，則只能導致主流核心價值的窒息和夭折。因為「政治高度統一必然扼殺民主，造成強權、特權和專制；科學文化定於一尊，必定使科學窒息，束縛科學、教育、文化、藝術的繁榮；輿論一律必定鉗制言論自由，形成萬馬齊喑。死水一潭，造成毫無民主的愚民；經濟一色只能缺乏相互競爭的活力。」〔註26〕

8.1.3　神道設教策略

通過「形上立道」的合法性論證，以及「一核多元」的生成性建構之後，核心價值體系的主導性地位基本上已經確立，接下來要回答的就是如何在實踐中推行的問題。在這個方面，道教提出了「神道設教」策略。

道教「神道設教」策略的提出，從某種意義上講，是對孔子孝道教化思想的反撥。孔子以人心之「仁」作為孝道的哲學基礎，聲稱「我欲仁，斯仁至矣」，〔註27〕雖然提升了人在道德行為中的主體性，卻在另一方面削弱了鬼神威懾力量的道德教化價值。如大家所熟知的「子不語怪、力、亂、神」，〔註28〕宣稱「祭如在，祭神如神在」。〔註29〕但實際上，孔子是非常矛盾的。《全梁文》中就有這樣一段記載：「仲尼云：吾欲言死而有知，則孝子輕生以殉死；吾欲言死而無知，則不孝之子，棄而不葬。」〔註30〕由此可以看出，孔子至少在心裏是承認「神道設教」有促人盡孝的價值，但也非常警惕其副作用。道教則明確祭起「神道設教」的旗幟，論證孝道的神道起源，建立健全道德賞罰機制，造作大量神靈監督人們的孝道行為，強有力地促進「孝」這一社會核心價值的認同和踐行。可以說「這是道教孝道觀制約民眾心理與行為的有力手段，是道教孝道觀對孝道文化及其傳播的主要貢獻。」〔註31〕

〔註25〕〔日〕池田大作、〔美〕杜維明，對話的文明——談和平的希望哲學〔M〕，成都：四川人民出版社 2007：75。

〔註26〕田廣清·和諧論：儒家文明與當代社會〔M〕，北京：中國華僑出版社，1998：6。

〔註27〕李學勤主編，十三經注疏·論語注疏〔M〕，北京：北京大學出版社，1999：95。

〔註28〕李學勤主編，十三經注疏·論語注疏〔M〕，北京：北京大學出版社，1999：92。

〔註29〕李學勤主編，十三經注疏·論語注疏〔M〕，北京：北京大學出版社，1999：35。

〔註30〕嚴可均，全上古三代秦漢三國六朝文〔M〕，北京：中華書局，1965：3211～3212。

〔註31〕蕭群忠，孝與中國文化〔M〕，北京：人民出版社，2001：240。

在論證孝道的神道起源上，道教把理論論證和神仙故事相互印證，以提升說服力。其一，道教認爲「人亦天地之子也」，〔註32〕盡孝乃事合「天心地意」。「天者主生，稱父；地者主養，稱母；……爲子乃當敬事其父而愛其母。」〔註33〕「孝者，下承順其上，與地同生……得天地之意。」〔註34〕這裏是以天父地母爲喻教人盡孝，從而給孝道以天命的依據，強調盡孝道義務的必然性和合理性。其二，道教把「孝道」神化，聲稱「孝出於道」，「大道幽虛。寂寥無名。孝出於無，乘元受生。生形法孝，無名曰道。……故名孝道。」〔註35〕又說「道」化爲「三眞孝王」，「一治日中，二治月中，三治斗中。」〔註36〕即是說，「孝」是「道」之「子」，是無名之「道」的有形體現，賦予了人格神的意義。其三，造作了很多孝道神仙故事。如晉代民間孝子許遜與吳猛，被不斷賦予「斬蛟」、「驅魔」、「卻兵」、「舉家飛升」等法術，塑造成孝道神仙的形象，後來發展成爲「十二眞君」的孝道神仙群體。上清派陶弘景則稱：「夫至忠至孝之人，既終，皆受書爲地下主者，一百四十年乃得受下仙之教，授以大道，從此漸進，得補仙官，一百四十年聽一試進也。」〔註37〕在理性認識不甚發達的古代社會，這一說法具有很強的說服力。

爲了促使人們踐行孝道，道教又把承負說和佛教的輪迴觀念結合起來，健全因果報應機制。善惡因果報應是中國人古已有之的觀念。「從倫理學的角度來看，就是一種道德賞罰機制，通過承諾行爲善惡與福禍之間本質的聯繫和必然的趨勢，以確立人們遵守道德的信念。」〔註38〕然而在現實生活中，往往出現「或有力行善，反常得惡；或有力行惡，反得善」〔註39〕的現象。對此，道教先是創立了「承負說」，後又引進佛教的輪迴觀念，並把兩者結合起來進行解釋。道教認爲個人今生的禍福，要受自己的前世與今生、以及父

〔註32〕 王明，太平經合校〔M〕，北京：中華書局，1960：40。

〔註33〕 王明，太平經合校〔M〕，北京：中華書局，1960：113。

〔註34〕 王明，太平經合校〔M〕，北京：中華書局，1960：310。

〔註35〕 洞玄靈寶道要經，張繼禹，中華道藏：第 31 冊〔M〕，北京：華夏出版社，2004：389。

〔註36〕 洞玄靈寶八仙王教誡經，張繼禹，中華道藏：第 31 冊〔M〕，北京：華夏出版社，2004：383。

〔註37〕 眞誥，張繼禹，中華道藏：第 2 冊〔M〕，北京：華夏出版社，2004。

〔註38〕 呂錫琛，周山東，論《太平經》對兩漢孝道的改造及其意義〔J〕，倫理學研究，2012，（1）：36。

〔註39〕 王明，太平經合校〔M〕，北京：中華書局，1960：22。

祖善惡行為的影響；反之，今生的善惡行為也會影響到自己的今生和下世，
以及子孫的命運，甚至是七世祖先的超度等。道教通過創立「承負說」和引
入佛教六道輪迴思想，不僅有效地解釋了社會上的不合理現象，亦使孝由父
母與子女之間（包括婆媳、祖孫）的代際倫理，〔註40〕擴展到去世的累代與
在世的一代，以及未出世的後代之間的代際倫理，〔註41〕賦予孝道更為寬廣
的倫理關懷和強烈的責任意識。因為根據這個解釋框架，是否盡孝就不僅是
個人今生的禍福問題，也關涉到自己下世的幸福，子孫的命運，以及祖先的
超度等等。個人的前世、今生與下世，祖先、父母與子孫被捆綁在一起接受
道德賞罰；在具體的操作上，以罰為主，主要是採取奪人命籍的形式，根據
人的行為與動機的善惡程度減人紀、算。而最大的善，莫過於上孝、上忠、
上順，反之，即是最大的惡。無疑，孝、忠、順就成為最緊要的事情。

　　為了確保因果報應機制的正常運轉，道教又在世俗社會之上構建了一個
以神靈為主體，遍佈天地、家中、人心的道德監督體系。道教認為世俗的道
德監督機制具有必可避免的缺陷，主張「勿得強賞」，「天自賞之」，認為只有
天道的公正性才能確保孝行出自「至誠」的心意；只有天道威力的廣泛性，
才能促使孝道行為得到普遍的遵行。在這種思想認識下，道教構建一個龐大
的神靈監督體系。根據距離個人活動的遠近，道教的神靈監督體系大概可以
分為五層。第一層，即為「身神」，處於人的身體中，對人之言行和心理動機
瞭如指掌。後又稱為「三尸」蟲，盼望著人死，好早日做鬼，以自由放縱，
所以不會放過人的任何惡行和動機，每到庚申日就會上天報告。第二層為「灶
神」，與人的生活息息相關，位於家中，觀察人之行為，每個月的最後一天定
時上天彙報。第三層為山川草木諸神，皆是精氣所化，具有「賞善而罰惡」
的能力，所以「天高而聽卑，物無不鑒，行善不怠，必得吉報。」〔註42〕第
四層為「東西南北四帝」，「主煞天下逆惡不孝」。〔註43〕第五層為天上諸神，
處於天庭，負責善惡總清算，「凡大小甲申之至也，除凶民，度善人，善人為

〔註40〕注：關於代際倫理的研究，可參照：廖小平，倫理的代際之維——代際倫理
　　　　研究〔M〕，北京：人民出版社，2004。
〔註41〕注：按照道教的理解，是為去世的祖先、在世的父母及自我，以及未出世的
　　　　子孫後代；按照佛教的理解，是為個人的前世、今生與下世，在後來的發展
　　　　中，道教逐漸把兩種觀念結合起來。
〔註42〕王明，抱朴子內篇校釋〔M〕，北京：中華書局，1980：116。
〔註43〕女青鬼律，中華道藏：第8冊，600。

種民，凶民爲混齏」。〔註44〕有了這五層神靈的監督作用，相信任何信奉這一學說的人，都不敢有叛逆之舉的。

道教孝道的「神道設教」策略，提示我們要充分發揮宗教信仰在核心價值體系建設中的價值。在當前，「宗教不僅作爲一種文化現象繼續生存和生長於現代社會，而且也以一種積極的文化姿態參與並維持這現代社會的道德文化生活，對現代人類和社會產生著極爲深遠的精神影響，這種影響甚至具有著全球範圍的普遍性質。」〔註45〕而核心價值體系建設一旦取得信仰的支持，將會增加強勁的動力。因爲眞正爲一種信仰所支配的民眾不僅會在內心深處，心悅誠服地接受其信仰所支持的規範，而且會不顧一切甚至無可理喻地去實現和捍衛這種規範。〔註46〕當然，現代中國社會絕大多數人是不信奉宗教的，但即便如此，道教的「神道設教」策略仍然值得借鑒。如果我們能把「神道設教」中報應的力量由神秘、虛幻轉換爲眞實、現實的，「其一是依賴健全的社會賞罰機制和公正的社會輿論，使大善與大惡或慣惡得到應有的報答（應）；其二是依賴被施恩者的及時回報（物質的和精神的）或被惡者的權利主張，使善惡之因與善惡之果間的必然性聯繫得到有效的經驗性印證和實踐檢驗。」〔註47〕那麼我們就一定能重建因果報應信念，爲核心價值體系建設提供有力支撐。

8.2　爲當前道德建設提供文化資源

道德建設，是構建和諧社會的道義基礎和精神力量。〔註48〕然而道德建設不是無源之水，必須要有資源，包括宗教的道德資源。這後一方面，恰恰是現代倫理學所忽視的。宗教與道德作爲兩種特殊的文化現象曾經分享過或者說共創過共同的文化資源，並且在相當長的時期裏相互間保持著一種可以

〔註44〕王明，太平經合校〔M〕，北京：中華書局，1960：4。
〔註45〕萬俊人，尋求普世倫理〔M〕，北京：北京大學出版社，2009：39。
〔註46〕注：當然，我們不是要尋求重建宗教傳統，恢復宗教在道德生活中的主導地位，而是提醒人們認識到宗教與道德的內在關聯和現實影響，在核心價值體系建設的過程中充分宗教的現有資源。
〔註47〕黃明理，善惡因果律的現代轉換：道德信仰構建的關鍵概念〔J〕，華東師範大學學報（哲學社會科學版），2008，（2）：106～107。
〔註48〕唐凱麟，道德建設：構建和諧社會的道義基礎和精神力量〔N〕，光明日報，2005～05～10。

理解的共融的親緣關係。然而，自「啓蒙運動」實施其自由主義的「道德謀劃」以來，宗教與道德之間的這種文化親緣關係被人爲地割裂開來，甚至產生某種尖銳的對峙而最終形成爲兩種「相互頡頏的道德探究觀。」〔註49〕這其中固然有很多的歷史原因，但問題是「在無情摒棄了宗教或宗教倫理資源後，現代社會是否眞正創立了自己獨立自足的倫理學體系？即使它創立了自己獨立的倫理學體系，該體系又是否能夠憑藉其賴以自足的科學理性精神和人道主義的價值理念系統（自由、平等、博愛）爲現代社會和現代人自身提供了充分有效的道德資源。」〔註50〕當然，現代倫理學的缺失並不意味著它必然要訴求於宗教或本文的主題道教孝道倫理，道教孝道也不可能解決現代倫理學的所有問題，但是其所特有的信仰形式和踐行方式，正是當前道德建設所缺少或急需的。

8.2.1　規範與德性並重

「規範與德性」是當前倫理學討論的熱點問題之一，它既用來指道德的外在「規範性」與內在「德性」的問題，也是指倫理學建設中的「規範倫理學」和「德性倫理學」的問題。本文主要是從後一方面，討論當前倫理學建設中過分倚重「規範倫理學」現象及所造成的後果，探究道教孝道可能提供的啓示。

「所謂規範倫理，是依憑規範的倫理，是以原則、準則、制度等規範形式爲行爲嚮導並視其爲道德價值之根源的倫理。而所謂德性倫理，是出自個體德性的倫理，即以個體的德性爲自因的倫理。」〔註51〕德性倫理的傳統，在西方可以溯及到亞里士多德，在中國可以溯及到孔孟，並曾經是古代社會占主導地位的倫理形態；然而近現代以來，規範倫理學無論是在西方，還是中國都取得了主導地位。隨著人類生活社會化程度的提高，個人行爲的社會意義增大，人際關係和社會交往更爲複雜，社會公共事務、組織和關係的協調規範更爲重要。整個社會對倫理學的普遍合理性和實踐有效性提出了更高

〔註49〕 Cf, Alasdair MacIntyre: Three Rival Versons of Moral Inquiry-Encyclopaedia, Genealogy and Tradition〔M〕，University of Notre Dame Press, 1990。

〔註50〕 萬俊人，宗教與道德之間：關於「信念倫理」的對話——論宗教作爲一種可能的現代道德資源〔M〕//張志剛，斯圖爾德主編，東西方宗教倫理及其他，北京：中央編譯出版社，1997：109。

〔註51〕 呂耀懷，規範倫理、德性倫理及其關聯〔J〕，哲學動態，2009，（5）：29～30。

的理論要求，倫理學家對社會制度和倫理觀念的思考更傾向於普遍性和規範制度化的訴求。

這些**趨勢**，在促使現代規範倫理異常發達的同時，也導致了對道德建設之「德性」培育任務和「信念」支撐價值的忽略。「毫無疑問，缺乏個體心性美德的主體動力和信念倫理的終極關懷，即使是再完備周全的倫理規範系統，也難以保證社會倫理規範的持久有效和普遍有效。」〔註52〕現代人把倫理學變成一種純外在性的社會規範問題，「人們越來越清楚地看到，這種現代性規範倫理既難以滿足現代社會哪怕是最基本的道德生活需要，也缺乏足夠的文化解釋性資源，亦由它自身固有的外在化特徵所致，使它無法洞察和切入現代人的內在精神世界和終極關懷問題。」〔註53〕著名倫理學家萬俊人先生說：「規範倫理成了無規範效力的道德說教？！這或許是現代規範倫理學最大的困境。」〔註54〕

規範倫理與德性倫理的對立，在道教孝道那裏似乎不成問題。道教孝道既強調道德規範的構建，又注重德性的培育，體現出「規範倫理」與「德性倫理」並重的特點。

道教孝道首先是一種規範倫理，它以戒律的形式加以呈現，非常具有典型性。一是強制性，孝道戒律是道教借神的名義約束教徒，作為教徒必須遵守的思想與行為準則，違反了即要受到神的譴責、警告；二是具體性，道教以條分縷析的形式對修道、出行等方面應該注意的孝道倫理規範進行了全面、具體的規定，比起簡單的提示道德原則更具有指導性。三是寬泛性，道教認為盡孝不只是敬奉父母，還要敬奉師傅、君王、天地，以及「道」，因而把對待父母、子女、師傅、祖先、君王、天地萬物，以及「道」的要求都收納在孝道戒律之內。四是可操作性強，道教把觸犯每一條孝道戒律所要「奪算」的多少都給以明確標示出來，從而使信徒明確違犯該條將會在最後「算計」總結中的分量，決定著來世禍福命運。世俗社會很少有道德規範能像道教孝道規範這樣具有系統性、全面性和可操作性。

道教如此重視孝道規範建設，但並沒有因此忽視德性倫理。道教把「孝

〔註52〕萬俊人，尋求普世倫理〔M〕，北京：北京大學出版社，2009：76。

〔註53〕萬俊人，宗教與道德之間：關於「信念倫理」的對話──論宗教作為一種可能的現代道德資源〔M〕//張志剛，斯圖爾德主編，東西方宗教倫理及其他，北京：中央編譯出版社，1997：110。

〔註54〕萬俊人，尋求普世倫理〔M〕，北京：北京大學出版社，2009：76。

道的本質」界定爲內在「誠敬之心」的自然流露，而不是對外在規範的服膺。在五斗米道那裏，強調孝「出自然至心」，要有「至誠」的心意；在五斗米道之後，強調要有「謹身愼行」的精神。道教對孝行的考評，不只是看其外在的表現，更要看是否發自內心自願行孝。道教對孝道的推崇，不只是出於規範對人的行爲約束作用，更是對自我生命能力的確證，在保證自我生命存在的同時，有能力回報父母之恩；是超越死亡的一種道德實踐，盡孝可以延長生命的長度，提升生命的質量，實現生命的價值。所以從道教孝道來看，規範倫理和德性倫理完全是可以結合在一起的；規範倫理也只有上陞到德性倫理，孝道行爲才具有自覺性和自律性。

那麼，道教又是如何實現孝道由規範倫理向德性倫理提升的，對於當前和諧社會的道德建設有何啓示意義。這種啓示至少有以下兩個方面：

其一，以強烈的終極關懷精神統領道德規範建設。道教以長生成仙作爲它所追求的最高目標，也是以此作爲孝道實踐的目標，因而在孝道規範建設中著力貫注一種生命關懷德性精神，凡是符合這一信仰追求的就加以吸收、提升，不符合的就加以清除，體現出強烈的系統性和明確的價值導向性。如把殘害女嬰的社會風氣，厚葬久喪的社會風俗，燒山、破石、鑿地等破壞環境的行爲統統歸之爲不孝的行列。以此反思當前，我們的規範倫理學與美德倫理學的內容都是較爲空泛的。如蕭群忠教授所說：「一條倫理規範的科學內含，一種美德的具體要求是什麼？倫理學研究者沒有給出明確而科學的詮釋，因而無法向民眾清楚地宣傳、教育。」〔註55〕

其二，以強有力的監督機制維持信念，促使道德由他律走向自律。道教徒對孝道戒律的踐行，不只是出於對神靈力量的畏懼，更是出於對「盡孝」一定能「致仙」的信念，及其背後善惡因果報應的信念。雖然在現代社會，我們不可能再運用「神靈監督說」、「承負報應論」以及「六道輪迴觀念」重建神學式的因果報應律和監督機制；但是我們可以進行恰當的思維轉換，以制度的健全和輿論的暢通爲支點，使大善與大惡或慣惡得到應有的報答（應）；通過被施恩者的及時回報或被惡者的權利主張，使善惡因果之間的必然性聯繫得到有效的經驗性印證和實踐檢驗。這是當前道德建設中的一個重要問題。有學者說：「現代中國倫理建設的突破口，就是重建倫理的善惡與現

〔註55〕蕭群忠，《了凡四訓》的民間倫理思想研究〔J〕，雲南民族大學學報：哲學社會科學版，2004，（1）：23。

實生活的因果律。」〔註56〕

8.2.2　修德與養生緊聯

　　道德修養屬於倫理學所關注的問題，身心健康屬於心理學和醫學所關注的問題，兩者雖然同為個人立身處世之基本條件，但往往被割裂開來認識。一方面，現代倫理學忽略了道德的調養身心功能，把道德狹窄地界定為社會調控的重要方式和個人自我完善的精神力量，使道德建設缺省了應有的維度；另一方面，現代養生理念忽略了道德養生，只是片面地追求食物和運動方式的選擇，從而使養生劍走偏鋒，難以達到預期效果。然而，早在漢魏兩晉南北朝，道教就已經把道德修養和長生修煉結合起來，使孝道踐履成為道教的養生方式和養生技術。道教孝道「修德與養生緊聯」的智慧，可以為我們重新認識道德的功能，提升道德建設的實效性提供歷史參照。

　　在道教那裏，《太平經》是最早把「孝」與「壽」相連接的。經中稱：「不孝不可久生」〔註57〕，而一個人能盡孝則能獲得神的祐助，「移其命籍，著長壽之曹。」〔註58〕當然，《太平經》把「孝」與「壽」相連接主要是從教化論的角度而言，還沒有明確的道德養生意識，雖然不能從科學上進行合理的解釋，但也可能是事實上的概括。其意義在於，在道教歷史上第一次提示了孝道實踐與生命壽夭之間存在某種聯繫。真正認識孝道實踐的精神健康價值，是東晉的葛洪。葛洪說：「夫人所以死者，諸欲所損也」，〔註59〕無所節制的欲望是導致人早死的重要原因所在。因此「欲求仙者，要當以忠孝和順仁信為本。若德行不修，而但務方術，皆不得長生也。」〔註60〕而踐行忠孝等道德，使人「口不妄言，身不妄動」，可以達致「恬愉澹泊，滌除嗜欲，內視反聽，尸居無心」〔註61〕的境界。南朝的陸修靜進一步把孝道的精神健康價值運用於齋醮實踐。他說：「能忠孝……然後乃可修齋靜思，反聽內視，還念形中，口不妄言，身不妄動。」〔註62〕不僅如此，他還以感念父母之恩的孝道

〔註56〕樊和平，善惡因果律與倫理合理性〔J〕，上海社會科學院學術季刊，1999，（3）：86。

〔註57〕王明，太平經合校〔M〕，北京：中華書局，1960：597。

〔註58〕王明，太平經合校〔M〕，北京：中華書局，1960：625。

〔註59〕抱朴子內篇·至理。

〔註60〕抱朴子內篇·對俗。

〔註61〕抱朴子內篇·論仙。

〔註62〕太上洞玄靈寶法燭經，中華道藏（第4冊），416。

精神作爲克服困難修齋的精神動力。上清派繼承和發展了這一做法，把感念父母之恩作爲修道治心之要。道教把盡道與修「長生成仙」之道結合起來，既使孝道實踐和孝道教化獲得一種新的形式，又提升了修道活動中的心理調適能力，豐富了中華養生文化，不僅在歷史上曾發揮過積極的影響，對於當前的思想道德建設亦具有不可低估的作用。

道教孝道「修德與養生緊聯」的智慧，有利於提升道德修養自覺性，增強道德建設實效性。「傳統修身思想的主要價值取向均在於齊家、治國、平天下，未把道德修養同個人生命的存在情狀相聯繫；況且它主要作用於生命的外在層次，諸如名譽、地位等等方面，這必然使其社會作用的普遍性和縱深性受到局限，難以對社會各個層次發生普遍性的影響。」〔註63〕而道教凸顯盡孝的身心健康價值，「將道德培養建立在健體強身的內在需求之上，這是中國傳統社會促進道德踐行的更爲內在而深刻的強大動力。」〔註64〕對於統治者而言，一般的道德規勸常常是軟弱無力的，還不如盡孝可以延年益壽成仙，不孝早死得下地獄的說教更爲有效果；對於普通民眾而言，從養生延壽、身心健康這一人的普遍需求出發，爲道德尋找內在支撐的方法也是非常高明的，有助於人們將保養身體與積德行善聯繫起來，將提高生命質量這一基本心理渴求轉化爲對道德的踐履，將對於養生之道的熱衷，轉化爲對道德規範的遵從。在當前的道德建設中，如果能借鑒道教孝道「修德與養生緊聯」的做法，借助於人們對養生之道的熱情，倡導「道德養生」，不僅有利於提升道德修養的自覺性，而且能促進個體的身心和諧，進而促使社會的和諧穩定。

事實上，倡導「道德養生」是有其認識論根據和醫學、社會學的證明，也是當前健康觀念的內在訴求。眾所週知，倫理道德「注重的是人際關係調和，而要實現人際和諧則必然依賴主體自我的修身養性，並根據一定的社會認知，並自我行爲舉止進行調控。」〔註65〕從這個意義上說，倫理具有養生意蘊，並且與社會認知緊密聯繫在一起。現代醫學也證明，人的內分泌系統工作狀態要受精神狀態的影響，而內分泌又直接制約著肉體的健康狀況。如果一個人常爲善事，就能形成一種喜悅、自我肯定與滿足的心理，內心呈「充

〔註63〕姜生，道德與壽老：論道教生命倫理的道德決定論特徵〔J〕，學術月刊，1997，
（2）：15。
〔註64〕呂錫琛，中國傳統社會促進道德理念踐行的經驗〔J〕，道德與文明，2010，（1）：
39。
〔註65〕詹石窗，道教與中國養生智慧〔M〕，北京：東方出版社，2007：487。

盈」的良好精神狀態，進而內分泌系統協調，把血液循環系統、神經系統調節到最佳狀態，由此增強機體的抗病能力，促進健康長壽；相反，如果一個人常為惡事，就會導致內心的矛盾、失衡，構成精神壓抑、自我否定與失落情緒，進而造成內分泌系統紊亂，干擾各器官組織的正常生理代謝過程，削弱免疫系統的防禦能力。而從生存的外在環境來看，人為善就會得到社會的褒獎，從而形成和諧的社會環境，使行善者立於安全之地；如果常為惡的話，就會造成各種人際關係緊張，導致個體對外部環境的適應性困難，容易發生心理障礙和疾病。世界衛生組織早在 1948 年就指出「健康不僅是沒有疾病，而且是個體在身體上、精神上、社會上的完滿狀態」，四十年後進一步明確「健康者不以損害他人的利益來滿足自己的需要，具有辨別真與偽、善與惡、美與醜、榮與辱等是非觀念，能按照社會行為的規範準則來約束自己及支配自己的思想和行為。」〔註 66〕

　　以此反思現代人的養生觀念，無非是食物養生、藥物養生、運動養生等等，實際上這些都只是「只能使身體獲得淺層次的暫時健康，只有道德養生才能使個體獲得真正的健康基礎。」〔註 67〕因此，開發道教孝道「修德與養生緊聯」的智慧，不僅在中國當下具有價值，亦具有世界性的意義。

8.2.3　勸諭與垂範並用

　　道教孝道有益於當前道德建設的資源，還有一個方面不能忘記，那就是內藏無價之寶的經典與高尚的神僊人格，這是道教發揮社會教化功能不可或缺的道德資源。特別是道教獨特的勸孝方式，上層人士的親身孝道實踐，以及孝道神仙所散發的榜樣魅力，在歷史上是令道教信徒肅然起敬、踐行孝道的力量源泉，於今天仍有很強的教化作用。

　　道教勸孝的特點就是動之以情、曉之以理，以潤物無聲的方式，彌補秦漢以來孝道由於政治化、片面化所造成的道德情感缺失弊端，成為促使信徒踐行孝道的強大動力。如葛玄作《太上慈悲道場消災九幽懺》以勸孝，不是如《孝經》那樣對社會各階層踐行孝道強行作出具體的行為規範，而是先述盡孝得神明守護、不孝獲萬般劫苦，再訴父母養育兒女之艱辛，次以母親身

〔註 66〕轉引自：陳明，呂錫琛，道德與精神健康：新視角下的倫理學與心理學的會通與融合〔J〕，唐都學刊，2010，（1）：25。

〔註 67〕王偉凱，論道德養生〔J〕，蘭州學刊，2010（11）：13。

份對不孝兒進行控訴，字字情眞意切，感人至深，堪稱勸孝經典。茲錄部分
如下：

　　若孝若悌，一家之中，老少安樂，天下欽敬，神明守護，子孫
相承，孝慈不斷。招感孝順，以爲珍寶。若乃不孝，世世相續，一
門之內，總是冤家。雖言父母，如同讎隙，招忤逆者，以作其兒。
父母兄弟，各財異食，同閭別菜，共田分穀，隱藏珍饈，喫食如偷，
雖是人形，不如禽獸，神明不祐，一生所爲，諸不吉利，死入地獄，
受一切苦，萬劫方生，受百勞鳥，生子欲飛，須共食母。方離巢穴，
後生人中。聚集忤逆，卻爲父子，更相殘害，遞互相嫌，天下苦痛，
莫過於此。〔註68〕

　　且非父不生，非母不養，是以天地覆育，寄託母身，二氣相凝，
懷娠十月，縈妊抱重，坐臥失常，歲滿月充，誕育之候，其母恐怖，
性命輒然，惻恒心神，憂喪俄頃，產孕之日，內觸外觸，痛苦交切，
失聲號叫，受大苦惱，匍匐戰慄，駭愕驚踖。及至生已，母乃喜不
自勝，安藏被帛，側身三月，常畏邪魔。饑時須飯，非母不哺。渴
時須飲，非母不乳。計飲母乳，八斛四升，千日提攜，洗浣塵垢，
推乾就濕，咽苦吐甘。非父不親，非母不養。〔註69〕

　　母告兒言，汝初小時，非吾不育，飲餧遮蔽，非吾不養，懷汝
十月，如攜重擔，氣息奔喘，劇於馳走。或時寒熱，坐迹不安，腹
皮拆裂，心胸填滿，髮落消瘦，不能飲食。當生產時，逆前一月，
常懷憂怖，恐不相離。當產之日，命如風燭，四肢百脈，或如刀刺，
五臟六腑，熱如火炙。既得降誕，喜懼交集，諸苦諸痛，更不能述。
三年攜抱，日夜不離，坐臥不淨，眠食失時，視兒氣色，將息饑飽。
忽有疾病，父母心痛，聞子忍苦，母不過食，心口乾燥，萬種求福，
黃金白銀，衣服玩具，心願子安，無所客惜。念汝小時，東西隨我，
不離寸步，食亦隨我，眠亦隨我。一日無我，終日不食，一夜無我，
啼哭不眠。如何長大，忽成怨對。今雖有汝，不如本無。願我早亡，
與汝相離。〔註70〕

〔註68〕太上慈悲道場消災九幽懺，中華道藏（第44冊），158。
〔註69〕太上慈悲道場消災九幽懺，中華道藏（第44冊），158。
〔註70〕太上慈悲道場消災九幽懺，中華道藏（第44冊），159。

這段經文，讀來既讓人敬畏、又讓人羞愧，還讓人沉痛反思。在漢魏至南北朝之際，這樣的勸孝作品還有很多，如陸修靜作的《洞玄靈寶五感文》，上清派的《洞真太上上皇民籍定真玉籙》等等，堪稱後世道教勸善書的源頭。

誠然，在當前的道德建設中，我們不可再沿用神學的方式進行道德說教，但是至少動之以情、曉之以理的勸諭方法值得借鑒。「在道德實踐中，道德的踐行源自行為主體的道德動機，而道德動機的發動需要對相關道德理念產生認同，需要激發相應的道德情感。」〔註 71〕人是有理性、會思考、有感情的動物，道德認同和情感的培養不是靠命令、灌輸、強迫等簡單方法所能奏效，而最有效的方式莫過於動之以情、曉之以理。上述道經以敘述父母對養育兒女的極度艱辛，和控訴不孝子孫的忘恩背義，浸透著作者對社會道德生活和人生經驗的深刻體悟，因而具有極強的感化力量和催人反省的內驅力，這些寶貴經驗在今天仍然具有啟示意義。

道教除了運用語言、文字、道經進行勸諭之外，上層人士還以親身的實踐，造作孝道神仙為道教信徒正確處理盡孝與修道的關係作榜樣示範。如上清派第一代宗師魏華存，雖年輕時就有學道之志，常欲閑居獨處，服食修道，但仍服膺「不孝有三，無後為大」的孝道倫理，奉命成婚，待子粗立後，方「齋居別室，反修初服」，用實際行動為道教信徒宣示「修道當先盡孝道倫理義務」的道理。第三代宗師許謐的哥哥許邁，初師南海太守鮑靚，往來於茅山之中清修，朔望之期還家拜見父母；後來父母逝世，才遣妻子孫氏還娘家，自己則辭家不還，為世人樹立了一個「修道不忘忠孝」的典範。更多的道教上層人士，如寇謙之、陸修靜、陶弘景等，把孝道義務踐行與道教修行實踐結合起來，以齋醮科儀法術方式行孝，不僅孝於自己父母，也為天下人孝於父母，誥示世人「修道不違忠孝，更是大忠大孝」的道理。此外，道教還把民間孝子神化，如許遜、吳猛，通過逐漸誇大孝行、賦予高超法術，使之成為民間崇拜的對象，藉以勸孝；造作孝道神仙故事，如前所述，《洞玄靈寶道要經》運用對比的手法，用兩個故事說明「先行孝再修道」和「先修道再行孝」的區別，藉以說明孝道義務的重要性。

根據社會學理論，崇尚與服從權威乃是一般民眾的心理傾向，在文明不

〔註71〕呂錫琛，中國傳統社會促進道德理念踐行的經驗〔J〕，道德與文明，2010，（1）：39。

開化的封建專制社會，民眾更是有著對高道大德的頂禮膜拜和模倣服從的心理。尤其是道教神僊人格的魅力，在信徒心目中那就是聖人先知，是光輝的道德典範和榜樣，給信眾以安身立命的力量源泉。因此，強調言教重於身教，強調道教上層人士親身示範，造作孝道神仙，以崇高的孝順品格和風範感化和引領民眾，而不僅僅是片面地要求信眾履行孝道義務，這無疑創建了一個上行下效的良好社會倫理環境，促使社會成員從內心接受、認同和踐行社會所倡導的倫理道德要求。

事實上，「上行下效」是道德建設的基本規律，在當前更加要強化上層人士的率先垂範，特別是官德建設。「官德是道德運作的根本」，〔註72〕一個國家的道德水平、道德狀況如何，官德如何尤其重要。官德正，才能民風純，官德好，才有資格、有可能抓好全社會道德建設。《半月談》2010年第16期特稿《透視官德缺失之痛》稱當前道德滑坡已經到了非常嚴重的地步，引起了社會的廣泛關注，特別是少數領導幹部的失德問題。「有的濫用權力、以權謀私，有的欺上瞞下、報喜不報憂，有的貪圖享樂、玩物喪志，有的官氣薰天、橫行霸道，有的信念喪失、求神拜佛，有的趣味低級、包養情婦……這已成為腐敗屢禁不止的重要誘因，不斷突破老百姓心理承受的底線」，嚴重敗壞了社會風氣。因此，要提高道德建設的實效性，必須加強官德建設，為社會樹立一批道德典範。

8.3　為現代社會孝道踐行提供歷史參照

孝是基於人類自然血緣關係而產生的對父母親人的親愛之情、忠敬之行，在歷史上曾對中華民族的繁衍，家庭的和諧，以及社會的穩定發揮過積極的作用。在現代社會對於促進家庭與社會的和諧，家庭人際關係的和諧，以及家庭成員人格發展的和諧仍具有重要的價值。〔註73〕孝親敬老仍然是現代人注重的美德，「仍然是一種道德動力和一種被珍視的價值」，〔註74〕但不可否認的是，現代人的孝道觀念多少有些局限性，突出表現在狹隘親子觀念、

〔註72〕李建華，郭哲，官德先行：新時期道德建設的關鍵〔J〕，湖南社會科學，2001，（1）：51。

〔註73〕周山東，王利華，論儒家孝道推動和諧家庭發展的三個向度〔J〕，湖南大眾傳媒職業技術學院，2010，（4）：80～83。

〔註74〕〔美〕杜維明，儒家傳統與文明對話〔M〕，彭國翔，編譯，北京：人民出版社，2010：159。

物質化孝行，以及厚葬社會風俗等方面。對此，道教孝道的某些觀念，具有一定的歷史參照意義。

8.3.1 「人亦天地之子」與狹隘親子觀念

　　現代人親子觀念的狹隘性，主要體現在兩個方面：一是為人父母者有把子女視為自己私有的傾向，強行設置子女的前途，粗暴干涉子女婚姻，極端的就如魯迅先生所說的：「以為父子關係，只須『父兮生我』一件事，幼者的全部，便應為長者所有。尤其墮落的，是因此責望報償，以為幼者的全部，理該做長者的犧牲。」〔註75〕二是某些為人子女者把親人、家人的利益視為至上，人類道德精神中利他主義的社會責任觀念，被冷漠地轉化為個體家族倫理。甚至一些官員把「為家人謀利益」作為最高的孝道表現，不惜濫用公共權力，攀結權貴，營私舞弊，違背社會的公平正義。總之，在一些人看來，人首先是父母的兒子，父母對子女有養育之恩，所以有權利干涉子女的生活，子女也有義務滿足父母的要求，並把其視為人倫的第一義務。

　　然而，在道教看來，人不僅是父母的子女，「人亦天地之子也」。〔註76〕人的生命直接來源於父母，在終極根源上則是來自天地。道教稱天地混一，分而為陰陽二氣，並以天地的物化形態存在。「天者常下施，其氣下流也；地者常上求，其氣上合也」。兩氣「行於天地上下」，在中央相交相通，「而為中和之氣」。人即是由「中和之氣」所化生的，「中和為赤子，子者乃因父母而生，其命屬父，其統在上，託生於母。」〔註77〕也就是說，人是通過父母而降生的，他的本命屬於父親，他的統系歸在上天，只不過是從母親的體內託生下來的。如此人的「生命生活在一個兩重化的境界中，它自然地作為人類的存在；同時它又分享著一種超越人類的生命，即是宇宙的或者是諸神的生命」。〔註78〕道教從「人亦天地之子」的終極根源強調孝道，超越了血親觀念的局限，不僅在歷史上極大地提升了儒家孝道的境界，「對於形形色色的意識形態、包括過度的個人主義、過度的種族中心主義、沙文主義的民族主義、宗教排他主義以及自我解構的人類中心主義，這種『孝』的觀念都可以作為

〔註75〕魯迅，我們現在怎樣做父親〔M〕//錢理群，編，父父子子，上海：復旦大學出版社，2005：4。

〔註76〕王明，太平經合校〔M〕，北京：中華書局，1960：406。

〔註77〕王明，太平經合校〔M〕，北京：中華書局，1960：694。

〔註78〕〔羅馬尼亞〕伊利亞德，神聖與世俗〔M〕，北京：華夏出版社，2002：95。

一種有力的批判。」〔註 79〕本文限於主題，只研究道教「人亦天地之子」觀念對於反思現代人的狹隘親子觀念的歷史參照意義。

首先，對於為人父母而言，就是要去除「子女為己之私有」的觀念，減少干預，多加指導，盡心盡責為社會撫育子女。道教稱人的生命就其終極根源而言，是來自天地；父母是天地神統的具體承載。〔註 80〕因此父母的職責就是保存好，並延續好「天地神統」，行善去惡「毋使子孫有承負之厄。」〔註 81〕如果我們把「天地」的概念轉換為「社會」的話，那麼每一個生下來的嬰兒，都是社會的一份子。父母養育子女，這是對社會的責任，因而並不是對子女的施恩，更不能希求回報，還應該盡力為子女創造良好的成長環境。「子女固然是受領新生命的人，但他也不永久佔領，將來還要交付子女，像他們的父母一般」，〔註 82〕把責任一代代地傳下去。這裏的責任，用魯迅先生的話說，就是「健全的產生，盡力的教育，完全的解放」。〔註 83〕所謂「健全的產生」，是指給予子女一個健康的體魄；所謂「盡力的教育」，就是在理解孩子的世界與成人截然不同的基礎上，給予指導，而不是命令。「不但不該責幼者供奉自己，而且還須用全副精神，轉為他們自己，養成他們有耐勞作的體力，純潔高尚的道德，廣博自由能容納新潮流的精神，也就是能在世界新潮流中游泳，不被淹沒的力量」。〔註 84〕所謂「解放」，就是讓孩子成為一個「獨立的人」，「一個堂堂的人」，〔註 85〕一個對社會有用的人。為給子女以良好的成長環境，父母還得「自己背著因襲的重擔，肩住了黑暗的閘門，放他們到寬闊光明的地方去；此後幸福的度日，合理的做人」。〔註 86〕日本池田大作先生也有類似的見解，

〔註 79〕〔美〕杜維明，儒家傳統與文明對話〔M〕，彭國翔，編譯，北京：人民出版社，2010：160。

〔註 80〕王明，太平經合校〔M〕，北京：中華書局，1960：311。

〔註 81〕王明，太平經合校〔M〕，北京：中華書局，1960：80。

〔註 82〕魯迅，我們現在怎樣做父親〔M〕//錢理群，編，父父子子，上海：復旦大學出版社，2005：3。

〔註 83〕魯迅，我們現在怎樣做父親〔M〕//錢理群，編，父父子子，上海：復旦大學出版社，2005：6。

〔註 84〕魯迅，我們現在怎樣做父親〔M〕//錢理群，編，父父子子，上海：復旦大學出版社，2005：7。

〔註 85〕胡適，關於《我的兒子》的通信〔M〕//錢理群，編，父父子子，上海：復旦大學出版社，2005：14。

〔註 86〕魯迅，我們現在怎樣做父親〔M〕//錢理群，編，父父子子，上海：復旦大學出版社，2005：10。

他說：「在家庭中，要把孩子當做一個人格予以尊重，要互相尊敬；而且要向社會開放，要重視對他人的貢獻和獻身。」〔註87〕這些道理雖然樸實，確具有很強的現實指導價值。

其二，對於為人子女而言，就是不僅要愛敬自己的父母，亦要愛及天下的人和物，要有一種普世的感恩情懷。雖然，我們不主張為人父母以施恩的態度培育子女；但為人子女一定要有感恩的心懷去對待，唯有去除其中的交換關係，才能恢複道德的本質。這裏的感恩，不只是感謝父母的養育之恩，還要感謝天地萬物的造化之恩。「『天地萬物』觀念不僅表達著一種宇宙觀，而且是對內在聯繫觀念的詩意表述。」〔註88〕從普遍聯繫的觀點來看，世界上的一切人與物都曾給予我們的生命──肉體生命與精神生命──以恩賜，都值得我們去感謝。因此，道教說要孝及天地，順天地之造化，不做「燒山破石，延及草木，折華傷枝」〔註89〕等傷害天地的事情；竭盡全力供養天地所化育的萬物，使其隨順時氣而化生、成長、結籽、枯萎。總的說來，就是按照天心地意治理萬物。而比感恩更為重要的是做人，做一個對社會有用的人，做一個「堂堂的人」。就正如周作人先生所說的：「至於恩這一個字，實是無從說起，倘說真是體會自然的規律，要報我的恩，那便應該更加努力做人，使自己比父母更好，切實履行自己的義務。」〔註90〕

8.3.2 「孝出自然至心」與物質主義孝行

孝行的物質化，是現代社會飽受爭議的又一個問題。現代人盡孝更加注重物質，而忽視了父母的精神需求。在農村，常見的是佝僂的老人，獨自在田間勞作，只能偶而接到兒女的電話，和逢年過節子女送來的禮品和錢物；在城市，一些高檔的養老院裏，設施齊全，護理精心，價格不菲，但老人被送進來之後，卻再也不見兒女來探望。一些人為了盡孝，請人陪老人聊天、看病，甚至還有代為回鄉探親、掃墓等等。

現代人孝行的物質化，大致有以下三個方面的原因：其一，代際居住方

〔註87〕〔日〕池田大作、〔美〕杜維明，對話的文明──談和平的希望哲學〔M〕，成都：四川人民出版社，2007：18。

〔註88〕〔美〕杜維明，儒家傳統與文明對話〔M〕，彭國翔，編譯，北京：人民出版社，2010：87。

〔註89〕王明，太平經合校〔M〕，北京：中華書局，1960：572。

〔註90〕周作人，祖先崇拜〔M〕//錢理群，編，父父子子，上海：復旦大學出版社，2005：12。

式的變化，使子女盡孝「有心無力」。由於工作、學習和住房等原因，年輕人很少與父母住在一起，即便有心親自侍奉和照顧父母，也已變成奢望。除靠電話和錢物來表情達意外，已別無選擇。其二，生活壓力增大，年輕人既要忙於事業，又要照料老年的父母，還要養育嗷嗷待哺的孩子，往往分身無術，難以抽出時間回家盡孝。況且現在年輕人絕大部分人是獨生子女，都是你忙，我忙，大家忙，即使想請親友代為照看，也常常勉為其難。其三，在現代工業社會，隨著經濟社會的迅猛發展，生活方式的不斷更新，知識的不斷更新，使得年輕一輩越來越能擺脫對老一輩人生活經驗的依賴，而獨立生活。可以說，現代人絕大多數還是有孝心的，以物質供養代替精神滿足很多是出於無奈之舉。近年來，「物質主義孝行」成為電視、網絡、報紙，以及街談巷議的焦點，這一方面體現了現代人對於孝道義務的堅守，另一方面也體現了現代人對於盡孝的困惑。以道教「孝出自然至心」的觀點來看，或許能有新的啟示：

首先，盡孝是人之基本義務，時代變了但義務不能忘。《太平經》說：「慈孝者，思從內出，思以藏發，不學能得之，自然之術」。〔註91〕也就是說，孝敬父母之情乃是從內心萌生，是人之為人先天就具有的，源於子女愛父母之道德感情的推動以及報恩之道德理性。在人世間的種種愛之中，親子之愛是形成最早的，也是最自然、最符合人的天性的。「子者受命於父，恩養於母，為子乃敬事父而愛其母。」〔註92〕現代社會養育子女更為不易，所以為子盡孝乃是人之為人的基本義務。

其次，盡孝最為重要的是心意，形式並不很重要。《老子想爾注》云：「臣忠子孝，出自然至心」〔註93〕，「服色、名字、狀貌、長短，非也，悉耶偽耳。」〔註94〕也就是說，孝道行為是至真至誠的感情表達，不拘泥於外在的形式。物質是孝心的體現，但不能代替孝心，心意才是更為重要的。正如70歲的王勤老人在接受採訪時所說：「兒女在物質上對老人的孝敬，根據自身條件可多可少，做父母的不會過多苛求和計較。但如果兒女只讓老人住得舒服、穿得好、吃得香，在精神上不能使老人心情舒暢，就不能算對老人盡了孝心。」〔註95〕相反，

〔註91〕王明，太平經合校〔M〕，北京：中華書局，1960：301。

〔註92〕王明，太平經合校〔M〕，北京：中華書局，1960：113～114。

〔註93〕老子道德經想爾注，中華道藏（第9冊），183。

〔註94〕老子道德經想爾注，中華道藏（第9冊），173。

〔註95〕老年人最需要子女什麼樣的孝心抬〔EB/OL〕〔2011-12-27〕，http://www.69jk.cn/laoren/laorenxinli/226855.html。

在一個多元化的社會，公眾表達孝道的方式盡可以多樣。讓不同的人群以最適合自己的方式來表達孝道，恰恰是發自內心，源於真情，既是對孝道最有效的傳承，也是社會的進步。如果拘泥於迂腐的、單一的孝道，譬如死守「父母在不遠遊」的古訓，反而讓自己勉為其難，使盡孝成了一種負擔，更不利於孝道的發揚光大。

8.3.3 「事死不得過生」與厚葬社會風俗

厚葬是古已有之的社會惡俗，在現代社會，更有愈演愈烈的趨勢。大操大辦喪事和祭祀活動，建造豪華墓地，在全國各地民間非常普遍。在北方，如哈爾濱，2009 年，一個大約為一平方米左右的雙人墓，最便宜的也要四五千元，而最貴的家族墓，一平方米算下來大約在三四萬元，遠遠高出了哈爾濱市當年售價最高的高檔小區住宅的價格。以哈爾濱市一名普通職工每月工資 1500 元計算，在不吃不喝，不花一分錢的情況下，需要攢 16 年才能買得起。豪華墓如此搶手，消費者不僅僅都是經濟條件好的有錢人，有一些甚至也是工薪階層。〔註96〕在南方，如武漢，一位受訪者說：「上世紀 90 年代一個親戚在石門峰買了一個墓地，只要 6880 元。現在同等位置的至少在 3 萬元以上，價格漲了差不多五倍。」〔註97〕就是深處偏遠之地的農村，如湖南冷水江市鐸山鎮，人死了，遺體要在家裏擺放 7 天左右，每餐要擺 10 多桌，一宗喪事在 4 萬元以上，即使家庭貧困的也要花費 2 萬元以上。〔註98〕厚葬，已經成為社會的一大惡俗，以致當地政府屢加禁止也不起作用。在這其中，甚至還有在父母生時不盡贍養義務，死後卻大肆操辦喪事以炫富斂財的現象存在。

對於厚葬這一惡俗，道教早在其經典《太平經》那裏就提出了「事死不得過生」的原則加以駁斥。也就是說，為去世雙親治喪及守喪所投入的人力、物力、財力、心力和精力等，不能超過生前侍奉父母的實際程度。《太平經》雖然採取的是神學論證方式，但其中有些觀點對於反思現代社會厚葬風俗仍具有很強的現實意義。

〔註96〕哈爾濱墓地價格超過房價，豪華墓每平米 3 萬〔EB/OL〕，〔2009-03-02〕，http://www.stnn.cc。

〔註97〕武漢墓地價格 10 年漲 5 倍，群眾直呼死不起〔EB/OL〕，〔2009-03-31〕，http://www.stnn.cc。

〔註98〕揮金厚葬陋習當除有的喪事開支高達 10 多萬元〔N〕，人民日報，2009-7-28。

　　其一，「生者，其本也；死者，其偽也」，〔註99〕也就說，人生前的情形才是根本，死後的情形，純粹是活人假造的，因而沒有厚葬的必要。為什麼稱之為假造呢？《太平經》稱：事實上活著的人並沒看見死人真感到稱心如願的事情到底是什麼，「而生人為作知，妄圖畫形容，過其生時也。」〔註100〕人死後，魂神已經歸天，骨肉已經入土朽爛成泥，人並不能知道死後的情形是什麼，也就不清楚對死者應盡的職責究竟該是些什麼。如此看來，一些陵園打出廣告「讓兩個世界的人都有面子」，並不是完全正確。實際上，活人連死後的世界是什麼都不清楚，更談何讓死去的父母有面子，所以那些「老人走得風風光光」的話是假的；倒是讓活著的人有面子是真的。一位房地產商花 58 萬元給已逝的父母購買了一座雙人墓，他對記者說：「我身邊有不少有錢的朋友，幾乎都花了十幾萬甚至幾十萬元給親人買了墓地，然後再風光下葬。說白了，給死人買墓地，其實就是賺活人的面子。」〔註101〕

　　其二，「陰強陽弱厭生人」，〔註102〕也就說「事死過生」不僅對死人無益，更會導致死人欺壓活人。《太平經》以當時社會流行的陰陽理論來論證「事死不得過生」，說「生人，陽也；死人，陰也，事陰不得過陽。」〔註103〕事死過生，純屬是敬陰欺陽，興陰壓陽，強陰弱陽，盛陰衰陽，不僅名為「背上向下」，而且名為「逆氣逆政」，其結果，造成鬼神邪物「晝行」祟人、賊殺人、病害人，導致邪氣日多，怪變紛紛，治失政反。如果我們不拘泥於字詞，而是從「事死過生」給活人帶來的災難來看，實際上在現代社會已經得到驗證。在城市，由於厚葬的風行，導致墓地價格的飛漲，喪葬服務和收費越來越高，「死不起人」成普遍社會問題。為了逝者的安息，背上了沉重的經濟負擔，在「房奴」後又產生了「墓奴」，引發了一系列社會矛盾和問題。墓地資源越來越緊張，造成「死人與活人爭地」的狀況。在農村，以湖南新化縣為例，據統計每年正常死亡 6000 人，按最低 2.5 萬元計算，年耗費 1.5 億元以上，年土葬佔地約 200 畝，年消耗木材逾 1 萬立方米。而該縣 2008 年的稅收收入 1.6 億多元，農村年人均純收入不足 2000 元。〔註104〕大操大辦喪事，加重了

〔註99〕王明，太平經合校〔M〕，北京：中華書局，1960：53。
〔註100〕王明，太平經合校〔M〕，北京：中華書局，1960：53。
〔註101〕「厚葬」不如「厚養」〔N〕，新華報業網，2009-06-09。
〔註102〕王明，太平經合校〔M〕，北京：中華書局，1960：52。
〔註103〕王明，太平經合校〔M〕，北京：中華書局，1960：49。
〔註104〕揮金厚葬陋習當除 有的喪事開支高達 10 多萬元〔N〕，人民日報，2009-7-28。

生者的經濟負擔，也嚴重庸俗化了社會風氣。披麻戴孝，揚幡招魂，生者乞求死者庇護，跪、爬等，搞得孝家人整天精神不振，神情恍惚。有的還製造紙糊的「高樓大廈」、紙馬、紙人等迷信喪葬用品。這些做法的盛行，宣揚了封建迷信，腐蝕了年輕一代的心靈。所以《太平經》稱：「孝子雖恩愛不能忘親，事之不得過生時也。」〔註105〕

其三，「治喪但心至而已」。正是出於厚葬可能對社會造成的危害，《太平經》倡導「上古聖人治喪，心至而已，不敢大興之也。」〔註106〕古人下葬，用柴草厚裹死屍，埋在野地，不起墳，服喪也沒有固定期限，因爲聖人深知「死喪者，天下之凶惡之事也，興凶事者爲害，故但心至而已。」〔註107〕只要盡到對父母的懷念之情，就可以了。古人尚能如此豁達，今人就更應該如此了。隨著經濟的發展和人口的增長，土地資源越來越緊張，環境破壞日漸嚴重，在這種情況下，今人更加要主動摒棄厚葬風俗，接受文明喪葬觀念，如海葬、火葬、樹葬、花葬等，既寄託對死者的哀思，又爲後代節約了資源、保護了環境，還淨化了社會風氣，這才是大孝。

〔註105〕王明，太平經合校〔M〕，北京：中華書局，1960：51。
〔註106〕王明，太平經合校〔M〕，北京：中華書局，1960：51。
〔註107〕王明，太平經合校〔M〕，北京：中華書局，1960：51。

結　語

　　孝是中國傳統倫理的核心觀念，也是傳統社會意識形態的核心價值之一，並滲透到民眾的衣食住行、生活方式與民俗藝術之中，形成中國人特有的孝文化。在孝與傳統中國的倫理、政治以及文化發生緊密聯繫的過程中，道教曾發揮過重要的作用。特別是漢魏兩晉南北朝時期，在儒家孝道日陷危機和遭受佛教文化的強烈衝擊下，道教主動配合統治階級的孝治國策，以長生成仙信仰重構孝道，借助鬼神力量增強教化效應，合孝道踐行與仙道修持於一體，維護了孝道的信仰和核心價值地位。研究漢魏兩晉南北朝道教的孝道，不僅有助於全面瞭解中國孝道文化的發展脈絡和整體面貌，還能為當前社會核心價值體系建設提供策略借鑒，為提高道德教化實效性提供文化資源，為孝道踐行提供歷史參照。本文正是從此出發，運用唯物辯證法、詮釋學方法、比較研究法等方法；運用文化哲學、宗教倫理學、道德心理學、倫理生理學、符號學等理論，研究漢魏兩晉南北朝道教孝道產生的思想淵源和社會背景、形成的歷史過程、特徵、歷史作用及現代價值。

　　漢魏兩晉南北朝道教的孝道，是在長生成仙信仰基礎上，融攝儒家孝道思想、道家自然主義道德觀、墨家的孝道觀和神道設教思想，以及古代祖先崇拜觀念等思想文化元素的結果。早在道教創立之初，五斗米道就宣稱盡孝是神的旨意，要求「孝出自然至心」，告誡統治者「勿得強賞」，「天自賞之」，並開始把盡孝與修齋結合起來。而太平道則借助「長生成仙」社會心理，提出「壽孝並立」的核心價值觀，強調盡孝要符合「天心地意」，延及「天君父師」，如此才能獲得神靈的祐助。為促使孝道的踐行，太平道進一步把盡孝與修道實踐相結合，並構建了「累代承負」的善惡流轉機制，「遍及天地人心」

的神靈監督體系。然而，五斗米道和太平道在對「孝」大加推崇的同時，對「忠」卻有所忽略、貶抑，這一點為農民起義和軍閥割據所利用，由此導致統治者對道教深懷戒心，甚至成為對其進行招撫或鎮壓的原因。鑒於這一歷史教訓，魏晉之後的道教逐漸向上層靠攏，進行自我改革，先是有神仙道教「修道不違忠孝」的倫理辯護和理論建構，後又有北天師道、南天師道和上清派以忠孝為原則的改革，並把踐行孝道倫理與齋醮、科戒、法術結合起來，吸收佛教輪迴思想，不斷完善神靈道德監督機制，促使道教孝道走向成熟。與此同時，興起於江西的早期淨明道，對民間孝子許遜、吳猛不斷加以神化，將「孝道」轉化為宗教的崇奉對象，造作「三真孝王」神仙系統，並形成了自己的經典、符籙、廚會制度和修煉方法，建有「孝治堂宇」等活動場所，標誌著道教孝道宗教化改造的最終完成。

漢魏兩晉南北朝道教的孝道，因其一體多元的構建路徑而具有鮮明的特徵：其一，從價值取向看，道教以「長生成仙」作為盡孝的終極目標，修道不忘盡孝，與儒家側重居家盡孝、佛教強調出家超度的觀念迥異；其二，從精神內涵看，道教孝道深入關切人之健康長壽的基本需要，擴及宇宙間的一切有生命體和無生命體，兼顧父母與子女、生與死，物質與精神等多重維度，比起儒家、佛教孝道的關懷更具終極性、無條件性和徹底性；其三，從行為方式看，道教把孝道踐行和戒律、日常禮儀等行為規範，以及齋醮科儀、存思術、守一術、道符、避鬼術、投龍簡和神仙塑造等宗教修行實踐結合起來，相比於儒家、佛教孝道的踐行方式更為豐富。其四，從教化形式看，道教通過構建神靈監察體系，增強道德賞罰的權威性；創立「承負說」和吸取佛教六道輪迴思想，完善道德賞罰機制；轉換道德賞罰的內容，以壽夭禍福相威脅，加大道德賞罰的力度等一系列途徑，營造出比儒家、佛教更為強大的教化力量。其五，從理論形態看，漢魏兩晉南北朝時期的道教孝道，既是一種信念倫理，也是一種規範倫理，還是一種美德倫理，比當時的儒家孝道和佛教孝道更具綜合性。

漢魏兩晉南北朝時期，道教對孝道倫理的吸收與重構，不僅在歷史上成功地促使統治階級認同道教，有力地配合儒家維護傳統社會核心價值「孝」，還奠定了道教孝道發展的基礎，豐富了中華孝道文化，對於當前和諧社會的構建亦具有諸多啟示意義。首先，從核心價值體系建設的維度看，道教所使用的「形上立道策略」、「一核多元策略」、「神道設教策略」，啟示我們核心價

值體系的合理性論證必須切合民眾的基本需要、社會心理和認識能力；體系
生成必須正確把握主導性和多樣性原則，加強文明對話；現實建設不但要注
意發揮宗教信仰的積極作用，更要通過制度的健全和輿論的暢通，維護現實
生活的因果律。其次，從道德建設的維度看，道教孝道「規範與德性並重」、
「修德與養生緊聯」、「勸諭與垂範並用」的經驗，啓示我們要強化道德規範
的人文關懷，重視道德踐行的調養身心功能，突出道德教育中的情感培育和
榜樣示範。再次，從現代社會孝道踐行的角度看，道教所提出的「人亦天地
之子」、「孝出自然至心」、「事死不得過生」等觀點，提醒我們要突破狹隘的
血緣觀念，感恩社會，做一個對社會有用的人，爲社會培育健全的人格，創
新盡孝的形式，破除厚葬風俗，倡導文明新風。

　　總之，從漢魏兩晉南北朝這一時間段來看，道家孝道具有獨特的發展邏
輯、特點、歷史作用和現代價值，不僅是一個宗教倫理的問題，也是宗教維
護社會核心價值的政治實踐，還是一場文化的衝突與交融事件。對於當前和
諧社會建設具有重大的歷史資源意義。

參考文獻

一、古籍文獻

（一）宗教典籍

1. 張繼禹，中華道藏：1～49 冊〔M〕，北京：華夏出版社，2004
2. 楊明照，抱朴子外篇校箋：上〔M〕，北京：中華書局，2004
3. 王明，抱朴子內篇校釋〔M〕，北京：中華書局，1985
4. 王明，抱朴子外篇校箋：下〔M〕，北京：中華書局，1997
5. 王成竹，宋育文，道德經譯注〔M〕，鄭州：中州古籍出版社，1989。
6. 雲夢睡虎地秦墓編寫組，雲夢睡虎地秦墓〔M〕，北京：文物出版社，1981。
7. 虞世南，北堂書鈔：卷二九引〔M〕，天津：天津古籍出版社，1988。
8. 張家山漢墓竹簡整理小組，張家山漢墓竹簡〔M〕，北京：文物出版社，2001。
9. 王明，太平經合校〔M〕，北京：中華書局，1960。
10. 楊寄林，太平經今注今譯〔M〕，石家莊：河北人民出版社，2002。
11. 弘明集·廣弘明集〔M〕，上海：上海古籍出版社，1991。
12. 〔梁〕僧祐，編撰，弘明集〔M〕，劉立夫、胡勇，譯注，北京：中華書局，2011。
13. 道藏：1～36 冊〔M〕，北京：文物出版社，上海：上海書店，天津：天津古籍出版社，1988。

（二）一般典籍

1. 李學勤主編，十三經注疏·孝經注疏〔M〕，北京：北京大學出版社，1999。
2. 李學勤主編，十三經注疏·論語注疏〔M〕，北京：北京大學出版社，1999。

3. 李學勤主編，十三經注疏‧禮記正義〔M〕，北京：北京大學出版社，1999。

4. 〔漢〕桓寬，鹽鐵論〔M〕，張之象，注，上海，上海古籍出版社，1991。

5. 李學勤主編，十三經注疏‧孟子注疏〔M〕，北京：北京大學出版社，1999。

6. 陳鼓應注譯，莊子今注今譯〔M〕，北京：中華書局，1983。

7. 王煥鑣著，墨子校釋〔M〕，朱淵，等，參釋，杭州：浙江古籍出版社，1987。

8. 〔宋〕黎靖德，編，朱子語類〔M〕，王星賢，點校，北京：中華書局，1986。

9. 〔明〕王夫之，四書訓義〔M〕，長沙：嶽麓書社，2011。

10. 〔漢〕班固，漢書〔M〕，北京：中華書局，2000。

11. 李學勤主編，十三經注疏‧毛詩正義〔M〕，北京：北京大學出版社，1999。

12. 北京大學歷史系《論衡》注釋小組，論衡注釋〔M〕，北京：中華書局，1979。

13. 〔漢〕王符，潛夫論箋〔M〕，〔清〕汪繼培，箋，彭鐸，校正，北京：中華書局，1979。

14. 〔宋〕范曄，〔晉〕司馬彪，後漢書〔M〕，北京：中華書局，2000。

15. 〔唐〕房玄齡，等，晉書〔M〕，北京：中華書局，2000。

16. 〔梁〕蕭子顯，南齊書〔M〕，北京：中華書局，1972。

17. 蘇輿，春秋繁露義證〔M〕，鍾哲，點校，北京：中華書局，1992。

18. 〔元〕郝經，續後漢書〔M〕，北京：商務印書館，1958。

19. 〔晉〕陳壽，三國志〔M〕，〔宋〕裴松之，注，吳金華，標點，長沙：嶽麓書社，1990。

20. 〔北齊〕魏收，魏書〔M〕，北京：中華書局，2000。

21. 周振甫，譯注，周易譯注〔M〕，北京：中華書局，1991。

22. 文淵閣四庫全書〔M〕，臺灣：臺灣商務印書館，1986。

23. 〔漢〕劉向，說苑校證〔M〕，向宗魯，校證，北京：中華書局，1987。

24. 上海師範大學古籍整理組校點，國語〔M〕，上海：上海古籍出版社，1978。

25. 〔宋〕李昉，太平御覽〔M〕，北京：中華書局，1960，。

26. 〔唐〕歐陽詢，藝文類聚〔M〕，上海古籍出版社，1999。

27. 王聘珍，大戴禮記〔M〕，北京：中華書局，1983。

28. 〔唐〕李百藥，北齊書〔M〕，北京：中華書局，2000。

29. 北京大學《荀子》注釋組，荀子新注〔M〕，北京：中華書局，1979。

30. 〔南朝梁〕蕭子顯，南齊書〔M〕，北京：中華書局，2000。

31. 〔清〕嚴可均，校輯，全上古三代秦漢三國六朝文〔M〕，上海，上海古籍出版社，2009。

二、國內學術專著

1. 卿希泰，詹石窗，中國道教思想史（第一卷）〔M〕，北京：人民出版社，2009。

2. 萬本根，中華孝道文化〔M〕，四川：巴蜀書社，2001。

3. 丁常雲，弘道揚善——道教倫理及其現代價值〔M〕，上海：上海辭書出版社，2006。

4. 魯迅，魯迅全集（第九卷）〔M〕，北京：人民文學出版社，1981。

5. 朱嵐，中國傳統孝道思想發展史〔M〕，北京：國家行政學院出版社，2011。

6. 郭樹森，宗教與構建和諧社會〔M〕，南昌，江西人民出版社，2009。

7. 張懷承，中國的家庭與倫理〔M〕，北京：人民大學出版社，1993。

8. 樂愛國，中國道教倫理思想史稿〔M〕，濟南：齊魯書社，2010。

9. 廖宇，道教的孝道思想〔M〕，中國宗教，2010，（11）。

10. 郭武，《淨明忠孝全書》研究：以宋、元社會爲背景的考察〔M〕，北京：中國社會科學出版社 2005。

11. 孫中山，孫中山全集：第九卷〔M〕，北京：中華書局，1986。

12. 朱貽庭，中國傳統倫理思想史〔M〕，上海：華東師範大學出版社，2003

13. 康學偉，先秦孝道研究〔M〕，長春：吉林人民出版社，2000。

14. 張志剛，宗教學是什麼〔M〕，北京：北京大學出版社，2008。

15. 宇汝松，六朝道教上清派研究〔M〕，濟南：山東文藝出版社，2009。

16. 劉笑敢，老子古今：上卷〔M〕，北京：中國社會科學出版社，2006。

17. 章太炎，章太炎全集：三〔M〕，上海：上海人民出版社，1984。

18. 王明，道家和道教思想研究〔M〕，北京：中國社會科學出版社，1984。

19. 何光滬、許志偉主編，對話二：儒釋道與基督教〔M〕，北京：社會科學文獻出版社，2001。

20. 沈善洪，王鳳賢，中國倫理思想史：上〔M〕，北京：人民出版社，2005。

21. 張錫勤、柴文華，中國傳統倫理變遷史稿：上〔M〕，北京：人民出版社，2008

22. 樊浩，中國倫理精神的歷史建構〔M〕，南京：江蘇人民出版社，1992。

23. 梁啓超，飲冰室合集〔M〕，北京：中華書局，1989。

24. 陳鼓應，道家文化研究：第五輯〔M〕，上海：上海古籍出版社，1994。

25. 焦國成，中國倫理學通論〔M〕，太原：山西教育出版社，1997

26. 姜生，宗教與人類自我控制：中國道教倫理研究〔M〕，成都：巴蜀書社，1996。

27. 姜生，郭武，明清道教倫理及其歷史流變〔M〕，成都：四川人民出版社，1999。

28. 劉志琴，文化危機與展望：臺灣學者論中國文化（下）〔M〕，北京：中國青年出版社，1989。

29. 卿希泰，中國道教思想史：第一卷〔M〕，北京：人民出版社，2009。

30. 劉立夫，佛教與中國倫理文化的衝突與融合〔M〕，北京：中國社會科學出版社，2009。

31. 藍吉富，劉增貴，中國文化新論：宗教禮俗篇—敬天與親人〔M〕，臺灣：聯經出版事業公司，1983。

32. 秦照芬，商周時期的祖先崇拜〔M〕，臺灣：蘭臺出版社，民國92年。

33. 郭武，道教教義與現代社會〔M〕，上海：上海古籍出版社，2003。

34. 姜生，漢魏兩晉南北朝道教倫理論稿〔M〕，成都：四川大學出版社，1995。

35. 羅秉祥，萬俊人，編，宗教與道德之關係〔M〕，北京：清華大學出版社，2003。

36. 蒲幕州，追尋一己之福：中國古代的信仰世界〔M〕，臺北：麥田出版社，2004。

37. 鍾肇鵬，讖緯論略〔M〕，瀋陽：遼寧教育出版社，1991。

38. 傅偉勳，主編，從傳統到現代：佛教倫理與現代社會〔M〕，臺北：東大圖書公司，1990。

39. 李養正，道教與中國社會〔M〕，北京：中國華僑出版公司，1989。

40. 張志剛，宗教研究指要〔M〕，北京：北京大學出版社，2005。

41. 任繼愈，中國哲學發展史：秦漢卷〔M〕，北京：人民出版社，1998。

42. 蕭群忠，道德與人性〔M〕，鄭州：河南人民出版社，2003。

43. 秦暉，傳統十論〔M〕，上海：復旦大學出版社，2003。

44. 中國道教協會道教文化研究所等主編，道教與倫理道德建設〔M〕，中國言實出版社，2004。

45. 湯一介，魏晉南北朝時期的道教〔M〕，西安：陝西師範大學出版社，1988。

46. 葛兆光，屈服史及其他：六朝隋唐道教的思想史研究〔M〕，北京：三聯書店，2003。

47. 任繼愈，中國道教史〔M〕，上海：上海人民出版社，1990。

48. 卿希泰，唐大潮，道教史〔M〕，南京：江蘇人民出版社，2008。

49. 卿希泰，中國道教史：第一卷〔M〕，成都：四川人民出版社，1996。

50. 陳鼓應，道家文化研究：第九輯〔M〕，上海：上海古籍出版社，1996。

51. 張金濤，郭樹森，道教文化管窺：天師道及其他〔M〕，南昌：江西人民出版社，1996。

52. 黃小石，淨明道研究〔M〕，成都：巴蜀書社，1999。

53. 郭武，《淨明忠孝全書》研究：以宋、元社會爲背景的考察〔M〕，北京：中國社會科學出版社 2005。

54. 史仲文主編，中國文言小說百部經典〔M〕，北京：北京出版社，2000。

55. 陳國符，道藏源流考〔M〕，北京：中華書局，1992。

56. 李豐楙，許遜與薩守堅：謨道教小說研究〔M〕，臺北市：臺灣學生書局，1997。

57. 卿希泰，詹石窗，中國道教思想史：第一卷〔M〕，北京：人民出版社，2009。

58. 陳兵，道教與中國傳統文化〔M〕，福州：福建人民出版社，1990。

59. 郭武，道教教義與現代社會〔M〕，上海：上海古籍出版社，2003。

60. 陳鼓應，道家文化研究：第八輯〔M〕，上海：上海古籍出版社，1995。

61. 中國社科院世界宗教研究所編，宗教·道德·文化〔M〕，寧夏：寧夏人民出版社，1988。

62. 呂錫琛，道家道教與中國古代政治〔M〕，長沙：湖南人民出版社，2002。

63. 蘇國勳，理性化及其限制：韋伯思想引論〔M〕，上海：上海人民出版社，1988。

64. 伍成泉，漢魏兩晉南北朝道教戒律規範研究〔M〕，成都：巴蜀書社，2006。

65. 萬俊人，尋求普世倫理〔M〕，北京：北京大學出版社，2009。

66. 萬本根、陳德達，中華孝道文化〔M〕，成都：巴蜀書社，2001。

67. 宇汝松，六朝道教上清派研究〔M〕，濟南：山東文藝出版社，2009。

68. 徐儀明，冷天吉，人仙之間：《抱朴子》與中國文化〔M〕，開封：河南大學出版社，1998。

69. 李養正，佛道交涉史論要〔M〕，香港：青松觀香港道教學院，1999。

70. 宋希仁主編，社會倫理學〔M〕，太原：山西教育出版社，2007。

71. 廖小平，倫理的代際之維——代際倫理研究〔M〕，北京：人民出版社，2004。

72. 蕭萐父，吹沙二集〔M〕，成都：巴蜀書社，1998。

73. 李春秋，李春花主編，生態倫理學〔M〕，北京：科學出版社，1994。

74. 呂大吉，人道與神道：宗教倫理學導論〔M〕，上海：上海人民出版社，1991。

75. 姜生，郭武，明清道教倫理及其歷史流變〔M〕，成都：四川人民出版社，1999。

76. 陳鼓應，道家文化研究：第1輯〔M〕，上海：上海古籍出版社，1992。

77. 殷海光，中國文化的展望〔M〕，上海：三聯書店，2009。

78. 胡錦濤·高舉中國特色社會主義偉大旗幟，爲奪取全面建設小康社會新勝利而奮鬥〔M〕，北京：人民出版社，2007。

79. 李建華·和諧社會之魂：社會主義核心價值體系〔M〕，長沙：湖南人民出版社，2007。

80. 蕭群忠，孝與中國文化〔M〕，北京：人民出版社，2001。

81. 田廣清·和諧論：儒家文明與當代社會〔M〕，北京：中國華僑出版社，1998。

82. 張志剛，斯圖爾德主編，東西方宗教倫理及其他〔M〕，北京：中央編譯出版社，1997。

83. 詹石窗，道教與中國養生智慧〔M〕，北京：東方出版社，2007。

84. 錢理群，編，父父子子〔M〕，上海：復旦大學出版社，2005。

三、國內學術論文

1. 楊義芹，社會主義核心價值體系研究綜述〔J〕，徐州師範大學學報：哲學社會科學版，2010，（3）。

2. 呂錫琛，論淨明道吸納儒家倫理的方式及其意義〔J〕，世界宗教研究，2003，（3）。

3. 鄭長青、詹石窗，道教孝道觀芻議〔J〕，宗教學研究，2011，（1）。

4. 劉玲娣，漢魏南北朝道教的孝道〔J〕，南都學刊：人文社會科學學報，2007，（1）。

5. 廖宇，從《太平經》看早期道教的孝道思想〔J〕，宗教學研究，2010，（4）。

6. 廖宇，略論道教孝道思想的演變〔J〕，華夏文化，2010，（3）。

7. 劉全芬，南宋金元新道教孝道倫理研究〔D〕，濟南：山東大學，2009。

8. 張明義，甘毅臻，論武當道教孝道倫理思想〔J〕，鄖陽師範高等專科學校學報，2007，（2）。

9. 蕭群忠，《文昌孝經》的道教孝道觀〔J〕，道德與文明，1997，（6）。

10. 高兆明，倫理秩序辯〔J〕，哲學研究，2006，（6）。

11. 章文煥，中國道教的忠孝倫理〔EB/OL〕，2010-03-06，http://blog.sina.com.cn/s/blog_64b47dff0100hgk7.html

12. 郭武，淨明道的道德觀及其哲學基礎：兼談道教「出世」與「入世」之圓融〔J〕，四川大學學報：哲學社會科學版，2005，（6）。

13. 周山東，呂錫琛，《道德經》之道與倫理秩序〔J〕，求索，2011，（7）。

14. 呂錫琛，論道家對社會正義的訴求〔J〕，湖北大學學報，2005，（11）。

15. 劉奕華，墨子的天、鬼、命觀新解〔J〕，汕頭大學學報：人文社會科學版，2004，（3）。

16. 米如田，漢畫像石墓分區初探〔J〕，中原文物，1988，（2）

17. 韓作珍，論道德權利與道德義務及其相互關係〔J〕，寶雞文理學院學報：社會科學版，2003，（8）。

18. 周山東，呂錫琛，論中國傳統社會踐行道德文化理念的歷史教訓〔J〕，新疆大學學報：哲學社會科學版，2011（7）。

19. 萬荃，忠孝之道：傳統政治倫理的價值結果與傳統義務觀〔J〕，天津社會科學，1992，（5）。

20. 孟繁冶、夏毅輝，漢末衰徵：「浮華交會」之風〔J〕，殷都學刊，2007，（2）

21. 潘信羽，明代方志中的孝感神異：兼論其比較宗教之意涵，〔D〕，臺灣：國立政治大學，2008。

22. 李秋香，儒家倫理影響下的漢代民間信仰新變化〔J〕，中南大學學報：社會科學版，2011，（6）。

23. 劉厚琴，田芸，漢代「不孝入律」研究〔J〕，齊魯學刊，2009（4）。

24. 呂大吉，中國傳統宗教與傳統道德的歷史關聯〔J〕，社會科學戰線，2002。

25. 熊鐵基、蕭海燕，再論葛洪的神仙思想〔J〕，中國道教，2011，（2）。

26. 周作明，東晉南朝上清經中的「兆」〔J〕，宗教學研究，2004，（4）。

27. 郭武，宋以前孝道是否有「教團」崇拜〔J〕，中國道教，2005，（3）

28. 郭武，淨明道與傳統道派關係考述〔J〕，雲南社會科學，2005，（3）。

29. 郭武，關於許遜信仰的幾個問題〔J〕，宗教學研究，2000，（4）。

30. 李豐楙，魏晉南北朝文士與道教之關係〔D〕，臺灣，1978。

31. 鄭阿財，北京故宮藏敦煌本《慈善孝子報恩成道經》考〔J〕，敦煌學：第 25 輯，2004，（7）。

32. 張繼禹：道教倫理的基本精神〔J〕，福建道教（總 27 期）

33. 張岱年，中國哲學關於終極關懷的思考〔J〕，社會科學戰線，1993，（1）。

34. 李翔海，孝：中國人的安身立命之道〔J〕，學術月刊，2010，（4）。

35. 張淼，論儒家孝道思想的生命意識〔J〕，學術論壇，2006，（2）。

36. 陳一風，魏晉南北朝時期儒佛的孝道之爭〔J〕，南都學刊（人文社會科學學報），2003（2）。

37. 呂錫琛、周山東，論《太平經》對兩漢孝道的改造及其意義〔J〕，倫理

學研究，2012，（1）。

38. 莊三舵，論道德回報〔J〕，雲南社會科學，2005（6）。

39. 任劍濤，儒家倫理理論的類型學分析〔J〕，廣東社會科學，1996（6）。

40. 蔣先福、易向紅，信念倫理向責任倫理轉化及其社會條件〔J〕，求索，2005（11）。

41. 王澤應，韋伯的新教倫理與儒教倫理比論〔J〕，蘇州鐵道師範學院學報：社會科學版，2002（9）。

42. 呂耀懷，規範倫理、德性倫理及其關聯〔J〕，哲學動態，2009（5）。

43. 萬俊人，「德性倫理」與「規範倫理」之間和之外〔J〕，神州學人，1995（12）。

44. 呂錫琛，中國傳統社會促進道德理念踐行的經驗〔J〕，道德與文明，2010（1）。

45. 陳明，從道德到精神健康：全真道德心性修煉研究〔D〕，中南大學，2009。

46. 鄭長青，詹石窗，道教孝道觀芻議〔J〕，宗教學研究，2011，（1）。

47. 郭武，道教教義與現代社會國際學術研討會論文集〔C〕，上海：上海古籍出版社，2003。

48. 王文東，略論道教倫理思維的特點〔J〕，宗教學研究，2004，（3）。

49. 何文倩，道教存思存神術中的天入思想〔J〕，科教導刊，2009（14）。

50. 楊永庚、錢耕耘，心智發展思路：建立社會主義核心價值體系的路徑選擇〔J〕，唐都學刊，2010，（7）。

51. 陳力祥，儒家核心價值觀對封建社會思潮的有效引領之策略探析〔J〕，天府新論，2009，（4）。

52. 許抗生，簡論中國傳統文化的儒道思想的互補〔J〕，北京大學百年國學文萃（哲學卷），北京大學出版社，1998。

53. 黃明理，善惡因果律的現代轉換：道德信仰構建的關鍵概念〔J〕，華東師範大學學報（哲學社會科學版），2008，（2）。

54. 唐凱麟，道德建設：構建和諧社會的道義基礎和精神力量〔N〕，光明日報，2005～05～10。

55. 蕭群忠，《了凡四訓》的民間倫理思想研究〔J〕，雲南民族大學學報：哲學社會科學版，2004，（1）。

56. 樊和平，善惡因果律與倫理合理性〔J〕，上海社會科學院學術季刊，1999，（3）。

57. 姜生，道德與壽老：論道教生命倫理的道德決定論特徵〔J〕，學術月刊，1997，（2）。

58. 陳明，呂錫琛，道德與精神健康：新視角下的倫理學與心理學的會通與

融合〔J〕，唐都學刊，2010，（1）。

59. 王偉凱，論道德養生〔J〕，蘭州學刊，2010（11）。

60. 李建華，郭哲，官德先行：新時期道德建設的關鍵〔J〕，湖南社會科學，2001，（1）。

61. 周山東，王利華，論儒家孝道推動和諧家庭發展的三個向度〔J〕，湖南大眾傳媒職業技術學院，2010，（4）。

62. 老年人最需要子女什麼樣的孝心？〔EB/OL〕2011-12-27，http：//www.69jk.cn/laoren/laorenxinli/226855.html。

63. 哈爾濱墓地價格超過房價豪華墓每平米 3 萬〔EB/OL〕，2009-03-02，http://www.stnn.cc。

64. 武漢墓地價格 10 年漲 5 倍群眾直呼死不起〔EB/OL〕，2009-03-31，http://www.stnn.cc。

65. 揮金厚葬陋習當除有的喪事開支高達 10 多萬元〔N〕，人民日報，2009-7-28。

66. 「厚葬」不如「厚養」〔N〕，新華報業網，2009-06-09。

四、國外學術譯著

1. 〔德〕黑格爾，歷史哲學〔M〕，王造林，譯，上海：三聯書店，1956。

2. 〔日〕小林正美，六朝道教史研究〔M〕，李慶，譯，成都：四川人民出版社，2001。

3. 〔日〕小林正美，中國的道教〔M〕，王皓月，譯，濟南：齊魯書社，2010。

4. 〔羅馬尼亞〕米爾恰・伊利亞德，神聖與世俗〔M〕，王建光，譯，北京：華夏出版社，2002（12）。

5. 〔日〕秋月觀瑛，中國近世道教的形成：淨明道的基礎研究〔M〕，丁培仁，譯，中國社會科學出版社，2005。

6. 〔美〕蒂里希，文化神學〔M〕，北京：工人出版社，1988。

7. 〔美〕杜維明，儒家傳統與文明對話〔M〕，彭國翔，編譯，北京：人民出版社，2010。

8. 〔日〕福井康順等監修，道教：第 1 卷〔M〕，朱越利，譯，上海：上海古籍出版社，1990。

9. 〔美〕麥金太爾著，誰之正義？何種合理性〔M〕，萬俊人，譯，北京：當代中國出版社，1996。

10. 〔德〕黑格爾，哲學史講演錄：卷 1〔M〕，北京：商務印書館，1959。

11. 〔澳〕柳存仁，許遜與蘭公〔J〕，世界宗教研究，1985，（3）。

12. 〔德〕馬克斯・韋伯，儒教與道教〔M〕，張登泰，張恩富編，譯，北京：

人民日報出版社，2007。

13. 〔法〕索安著，呂鵬志譯，西方道教研究編年史〔M〕，北京：中華書局，2002。

14. 〔美〕杜維明，儒家傳統與文明對話〔M〕，彭國翔，編譯，北京：人民出版社，2010。

15. 〔德〕卡西爾，神話思維〔M〕，黃龍保，譯，北京：中國社會科學出版社，1992。

16. 〔澳〕柳存仁，唐以前許遜的形象〔J〕，東方宗教，1985（64）。

五、國外學術論著

1. Marcel Granet.Danses et légendes de la Chine ancienne, 2 vols〔M〕, Paris：Félix Alcan. Reprinted, Paris: Press Universitaires de France, 1959.

2. Meyer Fortes.Oedipus and Job in West Africa Religion〔M〕, Cambridge: Cambridge University Press, 1959.

3. Maxime Kaltenmark.The Ideology of the T'ai-p'ing ching〔M〕//H.Welch and A.Seidel, eds. Facets of Taoism.New Haven: Yale University, 1979.

4. John Robinson.Honest to God〔M〕, Philadelphia, Pa.: The Westminster Press,1963.

5. Henri Maspero.Les procedes de "Nouurrir le principe vital" dans la religion taoiste ancienne〔M〕Frank A. Kierman,eds.Taoism and Chinese Religion. Amherst, Mass: University of Massachusetts Press,1981.

6. Kristofer M. Schipper. Taoist Ritual and Local Cults of the Tang Dynasty〔A〕,in M.Strickmann,ed.Tantric and Taoist Studies in Honour of R·A·Stein（v01. 3）〔C〕.Brussels: Institut Beige des Hautes Etudes Chinoises.

7. Paul Tillieh: Systematie Theofogy: Volume 1〔M〕, The University of Chicago Press. 1951.

8. Michel Strickmann. Therapeutische Rituale und das Problem des Bösen im Frühen Taoismu〔M〕//G.Naundorf,K.H.Pohl,H.H.Schmidt eds.Religion und Philosophie in Ostasien.Würzburg: Königshausen & Neumann,1985.

9. Cf. Alasdair MacIntyre: Three Rival Versons of Moral Inquiry-Encyclopaedia, Genealogy and Tradition〔M〕,University of Notre Dame Press, 1990.

後　記

　　孝道與孝文化，這一自古以來爲中國人所推崇的話題，至今熱度未減而處於理論與實踐的前沿。而我也在此過程中，思索了整整十年。從 2005 年，在廣西民族大學唐賢秋教授的指導下，試著寫第一篇儒家孝道研究論文；到中南大學呂錫琛教授帶我步入道教孝道的殿堂；再到湖南師範大學王澤應教授的熱情推薦、撥冗作序，始而有這部著作的出版。眞可謂是「十年磨一劍」，其中凝練了多少老師的智慧、親友的期盼、領導的關切，在此謹致以誠摯的感謝。

　　感謝我的三位導師，是他們引我進入學術的殿堂，開拓新的研究領域，確定繼續前行的方向。有幸跟隨三位恩師十年，讓我明白了什麼是眞正的學問？什麼是眞正的學者？什麼是眞正的人生？特別要說明的是，本文是在博士論文的基礎上修改而成，從選題的確定、提綱的擬定、觀點的提煉、史實的確定到文字的潤色，無不浸潤著呂錫琛教授的睿智和汗水。恩師深情，永生難忘。

　　同時，我還要感謝中南大學李建華、左高山、高恒天、劉立夫、賀福安等教授的傳道、授業和解惑，清華大學萬俊人教授熱情洋溢的評價和寶貴建議，湖南師範大學唐凱麟教授的關懷，中國人民大學曹剛教授、四川大學朱越利教授、中南林業科技大學廖小平教授的精心指導，廣西民族大學李橐鷹教授以及同門蕭祥和吳爭春等師兄弟姐妹的關心，社會人士李國祥先生的資助，湖南大眾傳媒學院眾多領導和同事的關懷，特別是江西科技師範學院章文煥教授以年逾九旬的高齡兩次審定我的論文，以及贈送的寶貴資料。種種關懷，永生難忘。

　　感謝家人對我的理解、支持和關心。妻子劉芳女士美麗善良，始終是我前行的動力和休憩的港灣。一杯熱茶、一句關懷，一聲嬌嗔，使得刻板的文字之間也能生長出幾分靈氣；感謝我的兒子，是他讓我深刻體會到父親的責任和孝道的意義；感謝我年邁的母親以孱弱的身軀爲我照料幼子，岳父母包攬了所有的家務，還有我的父親、伯父母、大媽、兄嫂的鼓勵；感謝並緬懷我的奶奶，是她引我上學、教我做人，也是在她鼓勵下，我才能走出山區，走向更爲廣闊的道路。又是一年清明節，祝願奶奶在天堂安好！

　　感謝所有參考文獻的作者，爲本文的研究提供了啓迪與智慧；感謝所有的讀者對文中疏漏的寬容，敬請學界同行和廣大學者批評指正；也感謝臺灣花木蘭文化出版社提供的難得出版機會。

周山東

於長沙馬王堆

2015 年 6 月 20 日